CW01472230

Japans Welt der Geister und Dämonen:

Mythen und Legenden im japanischen Volksglauben

5

Japans Welt der Geister und Dämonen:

Mythen und Legenden im japanischen Volksglauben

Copyright © 2024 Hermann Candahashi
All rights reserved

Inhaltsverzeichnis:

鬼

Vorwort:

In den geheimnisvollen Legenden der japanischen Kultur verbirgt sich eine Welt voller faszinierender Geister, Dämonen, Mythen und uralter Überlieferungen. Seit Jahrtausenden erzählen sich die Menschen auf den japanischen Inseln Geschichten von geheimnisvollen Wesen, die zwischen unserer Welt und dem Jenseits wandeln. Geister, Dämonen und übernatürliche Kreaturen bevölkern die Mythen und Legenden Japans und prägen bis heute den Volksglauben und die spirituelle Vorstellungswelt der Japaner.

In diesem Buch lade ich Sie ein mit mir eine Reise in die verborgenen Sphären der japanischen Mythologie zu unternehmen. Ich möchte Sie in ein Reich voller rätselhafter Erscheinungen und magischer Wesen entführen. Dabei werden wir nicht nur die bekanntesten Geister und Dämonen des japanischen Volksglaubens kennenlernen, sondern auch tiefer in die kulturellen und religiösen Wurzeln vordringen, aus denen diese uralten Vorstellungen erwachsen sind.

Die japanische Geisterwelt ist von einer einzigartigen Vielfalt und Komplexität geprägt. Anders als in vielen westlichen Kulturen werden übernatürliche Wesen in Japan nicht grundsätzlich als gut oder böse kategorisiert. Stattdessen bewegen sie sich oft in einer moralischen Grauzone und können je nach Situation sowohl wohlwollend als auch gefährlich sein. Diese Ambivalenz spiegelt die tiefe Naturverbundenheit und das animistische Weltbild wider, das die japanische Kultur seit jeher prägt.

Im Laufe dieses Buches werden wir die verschiedenen Kategorien übernatürlicher Wesen ergründen, die in der japanischen Mythologie eine Rolle spielen. Von den Kami, den Naturgottheiten des Shinto, über die Yokai, die oft schelmischen und manchmal bedrohlichen Naturgeister, bis hin zu den Yurei, den ruhelosen Geistern Verstorbener, werden wir das gesamte Spektrum der japanischen Geisterwelt erkunden.

Dabei werden wir nicht nur die einzelnen Wesen und ihre Geschichten kennenlernen, sondern auch die tieferen kulturellen und spirituellen Konzepte ergründen, die hinter diesen Vorstellungen stehen. Wir wollen untersuchen, wie der Glaube an Geister und Dämonen das tägliche Leben der Menschen in Japan beeinflusst hat und noch heute beeinflusst. Von traditionellen Ritualen und Festen bis hin zu modernen Adaptionen in Literatur, Kunst und Popkultur – die Geisterwelt ist in Japan allgegenwärtig und fester Bestandteil der kulturellen Identität.

Ein besonderes Augenmerk werden wir auf die historische Entwicklung des japanischen Geisterglaubens legen. Wir werden die Ursprünge in animistischen Naturvorstellungen nachvollziehen und verfolgen, wie sich der Geisterglaube im Laufe der Jahrhunderte unter dem Einfluss verschiedener religiöser und philosophischer Strömungen gewandelt hat. Dabei werden wir auch die Wechselwirkungen zwischen Shinto, Buddhismus und Volksglauben beleuchten, die das heutige Verständnis der Geisterwelt in Japan maßgeblich geprägt haben.

Die Faszination für übernatürliche Phänomene ist tief in der menschlichen Natur verwurzelt. In einer Welt, die zunehmend von Rationalität und Wissenschaft geprägt ist, bieten Mythen und Legenden einen Zugang zu den verborgenen Dimensionen unserer Existenz. Sie ermöglichen es uns, grundlegende Fragen des menschlichen Daseins auf eine andere, oft poetische und symbolische Weise zu erkunden. Die japanische Geisterwelt mit ihrer reichen Tradition und Vielfalt bietet hierfür ein besonders faszinierendes Forschungsfeld.

Dieses Buch möchte dabei als Brücke zwischen den Welten dienen. Es soll nicht nur Wissen vermitteln, sondern auch zum Nachdenken anregen und die Fantasie beflügeln. Indem wir uns mit den Vorstellungen einer anderen Kultur auseinandersetzen, können wir unseren eigenen Blick auf die Welt erweitern und neue Perspektiven gewinnen. Die japanische Geisterwelt lädt uns ein, über die Grenzen des Sichtbaren und Rationalen hinauszublicken und die Welt mit anderen Augen zu betrachten.

In den folgenden Kapiteln werden wir eine Vielzahl von Themen behandeln, die alle Aspekte der japanischen Geister- und Dämonenwelt beleuchten. Wir werden uns mit den philosophischen und religiösen Grundlagen des japanischen Geisterglaubens befassen und die wichtigsten Kategorien übernatürlicher Wesen im Detail vorstellen. Dabei werden wir sowohl bekannte Figuren wie Kitsune, die Fuchsgeister, oder Oni, die Dämonen, als auch weniger bekannte, aber nicht minder faszinierende Wesen kennenlernen.

Wir wollen untersuchen, wie sich der Glaube an übernatürliche Wesen in Kunst, Literatur und Folklore niedergeschlagen hat und wie er das Alltagsleben der Menschen beeinflusst. Dabei werden wir auch auf die psychologischen und sozialen Funktionen eingehen, die der Geisterglaube erfüllt.

Von klassischen Werken der Literatur bis hin zu modernen urbanen Legenden werden wir die fesselndsten und gruseligsten Erzählungen der japanischen Geistertradition erkunden. Dabei werden wir auch die Kunst des Geschichtenerzählens in Japan beleuchten und untersuchen, wie Geistergeschichten über die Jahrhunderte hinweg weitergegeben und transformiert wurden.

Ein Schwerpunkt wird die Verbindung zwischen Geisterglauben und Naturverständnis in Japan sein. Viele übernatürliche Wesen sind eng mit bestimmten Orten, Landschaften oder Naturphänomenen verknüpft. Wir werden untersuchen, wie der Glaube an Geister und Dämonen das Verhältnis der Menschen zur Natur beeinflusst hat und welche Rolle er im Umweltbewusstsein und in der Naturphilosophie Japans spielt.

Auch die Rituale und Praktiken, die mit dem Geisterglauben verbunden sind, werden wir eingehend betrachten. Von Exorzismen und Schutzritualen bis hin zu Festen und Zeremonien zu Ehren bestimmter Geister – wir werden die vielfältigen Wege erkunden, auf denen die Menschen in Japan mit der übernatürlichen Welt interagieren. Dabei werden wir auch auf die Rolle von Priestern, Schamanen und anderen spirituellen Experten eingehen, die als Vermittler zwischen den Welten fungieren.

Ein besonders spannendes Kapitel wird sich mit der Transformation des Geisterglaubens in der Moderne befassen. Wir erkunden, wie traditionelle Vorstellungen in einer zunehmend technologisierten und globalisierten Welt fortbestehen und sich wandeln. Dabei werden wir auch auf neue Formen des Geisterglaubens eingehen, die in der modernen japanischen Gesellschaft entstanden sind, und analysieren, wie sich alte und neue Vorstellungen vermischen.

Die Geister- und Dämonenwelt Japans hat auch weit über die Grenzen des Landes hinaus Faszination ausgelöst. Wir werden uns damit befassen, wie japanische Geistervorstellungen in andere Kulturen exportiert wurden und welchen Einfluss sie auf die globale Popkultur ausüben. Von Horrorfilmen bis hin zu Videospielen – japanische Geister und Dämonen haben in vielen Bereichen der Unterhaltungsindustrie Spuren hinterlassen.

Auch in der japanischen Medizin und Heilkunst spielen Geistern und Dämonen eine besondere Rolle. Viele traditionelle Heilmethoden basieren auf der Vorstellung, dass Krankheiten durch übernatürliche Kräfte verursacht werden. Wir werden untersuchen, wie sich diese Vorstellungen entwickelt haben und welche Rolle sie in der modernen japanischen Gesundheitskultur noch spielen.

Ebenso sind geschlechtsspezifischen Aspekte des Geisterglaubens interessant. Viele weibliche Geister in der japanischen Mythologie sind mit Themen wie Rache, unerfüllter Liebe oder Mutterschaft verbunden. Wir werden analysieren, wie sich gesellschaftliche Vorstellungen von Geschlechterrollen in den Geistergeschichten widerspiegeln und welche Rückschlüsse sich daraus auf die japanische Gesellschaft ziehen lassen.

Die Verbindung zwischen Geisterglauben und japanischer Architektur sollen beleuchtet werden. Viele traditionelle architektonische Elemente haben ihren Ursprung in Vorstellungen über Geister und übernatürliche Kräfte. Wir werden untersuchen, wie der Glaube an unsichtbare Wesen die

Gestaltung von Häusern, Tempeln und ganzen Städten beeinflusst hat.

Ein besonders faszinierendes Kapitel wird sich mit der Darstellung von Geistern und Dämonen in der japanischen Popkultur befassen. Von traditionellen Volksliedern bis hin zu modernem J-Pop – übernatürliche Themen tauchen in vielen Musikstücken auf. Wir werden einige Beispiele analysieren und die kulturelle Bedeutung dieser musikalischen Auseinandersetzung mit der Geisterwelt untersuchen.

Auch die Rolle von Geistern und Dämonen in der traditionellen, aber auch in der modernen japanischen Mode werden wir beleuchten. Viele traditionelle Kleidungsstücke und Accessoires haben ihren Ursprung in Vorstellungen über Schutz vor übernatürlichen Kräften. Wir werden einige dieser modischen Elemente vorstellen und ihre symbolische Bedeutung erläutern.

Dieses Buch versteht sich als Einladung zu einer faszinierenden Entdeckungsreise. Es soll nicht nur Wissen vermitteln, sondern auch Inspiration bieten und zum Nachdenken anregen. Die japanische Geister- und Dämonenwelt ist ein Spiegel der menschlichen Seele, unserer Ängste und Hoffnungen, unserer Träume und Alpträume. Indem wir uns mit ihr auseinandersetzen, lernen wir nicht nur eine fremde Kultur besser kennen, sondern auch uns selbst.

Möge dieses Buch Ihnen neue Perspektiven eröffnen und Ihre Fantasie beflügeln. Tauchen Sie ein in die geheimnisvolle Welt japanischer Geister und Dämonen – eine Welt voller Wunder, Schrecken und tiefer Weisheit, die uns auch im 21. Jahrhundert noch viel zu sagen hat.

Hermann Candahashi

Die Ursprünge des japanischen Volksglaubens

Um die vielfältige Welt der japanischen Geister und Dämonen zu verstehen, müssen wir zunächst einen Blick auf die Wurzeln des japanischen Volksglaubens werfen. Diese reichen tief in die Vergangenheit zurück und sind eng mit der Geschichte, Geographie und Kultur des japanischen Archipels verwoben.

Die frühesten Formen des japanischen Volksglaubens lassen sich bis in die prähistorische Jomon-Zeit zurückverfolgen, die etwa von 14.000 v. Chr. bis 300 v. Chr. dauerte. In dieser Epoche lebten die Menschen als Jäger und Sammler in enger Verbundenheit mit der Natur. Archäologische Funde deuten darauf hin, dass bereits in dieser Zeit animistische Vorstellungen existierten. Die Menschen glaubten, dass alle Dinge in der Natur - Bäume, Felsen, Flüsse, aber auch Tiere und sogar Werkzeuge - von Geistern beseelt waren.

Diese animistische Weltanschauung bildete die Grundlage für den späteren Shinto, die indigene Religion Japans. Der Begriff "Shinto" bedeutet wörtlich "Weg der Götter" und bezieht sich auf den Glauben an die Kami, göttliche Wesen oder Naturgeister, die in allen Dingen präsent sind. Diese frühe Form des Shinto war keine organisierte Religion im modernen Sinne, sondern eher eine lose Sammlung von Glaubensvorstellungen und Praktiken, die eng mit dem täglichen Leben und den natürlichen Zyklen verbunden waren.

In der darauffolgenden Yayoi-Zeit (etwa 300 v. Chr. bis 300 n. Chr.) kam es zu bedeutenden kulturellen und technologischen Veränderungen in Japan. Die Einführung des Reisanbaus führte zu einer sesshafteren Lebensweise und zur Entstehung komplexerer sozialer Strukturen. In dieser Zeit begannen sich auch die religiösen Vorstellungen weiter zu entwickeln. Der Glaube an Ahnengeister gewann an Bedeutung, und es entstanden erste Formen von organisierten Ritualen und Zeremonien.

Eine wichtige Rolle in der Entwicklung des japanischen Volksglaubens spielte die geografische Lage Japans. Als Inselgruppe war Japan zwar Teil des ostasiatischen Kulturraums, aber durch seine relative Isolation konnten sich eigenständige Traditionen entwickeln und erhalten. Die bergige Landschaft und die häufigen Naturkatastrophen wie Erdbeben, Taifune und Vulkanausbrüche prägten die Vorstellungswelt der Menschen. Die Natur wurde als mächtige und oft unberechenbare Kraft wahrgenommen, was sich in vielen Mythen und Legenden widerspiegelt.

Die Kofun-Zeit (etwa 300-538 n. Chr.) markierte den Beginn der japanischen Staatsbildung. In dieser Epoche entstanden erste Herrscherdynastien, die ihre Macht durch religiöse Legitimation festigten. Der Kaiserkult, der den Tenno als direkten Nachkommen der Sonnengöttin Amaterasu darstellte, hat seine Wurzeln in dieser Zeit. Diese Verbindung zwischen politischer Macht und religiöser Autorität sollte die japanische Geschichte über Jahrhunderte prägen.

Ein entscheidender Wendepunkt in der Entwicklung des japanischen Volksglaubens war die Einführung des Buddhismus im 6. Jahrhundert. Der Buddhismus brachte nicht nur neue religiöse Konzepte und Praktiken mit sich, sondern auch fortschrittliche Technologien und kulturelle Einflüsse aus China und Korea. Anfangs gab es Widerstände gegen die neue Religion, doch bald begann ein Prozess der Verschmelzung und gegenseitigen Beeinflussung zwischen Shinto und Buddhismus.

Diese Synthese, die als Shinbutsu-shugo bekannt ist, prägte den japanischen Volksglauben maßgeblich. Buddhistische Gottheiten wurden mit Shinto-Kami identifiziert, buddhistische Konzepte wie Karma und Wiedergeburt wurden in das traditionelle Weltbild integriert, und viele Shinto-Schreine wurden mit buddhistischen Tempeln verbunden. Diese Verschmelzung führte zu einer einzigartigen religiösen Landschaft, in der verschiedene Glaubensvorstellungen nebeneinander existierten und sich gegenseitig ergänzten.

In der Heian-Zeit (794-1185) erlebte die japanische Kultur eine Blütezeit. In dieser Epoche entstanden viele der klassischen literarischen Werke, die bis heute das japanische Kulturverständnis prägen. Dazu gehören auch zahlreiche Geistergeschichten und übernatürliche Erzählungen. Das "Genji Monogatari" (Die Geschichte vom Prinzen Genji) von Murasaki Shikibu enthält beispielsweise Szenen mit Geistererscheinungen und übernatürlichen Ereignissen, die tief in den Volksglauben der Zeit eingebettet sind.

Die Heian-Zeit war auch die Epoche, in der sich der Glaube an Yokai, übernatürliche Wesen und Monster, weiter ausdifferenzierte. Viele der heute bekannten Yokai-Figuren haben ihren Ursprung in dieser Zeit. Der Glaube an diese Wesen war eng mit der Naturwahrnehmung verbunden. Yokai wurden oft als Erklärung für unerklärliche Naturphänomene oder als Personifikationen menschlicher Ängste und Wünsche gesehen.

In der folgenden Kamakura-Zeit (1185-1333) gewann der Buddhismus weiter an Einfluss. Neue buddhistische Schulen wie der Zen-Buddhismus und die Lehren des Nichiren verbreiteten sich und beeinflussten den Volksglauben. Gleichzeitig entwickelte sich eine spezifisch japanische Form des esoterischen Buddhismus, der Mikkyo, der magische Praktiken und Rituale beinhaltete. Diese Traditionen hatten einen starken Einfluss auf die Vorstellungen von übernatürlichen Kräften und spirituellen Praktiken.

Die Muromachi-Zeit (1336-1573) war geprägt von politischer Instabilität und kriegerischen Auseinandersetzungen. In dieser Zeit gewannen Schutzgottheiten und kriegerische Kami an Bedeutung. Der Glaube an göttlichen Schutz und übernatürliche Intervention in Schlachten wurde zu einem wichtigen Element des Samurai-Ethos. Gleichzeitig entwickelten sich neue Formen der Volksreligiosität, wie die Verehrung von Berg-Kami und die Praxis von Pilgerwegen.

Die Edo-Zeit (1603-1868) brachte eine lange Periode des Friedens und der kulturellen Blüte. In dieser Epoche erlebte der Volksglaube eine weitere Ausdifferenzierung und Popularisierung. Die zunehmende Urbanisierung führte zur Entstehung neuer städtischer Legenden und Geistergeschichten. Die Kabuki-Theater und Bunraku-Puppenspiele griffen oft übernatürliche Themen auf und trugen zur Verbreitung und Weiterentwicklung von Geister- und Dämonenvorstellungen bei.

Ein interessantes Element des Volksglaubens in der Edo-Zeit war der Kitsune-Glaube, der sich um Fuchsgeister dreht. Füchse galten als mächtige und ambivalente Wesen, die sowohl Segen bringen als auch Unheil anrichten konnten. Der Glaube an Fuchsbesessenheit war weit verbreitet und diente

oft als Erklärung für unerklärliche Krankheiten oder Verhaltensweisen.

In dieser Zeit entstanden auch viele der klassischen Geistergeschichten, die bis heute das japanische Horror-Genre prägen. Sammlungen wie das "Ugetsu Monogatari" von Ueda Akinari enthielten Geschichten von Geistern, Dämonen und übernatürlichen Begegnungen, die oft moralische Lehren vermittelten oder soziale Kritik übten.

Die Meiji-Restauration von 1868 markierte einen Wendepunkt in der japanischen Geschichte und hatte auch tiefgreifende Auswirkungen auf den Volksglauben. In dem Bestreben, Japan zu modernisieren und den westlichen Mächten ebenbürtig zu machen, führte die neue Regierung weitreichende Reformen durch. Dazu gehörte auch der Versuch, den Shinto zur Staatsreligion zu erheben und vom Buddhismus zu trennen.

Diese Politik der Shinbutsu-bunri (Trennung von Shinto und Buddhismus) führte zur Zerstörung vieler buddhistischer Tempel und zur Unterdrückung buddhistischer Praktiken. Gleichzeitig wurde der Shinto zu einer staatlich kontrollierten Religion umgeformt, die den Kaiser als göttliche Figur in den Mittelpunkt stellte. Diese Entwicklung hatte tiefgreifende Auswirkungen auf den Volksglauben. Viele traditionelle Praktiken und Vorstellungen, die aus der Verschmelzung von Shinto und Buddhismus entstanden waren, gerieten unter Druck.

Trotz dieser offiziellen Politik blieben viele Elemente des traditionellen Volksglaubens im Alltag der Menschen lebendig. Die Verehrung lokaler Schutzgottheiten, der Glaube an Geister und übernatürliche Wesen, sowie volksreligiöse

Praktiken wie Wahrsagerei und Amulette blieben weit verbreitet. In ländlichen Gebieten, wo der Einfluss der Zentralregierung weniger stark war, konnten sich viele alte Traditionen erhalten.

Die rasante Modernisierung und Industrialisierung Japans in der Meiji-Zeit führte zu tiefgreifenden gesellschaftlichen Veränderungen. Die Urbanisierung und die Einführung westlicher Technologien und Ideen stellten den traditionellen Volksglauben vor neue Herausforderungen. Gleichzeitig bot diese Zeit des Umbruchs auch Raum für neue Interpretationen und Anpassungen alter Vorstellungen.

Ein interessantes Phänomen dieser Zeit war die Entstehung neuer religiöser Bewegungen, die oft Elemente des traditionellen Volksglaubens mit modernen Ideen und teilweise auch christlichen oder westlich-esoterischen Einflüssen verbanden. Diese neuen Religionen, wie Tenrikyo oder Oomoto, sprachen oft Menschen an, die in der sich schnell wandelnden Gesellschaft nach spirituellem Halt suchten.

Die Taisho-Zeit (1912-1926) war geprägt von einer relativen Liberalisierung und einer Öffnung gegenüber westlichen Einflüssen. In dieser Zeit erlebte Japan eine kulturelle Blüte, die auch neue Impulse für den Volksglauben brachte. Es kam zu einer Wiederbelebung des Interesses an traditionellen Kunstformen und spirituellen Praktiken. Gleichzeitig fanden auch westliche esoterische Strömungen wie Spiritismus und Theosophie Eingang in intellektuelle Kreise und beeinflussten die Vorstellungen vom Übernatürlichen.

Die folgende Showa-Zeit (1926-1989) war geprägt von extremen Gegensätzen. Die erste Hälfte war bestimmt von zunehmendem Nationalismus und Militarismus, der in der

Katastrophe des Zweiten Weltkriegs gipfelte. In dieser Zeit wurde der Staatsshinto als ideologisches Instrument genutzt, um die imperiale Expansion zu rechtfertigen. Viele Elemente des traditionellen Volksglaubens wurden in den Dienst der nationalistischen Ideologie gestellt.

Die Niederlage im Zweiten Weltkrieg und die anschließende amerikanische Besatzung brachten erneut tiefgreifende Veränderungen für die japanische Gesellschaft und den Volksglauben. Die Abschaffung des Staatsshinto und die Einführung der Religionsfreiheit schufen neue Rahmenbedingungen für die Entwicklung religiöser und spiritueller Vorstellungen.

In der Nachkriegszeit erlebte Japan ein "Wirtschaftswunder" und entwickelte sich zu einer der führenden Industrienationen der Welt. Diese rasante Modernisierung führte zu einer weiteren Säkularisierung der Gesellschaft. Viele junge Menschen, insbesondere in den Städten, entfernten sich von traditionellen religiösen Praktiken. Gleichzeitig blieben jedoch viele Elemente des Volksglaubens im Alltag präsent, oft in Form von Traditionen und Bräuchen, deren ursprüngliche spirituelle Bedeutung nicht mehr bewusst wahrgenommen wurde.

Ein Phänomen der Nachkriegszeit war die Kommerzialisierung und Popularisierung von Elementen des Volksglaubens. Geister, Yokai und andere übernatürliche Wesen fanden Eingang in Manga, Anime und Videospiele und erreichten so ein breites, auch internationales Publikum. Diese popkulturellen Adaptionen trugen einerseits zur Bewahrung traditioneller Vorstellungen bei, führten andererseits aber auch zu Neuinterpretationen und Veränderungen.

Die 1970er und 1980er Jahre sahen eine Wiederbelebung des Interesses an spirituellen und esoterischen Themen, oft als "New Age" Bewegung bezeichnet. In Japan vermischten sich dabei traditionelle Vorstellungen mit importierten Ideen aus dem Westen und anderen asiatischen Kulturen. Es entstanden neue Formen der Spiritualität, die oft eklektisch verschiedene Elemente kombinierten.

Die Entwicklung des japanischen Volksglaubens in der modernen Zeit ist geprägt von scheinbaren Widersprüchen. Einerseits ist Japan eine hochmoderne, technologisch fortschrittliche Gesellschaft, in der viele Menschen sich als nicht religiös bezeichnen würden. Andererseits spielen traditionelle Praktiken und Vorstellungen nach wie vor eine wichtige Rolle im Alltag vieler Japaner.

So ist es beispielsweise nicht ungewöhnlich, dass Menschen, die sich selbst als nicht religiös betrachten, regelmäßig Schreine und Tempel besuchen, an traditionellen Festen teilnehmen oder Amulette (Omamori) verwenden. Diese Praktiken werden oft mehr als kulturelle Traditionen denn als religiöse Handlungen wahrgenommen.

Ein besonderer Blick gilt dem modernen japanischen Volksglauben bei der Flexibilität und Anpassungsfähigkeit traditioneller Vorstellungen. Neue Technologien und moderne Lebensweisen werden oft nahtlos in alte Glaubensvorstellungen integriert. So gibt es beispielsweise Segnungszeremonien für elektronische Geräte oder spezielle Omamori für Computersicherheit.

Die Globalisierung und der kulturelle Austausch mit anderen Ländern haben ebenfalls Einfluss auf den japanischen Volksglauben. Elemente aus anderen spirituellen Traditionen,

wie westliche Astrologie oder Feng Shui, werden oft problemlos in das bestehende Glaubenssystem integriert.

Ein Punkt des japanischen Volksglaubens, der sich durch alle Epochen zieht, ist die enge Verbindung zur Natur. Trotz der fortschreitenden Urbanisierung und Technisierung bleibt die Naturverbundenheit ein zentrales Element der japanischen Spiritualität. Dies zeigt sich in der anhaltenden Verehrung von Bergen, Flüssen und alten Bäumen als heilige Orte, aber auch in modernen Umweltschutzbewegungen, die oft spirituelle Elemente integrieren.

Die Rolle von Geistern und übernatürlichen Wesen im japanischen Volksglauben hat sich im Laufe der Zeit gewandelt, bleibt aber nach wie vor bedeutsam. In früheren Zeiten wurden Geister oft als reale, interventionsfähige Entitäten betrachtet, die direkten Einfluss auf das menschliche Leben nehmen konnten. In der modernen Zeit werden sie häufig eher symbolisch oder psychologisch interpretiert, als Repräsentationen menschlicher Emotionen oder gesellschaftlicher Phänomene.

Die Urbanisierung hat zu neuen Formen des Volksglaubens geführt. Urbane Legenden und moderne Geistergeschichten, oft verbunden mit den Ängsten und Unsicherheiten des Stadtlebens, sind ein wichtiger Teil des zeitgenössischen Volksglaubens. Geschichten von Geistern in U-Bahn-Stationen, verfluchten Gebäuden oder übernatürlichen Erscheinungen in elektronischen Geräten spiegeln die Anpassung alter Vorstellungen an neue Lebensumstände wider.

Ein weiterer wichtiger Aspekt des japanischen Volksglaubens ist die Bedeutung von Ritualen und Zeremonien im Jahreslauf. Feste wie Obon, bei dem der Geister der

Verstorbenen gedacht wird, oder Setsubun, bei dem böse Geister vertrieben werden, sind nach wie vor wichtige soziale und kulturelle Ereignisse, auch wenn ihre religiöse Bedeutung für viele Menschen in den Hintergrund getreten ist.

Die Rolle von Schamanen und spirituellen Heilern hat sich im Laufe der Zeit gewandelt, ist aber nicht verschwunden. Während in früheren Zeiten Schamanen eine zentrale Rolle in vielen Gemeinschaften spielten, finden sich heute moderne Formen spiritueller Beratung und Heilung. Diese verbinden oft traditionelle Konzepte mit modernen psychologischen Ansätzen.

Ein besonderes Phänomen des modernen japanischen Volksglaubens ist die Entstehung neuer "Pilgerwege" und spiritueller Reiseziele. Neben traditionellen Pilgerwegen wie dem Shikoku-Pilgerweg haben sich neue Routen entwickelt, die oft mit populären Medien wie Anime oder historischen Romanen verbunden sind. Diese "Seichi Junrei" (heilige Reisen) verbinden Elemente des traditionellen Pilgerwesens mit modernem Fantourismus.

Die Globalisierung hat auch zu einer verstärkten Auseinandersetzung mit dem eigenen spirituellen Erbe geführt. Viele Japaner entdecken traditionelle spirituelle Praktiken neu, oft aus einem Interesse an der eigenen kulturellen Identität heraus. Dies hat zu einer Wiederbelebung alter Traditionen geführt, die jedoch oft in einem neuen, modernen Kontext interpretiert werden.

Nach dem verheerenden Tohoku-Erdbeben und Tsunami von 2011 beispielsweise spielten traditionelle spirituelle Praktiken eine wichtige Rolle bei der Trauerarbeit und dem Wiederaufbau. Geistergeschichten und übernatürliche Erfahrungen wurden von vielen Menschen als Möglichkeit gesehen, mit dem erlebten Trauma umzugehen.

Die Beziehung zwischen Volksglauben und offizieller Religion bleibt komplex. Während die meisten Japaner sich nicht als besonders religiös bezeichnen würden, spielt der Besuch von Schreinen und Tempeln zu bestimmten Anlässen nach wie vor eine wichtige Rolle im sozialen Leben. Diese Besuche werden oft mehr als kulturelle Tradition denn als religiöse Handlung verstanden.

Die Rolle von Träumen und Traumdeutung spielt im japanischen Volksglauben eine wichtige Rolle. In der traditionellen japanischen Kultur wurden Träume oft als Botschaften aus der spirituellen Welt interpretiert. Auch heute noch gibt es ein großes Interesse an Traumdeutung, wobei traditionelle Interpretationen oft mit modernen psychologischen Ansätzen verbunden werden.

Die Beziehung zwischen Volksglauben und Wissenschaft in Japan ist in der Tat interessant. Während Japan technologisch hochentwickelt ist, existieren traditionelle Vorstellungen oft parallel zu wissenschaftlichen Erklärungsmodellen. Viele Menschen sehen keinen Widerspruch darin, moderne Medizin zu nutzen und gleichzeitig traditionelle Heilpraktiken oder spirituelle Rituale anzuwenden.

Die Rolle von Amuletten und Talismanen sollte in diesem Zusammenhang nicht vergessen werden. Omamori, kleine Schutzamulette, die in Schreinen und Tempeln erworben werden können, sind nach wie vor sehr populär. Sie werden für verschiedene Zwecke verwendet, von Schulerfolg über Verkehrssicherheit bis hin zu einer leichten Geburt. Interessanterweise haben sich die Designs und Zwecke dieser

Amulette an moderne Bedürfnisse angepasst, so gibt es beispielsweise Omamori für Computersicherheit oder Erfolg bei Vorstellungsgesprächen.

Die Rolle von Weissagung und Wahrsagerei im japanischen Volksglauben ist ebenfalls bemerkenswert. Traditionelle Formen der Divination wie das Ziehen von Orakelzetteln (Omikuji) in Schreinen sind nach wie vor beliebt. Daneben haben sich moderne Formen der Wahrsagerei entwickelt, die oft westliche Astrologie oder Tarot mit traditionellen japanischen Konzepten verbinden.

Sogenannte "Power Spots" sind Orte, denen besondere spirituelle Energie zugeschrieben wird. Während viele dieser Orte traditionelle heilige Stätten sind, werden auch neue Power Spots "entdeckt", oft in Verbindung mit Naturphänomenen oder historischen Ereignissen. Der Besuch dieser Orte ist zu einer beliebten Freizeitaktivität geworden, die Elemente des Tourismus mit spiritueller Suche verbindet.

Die Beziehung zwischen Volksglauben und Gesundheit bleibt in Japan eng. Neben der modernen Medizin spielen traditionelle Heilmethoden und spirituelle Praktiken nach wie vor eine wichtige Rolle. Viele Menschen sehen keinen Widerspruch darin, schulmedizinische Behandlungen mit traditionellen Kräutermedizin, Akupunktur oder spirituellen Heilmethoden zu kombinieren.

Fest im Glauben Japans ist die Vorstellung von "Tsukumo-gami" – Objekten verankert, die nach langer Nutzung ein Eigenleben entwickeln. Diese Idee hat in der modernen Zeit neue Relevanz gewonnen, insbesondere im Kontext der zunehmenden Technologisierung des Alltags. Manche

Menschen führen beispielsweise Segnungszeremonien für alte elektronische Geräte durch, bevor sie diese entsorgen.

Die Rolle von Ahnenverehrung im japanischen Volksglauben hat sich im Laufe der Zeit gewandelt, bleibt aber bedeutsam. Während traditionelle Praktiken wie das Aufstellen von Hausaltären (Butsudan) in modernen Wohnungen oft schwierig umzusetzen sind, finden viele Menschen neue Wege, ihre Verbindung zu den Vorfahren aufrechtzuerhalten. Dies kann sich in modernen Formen der Gedenkkultur oder in der Nutzung digitaler Technologien für virtuelle Gedenkorte äußern.

Yokai" sind moderne Geister und Monster. Sie sind oft Ausdruck zeitgenössischer Ängste und sozialer Probleme. So gibt es beispielsweise Geschichten von Geistern, die in verlassenen Gebäuden spuken, oder von mysteriösen Wesen, die in den Tiefen des Internets lauern.

Die Rolle von Festivals (Matsuri) im japanischen Volksglauben bleibt wichtig. Diese Feste, die oft religiöse Ursprünge haben, sind bedeutende soziale Ereignisse, die Gemeinschaften zusammenbringen und traditionelle Praktiken lebendig halten. Viele dieser Festivals haben sich an moderne Gegebenheiten angepasst, behalten aber ihre spirituelle Bedeutung bei.

Ein faszinierender Aspekt des japanischen Volksglaubens ist die Vorstellung von "Kotodama" - der spirituellen Kraft von Worten. Diese Idee hat in der modernen Zeit neue Interpretationen erfahren, beispielsweise in der Popularität von Affirmationen oder in der Diskussion über die Macht von Online-Kommunikation.

Die Beziehung zwischen Volksglauben und Natur bleibt in Japan eng, auch in urbanen Gebieten. Die Verehrung von Naturphänomenen und die Vorstellung, dass Geister in natürlichen Objekten wohnen, hat zu einer einzigartigen Form des Umweltbewusstseins geführt. Dies zeigt sich beispielsweise in der sorgfältigen Pflege von Stadtbäumen oder in der Popularität von "Waldbaden" (Shinrin-yoku), einer Praxis, bei der Menschen bewusst Zeit in der Natur verbringen, um ihre physische und psychische Gesundheit zu verbessern.

Die Vorstellung von "Reikon", der Seele oder dem Geist eines Menschen. Nach traditioneller Auffassung durchläuft die Seele nach dem Tod verschiedene Stadien, bevor sie schließlich zum Ahnengeist wird. Diese Vorstellung beeinflusst nach wie vor Bestattungspraktiken und Trauerrituale in Japan, auch wenn sie oft mit modernen, säkularen Interpretationen verbunden wird.

Die Rolle von Schutzgottheiten (Ujigami) hat sich im Laufe der Zeit gewandelt. Während früher jede Familie oder jeder Clan seine eigene Schutzgottheit hatte, haben sich diese Vorstellungen in der modernen Zeit oft zu allgemeineren Konzepten von Schutz und Glück entwickelt. Dennoch bleibt der Besuch lokaler Schreine, die oft mit bestimmten Schutzgottheiten assoziiert sind, eine wichtige Praxis.

Darüber hinaus gibt es die "Kimon" oder "Demon's Gate". Dies bezieht sich auf die Idee, dass böse Geister aus einer bestimmten Richtung (typischerweise Nordosten) kommen. Diese Vorstellung beeinflusst noch heute die Architektur und Raumgestaltung in Japan, sowohl in traditionellen als auch in modernen Gebäuden.

Die Beziehung zwischen Volksglauben und moderner Technologie hat interessante neue Formen hervorgebracht. So gibt es beispielsweise Apps, die traditionelle Wahrsagemethoden digitalisieren, oder Virtual-Reality-Erfahrungen, die es ermöglichen, "spirituelle" Orte zu besuchen, ohne physisch dort zu sein.

Die Vorstellung von "Kegare" (rituelle Unreinheit) und "Harae" (Reinigung) ist in diesem Glaube4n von großer Bedeutung. Diese Konzepte haben sich im Laufe der Zeit gewandelt, spielen aber nach wie vor eine Rolle in vielen Aspekten des täglichen Lebens, von Hygienevorstellungen bis hin zu sozialen Interaktionen.

Die Rolle von Tiergeistern im japanischen Volksglauben bleibt bedeutsam. Tiere wie Füchse (Kitsune), Dachse (Tanuki) oder Katzen werden oft mit übernatürlichen Fähigkeiten in Verbindung gebracht. Diese Vorstellungen finden sich nicht nur in traditionellen Erzählungen, sondern auch in modernen Medien und der Populärkultur.

Ein weiterer Aspekt des modernen japanischen Volksglaubens ist die Entstehung neuer spiritueller Praktiken, die oft Elemente aus verschiedenen Traditionen kombinieren. So gibt es beispielsweise "Spiritual Counselors", die traditionelle japanische Konzepte mit westlichen psychologischen Ansätzen und New-Age-Ideen verbinden.

Die Beziehung zwischen Volksglauben und Arbeitsleben in Japan ist ebenfalls bemerkenswert. Viele Unternehmen führen regelmäßig Segnungszeremonien durch oder haben Schreine auf ihrem Gelände. Auch individuelle Arbeitnehmer greifen oft auf spirituelle Praktiken zurück, um beruflichen Erfolg zu fördern oder Stress zu bewältigen.

Fester Bestandteil des japanischen Volksglaubens ist die Vorstellung von "Yomotsu Hirasaka", dem Übergang zwischen der Welt der Lebenden und der Toten. Diese Idee findet sich in vielen traditionellen Erzählungen und beeinflusst noch heute Vorstellungen vom Leben nach dem Tod und den Umgang mit Verstorbenen.

Die Rolle von Wasser im japanischen Volksglauben ist bedeutsam. Viele Reinigungsrituale involvieren Wasser, und Quellen, Flüsse und Wasserfälle werden oft als heilige Orte betrachtet. In der modernen Zeit hat sich dies in einem besonderen Respekt vor Wasserressourcen und in Praktiken wie dem "Wasser-Tempel-Pilgerweg" manifestiert.

Im japanischen Volksglaubens spielt die Vorstellung von "Ke" (gewöhnliche Zeit) und "Hare" (besondere, festliche Zeit) eine wichtige Rolle. Diese Unterscheidung beeinflusst noch heute den Rhythmus des sozialen Lebens und die Art, wie Menschen mit alltäglichen und besonderen Ereignissen umgehen.

Die Beziehung zwischen Volksglauben und Essen in Japan ist eng. Viele Nahrungsmittel haben symbolische Bedeutungen, und bestimmte Gerichte werden mit spezifischen Festtagen oder spirituellen Praktiken assoziiert. Diese Verbindung zwischen Ernährung und Spiritualität hat in der modernen Zeit neue Formen angenommen, beispielsweise in der Popularität von "spirituellem Fasten" oder in der Diskussion über die ethischen und spirituellen Aspekte von Ernährungsweisen.

Bestandteil des japanischen Volksglaubens ist die Vorstellung von "Musubi", der verbindenden und schöpferischen Kraft des Universums sehr wichtig. Dieses Konzept findet sich in vielen Bereichen des japanischen Lebens, von traditionellen Handwerkskünsten bis hin zu modernen Managementphilosophien.

Die Rolle von Zahlen und Numerologie im japanischen Volksglauben bleibt bedeutsam. Bestimmte Zahlen werden als glückbringend oder unglücklich betrachtet, was sich auf viele Aspekte des täglichen Lebens auswirkt, von der Wahl von Hochzeitsdaten bis hin zur Nummerierung von Stockwerken in Gebäuden.

Die Beziehung zwischen Volksglauben und Kunst in Japan ist eng und vielschichtig. Viele traditionelle Kunstformen, wie No-Theater oder Kalligraphie, haben starke spirituelle Komponenten. In der modernen Zeit haben sich neue künstlerische Ausdrucksformen entwickelt, die traditionelle spirituelle Konzepte auf innovative Weise interpretieren.

Ein wichtiger Teil des japanischen Volksglaubens ist die Vorstellung von "Kami", göttlichen Wesen oder Natur-geistern. In der modernen Zeit hat sich das Verständnis von Kami erweitert und umfasst nun auch Konzepte wie "Techno-Kami" - spirituelle Entitäten, die mit modernen Technologien assoziiert werden.

Die Rolle von Träumen im japanischen Volksglauben bleibt bedeutsam. Traditionell wurden Träume als Botschaften aus der spirituellen Welt betrachtet. In der modernen Zeit hat sich dies mit psychologischen Interpretationen vermischt, führt aber weiterhin zu einem großen Interesse an Traumdeutung und "lucidém Träumen".

Ein interessanter Aspekt des japanischen Volksglaubens ist die Vorstellung von "Kotodama", der spirituellen Kraft von Worten. Diese Idee hat in der modernen Zeit neue Relevanz gewonnen, beispielsweise in Diskussionen über die Macht von Social Media oder in der Popularität von Affirmationen und Mantren.

Die Beziehung zwischen Volksglauben und Mode in Japan ist faszinierend. Viele traditionelle Kleidungsstücke und Accessoires haben spirituelle Bedeutungen oder schützende Funktionen. In der modernen Zeit hat dies zu interessanten Fusionen geführt, wie beispielsweise "Spiritual Fashion" oder der Verwendung traditioneller Symbole in zeitgenössischen Modedesigns.

Existenziell für den japanischen Volksglauben ist die Vorstellung von "Wa", Harmonie oder Frieden. Dieses Konzept beeinflusst viele Bereiche des japanischen Lebens, von zwischenmenschlichen Beziehungen bis hin zur Stadtplanung, und hat in der modernen Zeit neue Interpretationen erfahren, beispielsweise in Diskussionen über soziale Nachhaltigkeit oder Work-Life-Balance.

Die Rolle von Musik und Klang im japanischen Volksglauben ist bedeutsam. Traditionelle Musikinstrumente wie die Shakuhachi-Flöte wurden oft für spirituelle Praktiken verwendet. In der modernen Zeit hat sich dies zu neuen Formen der "Klangtherapie" oder spirituellen Musikerfahrungen entwickelt.

Darüber hinaus spielt im japanischen Volksglauben die Vorstellung von "Kizuna", den unsichtbaren Banden, die Menschen miteinander verbinden, eine wichtige Rolle. Dieses Konzept hat in der modernen, zunehmend digitalisierten Welt neue Bedeutung gewonnen und wird oft in Diskussionen über soziale Medien und virtuelle Gemeinschaften angeführt.

Die Beziehung zwischen Volksglauben und Sport in Japan ist interessant. Viele traditionelle Kampfkünste haben spirituelle Komponenten, und auch in modernen Sportarten finden sich oft rituelle Elemente oder Praktiken, die auf den Volksglauben zurückgehen.

Ebenso ist die Vorstellung von "Mottainai", einem Konzept, das Verschwendung als spirituell falsch betrachtet, fester Bestandteil des japanischen Volksglaubens. In der modernen Zeit hat diese Idee neue Relevanz in Diskussionen über Nachhaltigkeit und umweltbewusstes Verhalten gewonnen.

Die Rolle von Handwerk im japanischen Volksglauben bleibt bedeutsam. Viele traditionelle Handwerkskünste haben spirituelle Dimensionen, und die Idee, dass Objekte durch lange Nutzung eine Seele entwickeln können, beeinflusst den Umgang mit Gebrauchsgegenständen.

Ein weiterer Aspekt des japanischen Volksglaubens ist die Vorstellung von "Kukan", dem Konzept von Raum und Leere. Diese Idee hat in der modernen Zeit neue Interpretationen erfahren, beispielsweise in der Architektur oder in Diskussionen über mentale Gesundheit und Meditation.

Die Beziehung zwischen Volksglauben und Bildung in Japan ist komplex. Während das Bildungssystem säkular ist, spielen traditionelle Werte und spirituelle Konzepte oft eine implizite Rolle im Schulalltag und in der Erziehungsphilosophie.

Die Rolle von Farben im japanischen Volksglauben ist bedeutsam. Bestimmte Farben werden mit spezifischen spirituellen Qualitäten oder übernatürlichen Wesen assoziiert. Diese Vorstellungen beeinflussen noch heute die Farbwahl in vielen Bereichen, von der Mode bis zur Inneneinrichtung.

Aber auch die Vorstellung von "Kintsugi", der Kunst, zerbrochene Keramik mit Gold zu reparieren, gehört zu dem Glaubenskonzept. Diese Praxis hat eine tiefe spirituelle Bedeutung und wird oft als Metapher für den Umgang mit Lebenskrisen und persönlichem Wachstum verwendet.

Die Beziehung zwischen Volksglauben und Zeitvorstellungen in Japan ist interessant. Das traditionelle japanische Zeitverständnis, das oft zyklisch und nicht linear ist, beeinflusst noch heute den Umgang mit Zeit und die Organisation des sozialen Lebens.

"Mono no Aware", der bittersüßen Vergänglichkeit aller Dinge sollte nicht vergessen werden. Dieses Konzept hat in der modernen Zeit neue Relevanz gewonnen, beispielsweise in Diskussionen über Umweltschutz oder den Umgang mit technologischem Wandel.

Die Rolle von Gerüchen und Düften im japanischen Volksglauben ist bedeutsam. Bestimmte Düfte werden mit spirituellen Qualitäten oder übernatürlichen Wesen assoziiert. In der modernen Zeit hat dies zu neuen Formen der "Aromatherapie" oder der Verwendung von Düften in spirituellen Praktiken geführt.

"Wabi-Sabi", die Schönheit des Unvollkommenen und Vergänglichen ist eines der wichtigsten Prinzipien, dem wir in allen Bereichen des Lebens und des Volksglaubens begegnen. Dieses ästhetische und spirituelle Konzept beeinflusst viele Bereiche des japanischen Lebens, von der Kunst bis zur Alltagsgestaltung.

Die Beziehung zwischen Volksglauben und Gartenkunst in Japan ist eng. Traditionelle japanische Gärten haben oft tiefe spirituelle Bedeutungen und werden als Orte der Meditation und Kontemplation gesehen. In der modernen Zeit hat sich dies zu neuen Formen der "Gartentherapie" oder urbanen Grünflächen mit spirituellem Fokus entwickelt.

Die Rolle von Schrift und Kalligraphie im japanischen Volksglauben bleibt bedeutsam. Die Praxis des Schreibens wird oft als spirituelle Übung betrachtet, und bestimmte Schriftzeichen oder Texte werden als Schutzamulette verwendet. In der modernen Zeit hat sich dies zu neuen Formen der "Schreibmeditation" oder digitalen Kalligraphie entwickelt.

Ein Aspekt des japanischen Volksglaubens ist die Vorstellung von "Ma", dem Konzept des Zwischenraums oder der Pause. Diese Idee beeinflusst viele Bereiche des japanischen Lebens, von der Musik bis zur Konversation, und hat in der modernen Zeit neue Interpretationen erfahren, beispielsweise in Diskussionen über Work-Life-Balance oder digitale Entgiftung.

Die Beziehung zwischen Volksglauben und Gesundheitsvorstellungen in Japan ist komplex. Traditionelle Heilmethoden, die oft spirituelle Komponenten haben, koexistieren mit moderner Medizin. Dies hat zu interessanten Hybridformen der Gesundheitsversorgung geführt, die sowohl wissenschaftliche als auch spirituelle Ansätze integrieren.

Die Vorstellung von "Ikigai", dem Grund für das Sein oder dem Sinn des Lebens ist ein wichtiger Aspekt der japanischen Glaubenstradition. Dieses Konzept hat in der modernen Zeit weltweit Aufmerksamkeit erlangt und wird oft in Diskussionen über Lebensqualität und persönliche Erfüllung angeführt.

Die Rolle von Ritualen im japanischen Volksglauben bleibt zentral. Viele alltägliche Handlungen haben rituelle Aspekte, die oft unbewusst ausgeführt werden. In der modernen Zeit haben sich neue Formen von Ritualen entwickelt, die traditionelle Elemente mit zeitgenössischen Bedürfnissen verbinden.

Die Beziehung zwischen Volksglauben und Umweltbewusstsein in Japan hat in den letzten Jahren an Bedeutung gewonnen. Traditionelle Vorstellungen von der Beseeltheit der Natur werden oft mit modernen ökologischen Ansätzen verknüpft, was zu einzigartigen Formen des Umweltschutzes führt.

Ein interessanter Trend im modernen japanischen Volksglauben ist die Wiederbelebung alter Praktiken in neuem Gewand. So erfahren beispielsweise traditionelle Meditationstechniken eine Renaissance, oft in Verbindung mit modernen Stressmanagement-Methoden.

Die Rolle des Volksglaubens in der japanischen Geschäftswelt bleibt bemerkenswert. Viele Unternehmen integrieren spirituelle Praktiken in ihre Unternehmenskultur, sei es durch regelmäßige Schreinbesuche oder die Berücksichtigung günstiger Daten für wichtige Entscheidungen.

Ein wichtiger Aspekt des japanischen Volksglaubens ist die anhaltende Bedeutung von Übergangsriten. Obwohl viele dieser Rituale säkularisiert wurden, behalten sie oft eine spirituelle Dimension, die das Gefühl von Gemeinschaft und Kontinuität stärkt.

Die Verschmelzung von Tradition und Moderne im japanischen Volksglauben zeigt sich besonders deutlich in der Popkultur. Anime, Manga und Videospiele greifen oft auf traditionelle spirituelle Konzepte zurück und interpretieren sie für ein zeitgenössisches Publikum neu.

Abschließend lässt sich sagen, dass der japanische Volksglaube ein lebendiges, sich ständig wandelndes Phänomen ist. Er passt sich neuen gesellschaftlichen Realitäten an, behält dabei aber seine tiefen Wurzeln in der japanischen Kultur und Geschichte. Die Fähigkeit, Tradition und Innovation zu verbinden, macht den japanischen Volksglauben zu einem faszinierenden Spiegel der sich wandelnden japanischen Gesellschaft.

Der japanische Volksglaube gibt wichtige Impulse für interkulturelle Dialoge. Seine Betonung von Harmonie, Respekt vor der Natur und die Anerkennung spiritueller Dimensionen im Alltäglichen können wertvolle Perspektiven für globale Herausforderungen bieten.

Letztendlich zeigt die Vitalität und Anpassungsfähigkeit des japanischen Volksglaubens, dass spirituelle und übernatürliche Vorstellungen auch in einer hochmodernen, technologieorientierten Gesellschaft relevant bleiben können. Sie bieten Wege, um Sinn zu finden, Gemeinschaft zu stärken und mit den Herausforderungen einer sich schnell verändernden Welt umzugehen.

So bleibt der japanische Volksglaube ein faszinierendes Forschungsfeld, das nicht nur Einblicke in die japanische Kultur bietet, sondern auch wichtige Fragen über die Rolle von Spiritualität und Tradition in der modernen Welt aufwirft. Seine fortdauernde Bedeutung unterstreicht die zeitlose menschliche Suche nach Sinn, Verbundenheit und Transzendenz.

Die Rolle der Natur in der Geisterwelt

In der japanischen Mythologie und im Volksglauben nimmt die Natur eine zentrale Rolle ein. Die enge Verbindung zwischen der natürlichen Umwelt und der spirituellen Welt ist ein Grundpfeiler des japanischen Verständnisses von Übernatürlichem. Diese Beziehung manifestiert sich in vielfältiger Weise und durchdringt nahezu jeden Aspekt der japanischen Geisterwelt.

Die Vorstellung, dass die Natur von spirituellen Kräften durchdrungen ist, wurzelt tief in der animistischen Tradition Japans. Gemäß dieser Weltanschauung besitzen nicht nur Lebewesen, sondern auch Naturphänomene und sogar unbelebte Objekte eine Seele oder einen Geist. Diese Sichtweise führt zu einer tiefen Ehrfurcht vor der Natur und einer Vielzahl von Glaubensvorstellungen und Praktiken, die die Verbindung zwischen der natürlichen und der übernatürlichen Welt betonen.

Eine der grundlegendsten Manifestationen dieser Naturverbundenheit in der japanischen Geisterwelt ist das Konzept der Kami. Kami sind göttliche Wesen oder Naturgeister, die in der Shinto-Religion verehrt werden. Sie können in verschiedenen Formen auftreten, von mächtigen Naturgottheiten bis hin zu lokalen Schutzgeistern. Berge, Flüsse, Bäume, Steine und sogar Naturphänomene wie Winde oder Donner können als Wohnsitze von Kami betrachtet werden.

Der Berg Fuji, Japans höchster und bekanntester Berg, ist ein herausragendes Beispiel für die Vergöttlichung der Natur. Er wird nicht nur als heiliger Berg verehrt, sondern auch als Kami selbst betrachtet. Die Verehrung des Fuji reicht weit in die japanische Geschichte zurück und verbindet religiöse Praktiken, künstlerische Darstellungen und volkstümliche Überlieferungen. Die majestätische Präsenz des Berges und seine oft von Wolken verhüllte Spitze haben zu zahlreichen Legenden und spirituellen Erfahrungen geführt.

Aber nicht nur große und imposante Naturerscheinungen werden in der japanischen Geisterwelt verehrt. Auch einzelne Bäume können als Wohnsitze von Kami oder anderen spirituellen Wesen betrachtet werden. Besonders alte oder auffällig geformte Bäume werden oft mit Seilen (Shimenawa) umwickelt, um ihre Heiligkeit zu kennzeichnen. Diese als "Shinboku" oder "Goshinboku" bezeichneten heiligen Bäume sind oft Zentren lokaler Verehrung und Orte, an denen Menschen um Segen oder Hilfe bitten.

Die Verbindung zwischen Natur und Geisterwelt zeigt sich auch in der Vielzahl von Naturgeistern, die in der japanischen Folklore eine wichtige Rolle spielen. Diese Wesen, oft als Yokai bezeichnet, sind übernatürliche Kreaturen, die häufig mit bestimmten Aspekten der Natur assoziiert werden. Ein bekanntes Beispiel sind die Kappa, wasserliebende Wesen, die in Flüssen und Teichen leben sollen. Diese grünlichen, schildkrötenähnlichen Kreaturen werden oft mit Über-schwemmungen oder Ertrinkungsunfällen in Verbindung gebracht, können aber auch wohlwollend sein, wenn man sie respektvoll behandelt.

Ein weiteres faszinierendes Beispiel für die Verbindung von Natur und Geisterwelt sind die Kodama, Baumgeister, die in alten Wäldern leben sollen. Diese Geister werden oft als unsichtbar beschrieben, können sich aber manchmal in Form von Echos oder seltsamen Lichtern manifestieren. In einigen Überlieferungen heißt es, dass das Fällen eines Baumes, in dem ein Kodama wohnt, Unglück bringt. Diese Vorstellung hat dazu beigetragen, alte Bäume und Wälder zu schützen und zu erhalten.

Die Jahreszeiten spielen ebenfalls eine wichtige Rolle in der japanischen Geisterwelt. Jede Jahreszeit wird mit bestimmten übernatürlichen Phänomenen und Wesen in Verbindung gebracht. Der Frühling beispielsweise gilt als Zeit, in der die Grenze zwischen der Welt der Lebenden und der Toten besonders durchlässig ist. Dies spiegelt sich in Traditionen wie dem Ohanami wider, dem Kirschblütenfest, bei dem nicht nur die Schönheit der Blüten bewundert, sondern auch der Vergänglichkeit des Lebens gedacht wird.

Der Sommer hingegen wird oft mit verschiedenen Wassergeistern assoziiert. In dieser heißen Jahreszeit, so glaubt man, sind Flüsse und Seen besonders von übernatürlichen Wesen bevölkert. Dies hat zur Entstehung verschiedener Sommerbräuche geführt, wie dem Aufstellen von Vogelscheuchenähnlichen Figuren namens "Teru Teru Bozu", die schönes Wetter herbeirufen und Regen abwehren sollen.

Der Herbst, mit seinen sich verfärbenden Blättern und kürzer werdenden Tagen, wird oft mit melancholischen und manchmal auch unheimlichen Stimmungen in Verbindung gebracht. In dieser Zeit sollen bestimmte Geister besonders aktiv sein, wie zum Beispiel die "Mujina", dachsähnliche Gestaltwandler, die einsame Wanderer in die Irre führen können.

Der Winter schließlich gilt als Zeit, in der die Grenze zur Geisterwelt besonders dünn ist. Viele winterliche Traditionen und Bräuche in Japan haben ihren Ursprung in dem Versuch, böse Geister abzuwehren und gute Geister willkommen zu heißen. Das Neujahrsfest, Shogatsu, ist reich an solchen Praktiken, von der gründlichen Reinigung des Hauses bis hin zum Aufhängen von Strohseilen (Shimekazari) über den Eingängen, um böse Geister fernzuhalten.

Die enge Verbindung zwischen Natur und Geisterwelt manifestiert sich auch in der traditionellen japanischen Gartenkunst. Japanische Gärten werden oft so gestaltet, dass sie eine Miniaturlandschaft darstellen, die nicht nur ästhetisch ansprechend ist, sondern auch spirituelle Bedeutung hat. Bestimmte Steine oder Baumgruppen können als Wohnsitze von Kami oder anderen Geistern betrachtet werden. Die sorgfältige Anordnung von Elementen wie Wasser, Steinen und Pflanzen soll eine harmonische Umgebung schaffen, die sowohl für Menschen als auch für Geister angenehm ist.

Ein wichtiger Punkt der Naturverbundenheit in der japanischen Geisterwelt ist die Vorstellung von "Yokai", übernatürlichen Wesen, die oft eng mit bestimmten Naturphänomenen oder -orten verbunden sind. Ein bekann-tes Beispiel ist der "Tengu", ein vogelähnliches Wesen, das in den Bergen leben soll. Tengu werden oft als Beschützer der Berge und Wälder dargestellt, können aber auch als gefähr-liche und trickreiche Wesen auftreten. Die Vorstellung von Tengu hat nicht nur die Folklore beeinflusst, sondern auch verschiedene Aspekte der japanischen Kultur, von Kampf-künsten bis hin zur Architektur von Bergtempeln.

Die Verbindung zwischen Natur und Geisterwelt zeigt sich auch in der Praxis des "Shinrin-yoku" oder Waldbaden. Diese moderne Gesundheitspraxis, die das bewusste Eintauchen in die Atmosphäre des Waldes beinhaltet, hat ihre Wurzeln in traditionellen Vorstellungen von der heilenden und reinigenden Kraft der Natur. Obwohl Shinrin-yoku auf wissenschaftlichen Erkenntnissen über die gesundheitlichen Vorteile des Aufenthalts in der Natur basiert, resoniert es auch mit älteren Vorstellungen von Wäldern als spirituellen Räumen, die von verschiedenen Geistern und übernatürlichen Kräften bewohnt werden.

Darüber hinaus spielt Naturverbundenheit in der japanischen Geisterwelt die Vorstellung von "Tsukumogami", Objekten, die nach langer Nutzung zum Leben erwachen und einen eigenen Geist entwickeln eine Rolle. Obwohl dieses Konzept nicht direkt mit der Natur verbunden ist, zeigt es die animistische Tendenz, auch unbelebten Gegenständen eine Seele zuzuschreiben. In einigen Überlieferungen heißt es, dass natürliche Materialien wie Holz oder Stein besonders anfällig dafür sind, Tsukumogami zu werden, was die enge Verbindung zwischen Natur und spiritueller Welt weiter unterstreicht.

Die Verbundenheit zur Natur in der japanischen Geisterwelt manifestiert sich auch in verschiedenen Reinigungsritualen. Wasser spielt dabei eine besonders wichtige Rolle. Viele Shinto-Schreine haben einen "Temizuya", einen Reinigungsbrunnen, an dem Besucher sich Hände und Mund waschen, bevor sie den heiligen Bereich betreten. Dieses Ritual symbolisiert nicht nur physische Reinheit, sondern auch spirituelle Reinigung. Die Verwendung von natürlichem Quellwasser in vielen dieser Brunnen unterstreicht die Vorstellung, dass die Natur selbst reinigende und heiligende Kräfte besitzt.

Auch Salz spielt eine wichtige Rolle in Reinigungsritualen und wird oft verwendet, um böse Geister abzuwehren oder Orte zu reinigen. Die Verbindung von Salz mit dem Meer, einer der mächtigsten Naturkräfte in der Inselation Japan, verstärkt seine spirituelle Bedeutung. In vielen Teilen Japans ist es üblich, nach einer Beerdigung Salz zu streuen, um eventuelle anhaftende Geister abzuwehren und sich spirituell zu reinigen.

Die Verehrung von Bergen als heilige Orte ist ein weiterer zentraler Aspekt der Naturverbundenheit in der japanischen Geisterwelt. Viele Berge in Japan werden als "Shintai", physische Manifestationen von Kami, betrachtet. Der Berg Fuji ist das bekannteste Beispiel, aber es gibt zahlreiche andere heilige Berge in ganz Japan, wie den Mount Haku, Mount Tate und Mount Gassan, die zusammen die "Drei Heiligen Berge" Japans bilden.

Diese Bergverehrung hat zur Entwicklung verschiedener spiritueller Praktiken geführt, darunter das "Shugendo", eine synkretistische Religion, die Elemente aus Shinto, Buddhismus und lokalen Glaubensvorstellungen vereint. Shugendo-Praktizierende, bekannt als Yamabushi, unter-nehmen oft anstrengende Bergwanderungen und –kletter-touren als Form der spirituellen Askese. Diese Praxis basiert auf der Vorstellung, dass die Berge mit spiritueller Kraft erfüllt sind und dass man durch die physische Herausforderung der Bergbesteigung spirituelle Erleuchtung erlangen kann.

Die Verbindung zwischen Natur und Geisterwelt in Japan zeigt sich auch in der Vorstellung von "Power Spots". Dies sind Orte in der Natur, denen besondere spirituelle Energie zugeschrieben wird. Obwohl das Konzept der Power Spots relativ modern ist, basiert es auf älteren Vorstellungen von heiligen Orten in der Natur. Viele dieser Power Spots sind mit natürlichen Merkmalen wie Wasserfällen, alten Bäumen oder besonderen Felsformationen verbunden. Der Besuch solcher

Orte wird oft als Möglichkeit gesehen, spirituelle Energie zu tanken oder in Kontakt mit übernatürlichen Kräften zu treten.

Ein Aspekt der Naturverbundenheit in der japanischen Geisterwelt ist die Vorstellung von "Kami-kaze" oder göttlichen Winden. Der Begriff wurde berühmt durch die Taifune, die im 13. Jahrhundert zweimal die mongolische Invasionsflotte zerstörten und als göttliche Intervention interpretiert wurden. Diese Vorstellung zeigt, wie Naturphänomene in der japanischen Kultur als Manifest-ationen göttlicher oder übernatürlicher Kräfte gesehen wer-den können.

Die Rolle der Natur in der japanischen Geisterwelt spiegelt sich auch in verschiedenen Festen und Ritualen wider. Das "O-bon"-Fest beispielsweise, bei dem der Geister der Verstorbenen gedacht wird, hat starke Verbindungen zur Natur. In vielen Regionen werden während O-bon Laternen auf Flüssen ausgesetzt, um die Geister der Verstorbenen zu leiten. Diese Praxis verbindet die natürliche Welt der Flüsse mit der spirituellen Welt der Ahnengeister.

Ein weiteres Beispiel ist das "Setsubun"-Fest, das den Beginn des Frühlings markiert. Bei diesem Fest werden geröstete Sojabohnen geworfen, um böse Geister zu vertreiben und Glück herbeizurufen. Die Verwendung von Sojabohnen, einem natürlichen Produkt, unterstreicht die Verbindung zwischen landwirtschaftlichen Zyklen und spirituellen Praktiken.

Die Verehrung von Tieren als spirituelle Wesen ist ein weiterer wichtiger Aspekt der Naturverbundenheit in der japanischen Geisterwelt. Füchse beispielsweise werden oft mit der Gottheit Inari assoziiert und als ihre Boten betrachtet.

Inari-Schreine, die der Gottheit des Reises und der Fruchtbarkeit gewidmet sind, sind oft von Statuen weißer Füchse
umgeben. Diese Assoziation zeigt, wie Tiere als Vermittler
zwischen der natürlichen und der spirituellen Welt gesehen
werden.

Ähnlich werden Hirsche in der Stadt Nara als heilige Tiere
betrachtet, da sie der Legende nach als Boten der Kami gelten.
Die freie Bewegung der Hirsche durch die Stadt und ihre
Interaktion mit Menschen wird oft als Manifestation der
engen Verbindung zwischen Natur, Mensch und spiritueller
Welt interpretiert.

Die Rolle der Natur in der japanischen Geisterwelt
manifestiert sich auch in der traditionellen Medizin und
Heilkunst. Viele heilige Pflanzen und Kräuter werden nicht
nur aufgrund ihrer medizinischen Eigenschaften geschätzt,
sondern auch wegen ihrer vermeintlichen spirituellen Kräfte.
Der Ginkgo-Baum beispielsweise wird oft als heiliger Baum
betrachtet und soll Schutz vor Feuer und bösen Geistern
bieten. Seine Blätter werden sowohl in der traditionellen
Medizin als auch in spirituellen Praktiken verwendet. Die
Verbindung zwischen Natur und Geisterwelt zeigt sich auch
in der japanischen Kunst und Literatur.

Die japanische Vorstellung von Natur als Lebensraum für
Geister und übernatürliche Wesen ist eng mit dem
Shintoismus verbunden, der als die indigene Religion Japans
gilt. Im Shintoismus wird geglaubt, dass Götter oder Kami in
allen Dingen existieren, einschließlich natürlichen Elementen
wie Bäumen, Felsen und Flüssen. Diese Kami sind nicht
unbedingt übernatürliche Wesen im westlichen Sinne,
sondern können auch als die spirituellen Manifestationen der
Natur selbst verstanden werden. In vielen Fällen gibt es keine

klare Grenze zwischen Kami und den Geistern oder Yokai, die die japanische Mythologie bevölkern. Diese Wesen verkörpern oft die Naturkräfte und werden sowohl als wohlwollend als auch als potenziell gefährlich angesehen.

Ein Beispiel für die enge Verbindung zwischen Natur und Geistern ist der Yurei, ein Geistertyp, der oft als ruheloser Geist eines verstorbenen Menschen beschrieben wird. Während Yurei häufig in der Nähe von alten Häusern oder auf verlassenen Straßen erscheinen, werden sie auch mit bestimmten natürlichen Orten assoziiert, insbesondere solchen, die als besonders unheimlich oder gefährlich gelten. Ein tiefes Waldgebiet, das selten betreten wird, oder ein abgelegener Bergpfad kann der perfekte Ort für die Sichtung eines Yurei sein. Diese Geister sind nicht nur das Ergebnis menschlicher Emotionen oder unvollendeter Angelegenheiten, sondern auch das Produkt der Umgebung, in der sie erscheinen.

Eine weitere wichtige Kategorie von Geistern, die stark mit der Natur verbunden sind, sind die Yokai. Diese Kreaturen sind vielfältig und umfassen alles von animalischen Gestalten bis hin zu abstrakten, schwer zu fassenden Erscheinungen. Viele Yokai sind eng mit bestimmten natürlichen Phänomenen oder Orten verbunden. Der Kappa, zum Beispiel, ist ein bekanntes Wasserwesen, das in Flüssen und Teichen lebt. Er wird oft als eine Art Wasserdämon dargestellt, der sowohl Schabernack treiben als auch eine ernsthafte Bedrohung für Menschen darstellen kann, die sich ihm nähern. Die Geschichten über Kappa sind zahlreich und variieren je nach Region, doch alle betonen die enge Bindung des Wesens an die Wasserwelt.

Ebenso sind Berge und Wälder häufig die Heimat von Tengu, mythischen Kreaturen, die halb Mensch, halb Vogel sind.

Tengu sind dafür bekannt, in den Wäldern zu hausen, weit weg von menschlichen Siedlungen. Sie gelten als Wächter der Berge und werden oft als schelmische, aber auch weise Wesen beschrieben, die in der Lage sind, Menschen sowohl zu helfen als auch zu strafen. Die Rolle des Tengu als Hüter der Natur zeigt, wie die japanische Mythologie die Wälder und Berge als lebendige, bewusste Landschaften darstellt, in denen die Natur eine eigene Agency besitzt.

Ein interessanter Aspekt der japanischen Geisterwelt ist die Personifizierung natürlicher Elemente und Phänomene durch Yokai. Der Tsukumogami, zum Beispiel, ist ein Geist, der in alten, unbelebten Objekten entsteht. Traditionell wird angenommen, dass ein Objekt, das hundert Jahre alt wird, einen eigenen Geist entwickelt und zum Tsukumogami wird. Diese Vorstellung impliziert, dass selbst unbelebte Objekte eine Art von Lebendigkeit besitzen können, eine Idee, die tief in der shintoistischen Wertschätzung für die Natur und ihre Bestandteile verwurzelt ist.

Die Beziehung zwischen Natur und Geisterwelt ist nicht nur auf das spirituelle und mythologische Denken begrenzt, sondern spiegelt sich auch in den japanischen Praktiken des täglichen Lebens wider. Traditionelle Feste, wie das Obon-Fest, ehren die Geister der Verstorbenen und finden oft an Orten statt, die eine starke Verbindung zur Natur haben, wie Tempelgärten oder am Meer. In diesen Ritualen wird die Natur nicht nur als Kulisse für die spirituellen Aktivitäten betrachtet, sondern als ein aktiver Teilnehmer und Vermittler zwischen der Welt der Lebenden und der der Toten.

Darüber hinaus ist die Wahrnehmung der Jahreszeiten und wie diese in der Geisterwelt reflektiert werden interessant. Die japanische Kultur hat eine tiefe Wertschätzung für die

Veränderungen in der Natur und diese Wertschätzung zeigt sich auch in der Mythologie. Der Herbst, eine Jahreszeit, die oft mit dem Tod und dem Sterben verbunden wird, ist eine besonders wichtige Zeit für Geschichten über Geister und Yokai. Die Verwelkung der Blätter, die kürzeren Tage und die kühleren Temperaturen tragen zur Atmosphäre des Unheimlichen bei und machen den Herbst zur bevorzugten Jahreszeit für viele Spukgeschichten.

Der Einfluss der Natur auf die japanische Geisterwelt zeigt sich auch in der Architektur und Landschaftsgestaltung. Japanische Gärten sind oft so gestaltet, dass sie eine Balance zwischen den natürlichen Elementen und dem menschlichen Einfluss widerspiegeln. Diese Gärten sind nicht nur Orte der Schönheit und Ruhe, sondern auch heilige Räume, in denen die Geister der Natur verehrt und respektiert werden. Ein sorgfältig gestalteter Garten kann als Mikrokosmos der Geisterwelt dienen, in dem jeder Stein, jeder Baum und jeder Teich eine Bedeutung hat und zur Präsenz der Kami und Yokai beiträgt.

In vielen japanischen Geistergeschichten ist die Natur nicht nur eine Kulisse, sondern ein aktiver Charakter, der das Verhalten und das Schicksal der Menschen beeinflusst. Dies wird besonders in Erzählungen über verfluchte Wälder oder Berge deutlich, wo die Natur selbst als Quelle des Übernatürlichen dargestellt wird. Diese Orte sind oft schwer zugänglich, und ihre Unberührtheit trägt zu ihrem Ruf als Orte des Unheimlichen bei. Die Vorstellung, dass die Natur selbst unheilvoll oder schützend sein kann, ist ein wiederkehrendes Thema in der japanischen Mythologie und zeigt die komplexe Beziehung zwischen Mensch und Umwelt.

Ein weiteres Beispiel für die wichtige Rolle der Natur in der japanischen Geisterwelt ist die Figur des Jorogumo, einer Yokai in Gestalt einer Spinne, die menschliche Gestalt annehmen kann. Jorogumo lebt oft in dichten Wäldern oder an Wasserfällen, wo sie Reisende in ihr Netz lockt. Diese Geschichten betonen nicht nur die Gefahr, die von der Natur ausgehen kann, sondern auch die Faszination und die Anziehungskraft, die sie auf Menschen ausübt. Jorogumo verkörpert die verführerische und zugleich gefährliche Seite der Natur und zeigt, wie eng Lust und Gefahr in der japanischen Vorstellung miteinander verwoben sind.

Es gibt auch viele Erzählungen, in denen Geister und Yokai als Beschützer der Natur auftreten. Zum Beispiel gibt es Geschichten über Baumgeister, die die Wälder vor Menschen schützen, die sie zerstören wollen. Diese Geister, oft als Kodama bezeichnet, sind die spirituellen Wächter der Bäume und strafen diejenigen, die die Natur respektlos behandeln. Solche Geschichten betonen die Bedeutung des Respekts gegenüber der Natur und die Notwendigkeit, im Einklang mit ihr zu leben, anstatt sie zu dominieren oder auszubeuten.

In der modernen japanischen Kultur hat die Rolle der Natur in der Geisterwelt einen festen Platz in Literatur, Film und Kunst gefunden. Filme wie "Prinzessin Mononoke" von Studio Ghibli zeigen die komplexe Beziehung zwischen Mensch und Natur und die Geister, die in dieser Welt existieren. Diese modernen Interpretationen der traditionellen Geschichten bringen die alten Mythen und Legenden einem neuen Publikum näher und zeigen, dass die Faszination für die Geisterwelt und ihre Verbindung zur Natur in Japan nach wie vor stark ist.

Zusammenfassend lässt sich sagen, dass die Natur in der japanischen Geisterwelt nicht nur eine passive Umgebung ist, sondern eine aktive Rolle spielt. Sie ist Heimat, Ursprung und Manifestation von Geistern und Yokai und spiegelt die tiefe Verbindung der japanischen Kultur zur natürlichen Welt wider. Die Natur ist in der japanischen Mythologie ein lebendiger, bewusster Akteur, der die Grenzen zwischen der Welt der Lebenden und der Welt der Geister verschwimmen lässt. Die Geisterwelt Japans ist daher untrennbar mit der Natur verbunden, und diese Verbindung bietet einen reichen Boden für Geschichten, Legenden und die kulturelle Vorstellungskraft, die bis heute in der japanischen Kultur lebendig sind.

Die enge Verknüpfung von Natur und Geistern in der japanischen Kultur fordert uns auf, unsere eigene Beziehung zur natürlichen Welt zu überdenken. Sie lädt uns ein, über die sichtbaren und unsichtbaren Kräfte nachzudenken, die unsere Welt formen, und erinnert uns daran, dass die Natur nicht nur eine Ressource, sondern ein lebendiges Wesen mit einer eigenen Geschichte, Spiritualität und Macht ist. Indem wir die Geisterwelt Japans erkunden, können wir auch lernen, die Natur um uns herum mit neuem Respekt und Verständnis zu betrachten. Diese Perspektive eröffnet die Möglichkeit, die Umwelt nicht nur als physische Realität zu sehen, sondern als eine Welt voller Geheimnisse und spiritueller Tiefe.

Die Geschichten von Geistern und Yokai, die tief in der Natur verwurzelt sind, erinnern uns daran, dass die japanische Kultur die Welt als ein harmonisches Ganzes betrachtet, in dem alles miteinander verbunden ist. Bäume, Flüsse, Berge und Meere sind nicht nur Teil der Landschaft, sondern auch

Teil einer spirituellen Dimension, die das tägliche Leben durchdringt. Diese Sichtweise lädt dazu ein, die Grenzen zwischen Mensch und Natur zu hinterfragen und die Umwelt nicht als getrennt oder untergeordnet, sondern als gleichberechtigten Akteur zu betrachten.

In vielen japanischen Mythen werden Menschen, die die Natur respektieren, von den Geistern und Kami beschützt und gesegnet, während diejenigen, die sie missachten, oft schwer bestraft werden. Diese Geschichten dienen nicht nur als moralische Lehren, sondern auch als Ausdruck einer tiefen Wertschätzung für die natürliche Welt und als Warnung vor den Konsequenzen, wenn diese Balance gestört wird. Es ist eine Einladung, in Harmonie mit der Natur zu leben, und eine Erinnerung daran, dass die Welt um uns herum voller Wunder und Geheimnisse ist, die es zu respektieren und zu bewahren gilt.

Die Natur in der japanischen Geisterwelt ist daher ein Symbol für die unausgesprochene, aber stets präsente Macht, die das Leben formt und lenkt. In der heutigen Zeit, in der Umweltprobleme und der Verlust von natürlichen Lebensräumen immer drängendere Themen werden, bietet die japanische Mythologie wertvolle Lektionen darüber, wie wir unsere Beziehung zur Natur überdenken und neu gestalten können. Die Geschichten und Mythen, die in diesem Buch erkundet werden, zeigen, dass die Geisterwelt nicht nur eine Reflexion der menschlichen Psyche ist, sondern auch ein Spiegel der natürlichen Welt, die uns umgibt.

Durch das Verständnis der Rolle der Natur in der japanischen Geisterwelt können wir lernen, die Welt auf eine Weise zu sehen, die das Unsichtbare mit dem Sichtbaren, das Spirituelle mit dem Materiellen verbindet. Es ist ein Weg, der uns dazu ermutigt, die Umwelt nicht nur als eine Ansammlung von Ressourcen zu betrachten, sondern als lebendigen Organismus, der Respekt, Bewunderung und Schutz verdient.

Mit diesem Wissen können wir uns weiter durch dieses Buch begeben, das uns näher an die Wurzeln der japanischen Kultur bringt und uns lehrt, die Welt um uns herum mit neuen Augen zu sehen. Die Geister und Dämonen, die in den Wäldern, Flüssen und Bergen Japans wohnen, erinnern uns daran, dass die Natur voller Leben ist, auch wenn wir es oft nicht sehen oder verstehen können. Möge dieses Kapitel Ihnen helfen, die tiefe Verbindung zwischen Natur und Geisterwelt zu schätzen und zu erkennen, dass wir alle Teil eines großen, mystischen Netzwerks von Leben und Geist sind.

Eine der bekanntesten Yurei-Geschichten in der japanischen Folklore ist die von Oiwa, einem Geist, der für seine tragische und grausame Geschichte berüchtigt ist. Die Legende von Oiwa, die durch das Kabuki-Stück "Yotsuya Kaidan" im 19. Jahrhundert populär wurde, ist eine packende Erzählung über Verrat, Rache und die unerschütterliche Kraft der Liebe über den Tod hinaus.

Die Tragische Geschichte von Oiwa

Oiwa war eine junge Frau, die mit einem Ronin, einem herrenlosen Samurai namens Iemon, verheiratet war. Ihr Leben begann als glückliche Ehe, aber die Dinge nahmen eine düstere Wendung, als Iemon seine dunkle Seite zeigte. Trotz seiner anfänglichen Liebe zu Oiwa entwickelte er allmählich eine Gleichgültigkeit und Abscheu gegenüber ihr, vor allem, nachdem er sich zu einer anderen Frau, Oume, hingezogen fühlte. Oume war die Enkelin eines reichen und einfluss-reichen Mannes, Kihei Ito, der seine eigene Tochter durch eine vorteilhafte Ehe mit Iemon besserstellen wollte.

Verführt von dem Reichtum und den Versprechungen eines besseren Lebens, schmiedete Iemon einen teuflischen Plan, um Oiwa loszuwerden. Gemeinsam mit Oume und ihrer Familie mischte er ein giftiges Medikament in Oiwas Haar-pflegeprodukte, das dazu führte, dass ihr Gesicht schrecklich entstellt wurde. Als Oiwa die grausame Wahrheit über Iemons Verrat und seine grausamen Pläne erkannte, war sie am Boden zerstört. In ihrer Verzweiflung und tiefen Trauer kam sie zu Tode, entweder durch Selbstmord oder durch einen unglücklichen Sturz, abhängig von der Variante der Geschichte. In einigen Versionen wurde sie brutal von Iemon ermordet, um sicherzustellen, dass sie ihm keine Probleme mehr bereiten würde.

Doch das war nicht das Ende von Oiwa. Ihre Seele war durch den Verrat und die Misshandlung, die sie erlitten hatte, zutiefst verletzt. Unfähig, die Ungerechtigkeiten zu verar-beiten, kehrte sie als Onryo, ein rachsüchtiger Geist, zurück, um ihren Tod zu rächen. Iemon begann bald nach Oiwas Tod, Visionen ihres entstellten Gesichts zu sehen. In einem Anfall von Wahnsinn, der durch ihre Erscheinungen verursacht wurde, tötete er versehentlich Oume und deren Großvater, als er dachte, er würde Oiwas Geist angreifen. Die Erschein-ung von Oiwa verfolgte Iemon weiter, tauchte in Spiegeln, Wasserflächen und sogar in seinem Schlaf auf, bis er schließlich wahnsinnig wurde und starb.

Oiwas Rache war jedoch nicht nur eine persönliche Angelegenheit. Ihre Geschichte wurde zu einem Symbol für die Ungerechtigkeit und die Konsequenzen von Betrug und

Misshandlung, besonders in Bezug auf die Behandlung von Frauen. Sie verkörperte den Yurei, der mit seinem tragischen Schicksal nicht ins Jenseits übergehen konnte, bis seine Rache vollendet war.

Diese Geschichte über Oiwa ist ein Paradebeispiel für die japanische Tradition, die Yurei nicht nur als bloße Geister, sondern als tief menschliche und emotionale Wesen darzustellen. Sie zeigt die Kräfte der Trauer, des Verrats und der Rache, die eine Seele so tief beeinflussen können, dass sie selbst über den Tod hinaus wirken. Die Legende von Oiwa dient als eindrucksvolle Warnung vor den Gefahren von Gier und Verrat und erinnert daran, dass die Toten niemals vollständig vergessen, besonders wenn sie durch Schmerz und Unrecht im Leben geprägt sind.

Oiwas Geschichte ist weit mehr als nur eine Geistererzählung; sie ist ein tiefgründiges Spiegelbild der menschlichen Emotionen und der moralischen Lehren, die in der japanischen Kultur verankert sind. Ihre Erzählung betont die Notwendigkeit von Ehre, Respekt und Gerechtigkeit, indem sie aufzeigt, welche verheerenden Folgen das Miss-achten dieser Prinzipien haben kann.

Die Legende von Oiwa hat sich tief in das kulturelle Bewusstsein Japans eingebrannt. Sie wird nicht nur als eine fesselnde Geistergeschichte betrachtet, sondern auch als symbolische Darstellung der sozialen und ethischen Normen, die in der japanischen Gesellschaft vorherrschen. Das Motiv der rachsüchtigen Geisterfrau, die aus dem Grab zurückkehrt, um Vergeltung zu üben, hat viele Facetten und taucht in zahlreichen Variationen in der Literatur, im Theater und in modernen Medien auf.

Eine besondere kulturelle Relevanz hat die Geschichte von Oiwa im Kabuki-Theater erlangt. Kabuki ist eine traditionelle japanische Form des Theaters, die im 17. Jahrhundert entstanden ist und durch ihre stilisierte Darstellungsweise und dramatische Präsentation bekannt ist. "Yotsuya Kaidan", das Stück, das Oiwas Geschichte erzählt, wurde erstmals 1825 uraufgeführt und hat seitdem unzählige Male auf der Bühne seinen Platz gefunden. Es gilt als eines der berühmtesten und meistgespielten Geisterdramen im Kabuki und hat entscheidend dazu beigetragen, das Bild des weiblichen Geistes in der japanischen Kultur zu prägen.

In vielen Aufführungen des Kabuki-Theaters wird besondere Aufmerksamkeit auf die Darstellung von Oiwas Gesicht gelegt, das oft mit gruseligen Masken oder geschicktem Make-up verfremdet wird, um die Entstellung zu verdeutlichen, die sie durch das Gift erlitt. Diese visuellen Effekte, gepaart mit dramatischen Licht- und Toneffekten, verstärken die schaurige Atmosphäre und lassen das Publikum die Intensität von Oiwas Leid und Rache spüren.

Aber Oiwas Einfluss reicht über die traditionelle Bühne hinaus. Ihre Geschichte hat auch Eingang in die moderne Popkultur gefunden, einschließlich Filmen, Fernsehserien und sogar Manga und Anime. Ihre Figur wurde zu einem Archetyp des japanischen Horror-Genres und inspirierte viele Geschichten und Charaktere, die die Idee des rachsüchtigen Geistes weiterentwickeln und neu inter-pretieren. Besonders in modernen japanischen Horrorfilmen, wie in "Ringu" und "Ju-on", sind die Einflüsse von Oiwas Erzählung unverkennbar. Diese Filme greifen das Konzept des Geistes, der auf brutale Weise getötet wurde und dann zurückkehrt, um die Lebenden zu terrorisieren, wieder auf, und interpretieren es neu für ein zeitgenössisches Publikum.

Oiwas Geschichte zeigt, wie Geister in der japanischen Kultur sowohl als Warnung vor moralischen Fehltritten als auch als Ausdruck der tiefen Verbindung zwischen den Lebenden und den Toten dienen können. Sie erinnert uns daran, dass die Welt der Geister nicht einfach nur eine fremde, unzugängliche Dimension ist, sondern eng mit unseren eigenen Gefühlen, Handlungen und Beziehungen verwoben ist. Die Präsenz von Geistern wie Oiwa in der japanischen Kultur und Folklore zeigt, dass die Vergangenheit und die Taten, die dort begangen wurden, niemals vollständig ver-gessen oder ausgelöscht werden können. Stattdessen leben sie in den Geschichten und Erinnerungen weiter, die von Generation zu Generation weitergegeben werden.

Die Legende von Oiwa ist nur eine von vielen Geschichten, die die reiche und vielschichtige Tradition der Yurei in Japan illustrieren. Jede Erzählung über diese Geister bietet nicht nur eine gruselige Geschichte, sondern auch eine Reflexion über menschliche Emotionen, gesellschaftliche Normen und die Konsequenzen menschlichen Handelns.

Yurei-Geschichten sind tief in den Glaubenssystemen und kulturellen Praktiken Japans verwurzelt. Sie sind eng mit dem Konzept der Ahnenverehrung verbunden, das im Shintoismus eine zentrale Rolle spielt. In dieser Religion glaubt man, dass die Seelen der Verstorbenen zu Schutzgeistern werden können, die die Lebenden leiten und schützen, solange sie gebührend verehrt und respektiert werden. Wenn jedoch eine Seele unruhig ist, sei es durch einen gewaltsamen Tod, durch tiefen Groll oder unerfüllte

Wünsche, kann sie als Yurei in die Welt zurückkehren und Unheil bringen.

Diese Geschichten lehren uns, dass es wichtig ist, ein gerechtes und ehrliches Leben zu führen, da die Konsequenzen unserer Handlungen über den Tod hinausreichen können. Sie erinnern uns auch daran, dass Respekt und Mitgefühl für andere, selbst nach ihrem Tod, von größter Bedeutung sind. Durch die Erzählungen von Yurei wird das japanische Konzept des "Wa", des harmonischen Zusammenlebens und des sozialen Gleich-gewichts, gestärkt. Es wird deutlich, dass jede Störung dieser Harmonie – sei es durch Verrat, Misshandlung oder Vernachlässigung – schwerwiegende Folgen haben kann, nicht nur für das Individuum, sondern auch für die Gemeinschaft als Ganzes.

Die Geschichte von Oiwa und anderen Yurei zeigt die tiefen emotionalen und moralischen Themen, die in der japanischen Kultur und Folklore verankert sind. Sie verdeutlicht die Komplexität der menschlichen Seele und die Kraft von Emotionen wie Liebe, Trauer und Rache. Die Legenden der Yurei sind ein wesentlicher Bestandteil der japanischen Mythologie und bieten wertvolle Einblicke in die kulturellen Werte und Überzeugungen, die die japanische Gesellschaft prägen.

Indem wir uns mit diesen Geschichten auseinandersetzen, können wir nicht nur die reiche Tradition des japanischen Geisterglaubens verstehen, sondern auch die universellen menschlichen Erfahrungen und Emotionen, die sie darstellen. Sie lehren uns Respekt für die Toten, die Anerkennung der Vergangenheit und die Bedeutung eines gerechten und mitfühlenden Lebens. Die Yurei mögen Geister sein, aber ihre Botschaften und Lehren sind tief menschlich und zeitlos.

Die Welt der Yokai - Mystische Wesen

In der japanischen Folklore und dem japanischen Volksglaubens verbirgt sich eine faszinierende und oftmals unheimliche Welt voller übernatürlicher Wesen, die als Yokai bekannt sind. Diese Kreaturen, die sich zwischen Realität und Fantasie bewegen, haben seit Jahrhunderten die Vorstellungskraft der Menschen in Japan beflügelt und sind tief in der kulturellen Identität des Landes verwurzelt. Yokai sind mehr als nur einfache Geister oder Dämonen; sie verkörpern die komplexe Beziehung zwischen Mensch und Natur, zwischen dem Bekannten und dem Unbekannten, und spiegeln oft die Ängste, Hoffnungen und moralischen Vorstellungen der Gesellschaft wider.

Der Begriff "Yokai" selbst ist schwer zu definieren und umfasst eine breite Palette von Wesen, die von harmlos bis bösartig, von winzig bis gigantisch reichen können. Einige Yokai sind Naturgeister, die Bäume, Berge oder Gewässer bewohnen, während andere als Manifestationen menschlicher Emotionen oder als Verkörperungen bestimmter Konzepte auftreten. Manche Yokai waren einst Menschen, die durch tragische Umstände oder starke Gefühle in übernatürliche Wesen verwandelt wurden. Die Vielfalt der Yokai ist so groß wie die Fantasie der Menschen, die ihre Geschichten über Generationen hinweg weitergegeben haben.

Die Ursprünge der Yokai-Tradition reichen weit in die japanische Geschichte zurück. Schon in den frühesten schriftlichen Überlieferungen finden sich Hinweise auf übernatürliche Wesen und unerklärliche Phänomene. Mit der Zeit entwickelten sich diese Vorstellungen zu einem komplexen System von Glaubensvorstellungen und Legenden, die von

Region zu Region variierten und sich ständig weiterentwickelten. Die Edo-Zeit (1603-1868) markierte einen Höhepunkt in der Popularität der Yokai-Geschichten, als Künstler und Geschichtenerzähler begannen, diese Wesen in Bildern und Erzählungen festzuhalten und zu verbreiten.

Einer der bekanntesten Yokai ist der Kappa, ein kleines, reptilienartiges Wesen, das in Flüssen und Teichen lebt. Kappas werden oft als schelmische Kreaturen dargestellt, die Menschen in ihre Gewässer locken, um sie zu ertränken. Gleichzeitig gelten sie als intelligente Wesen, die medizinisches Wissen besitzen und manchmal sogar freundschaftliche Beziehungen zu Menschen aufbauen können. Die Legende des Kappa diente ursprünglich dazu, Kinder vor den Gefahren des Wassers zu warnen, entwickelte sich aber zu einer vielschichtigen Figur in der japanischen Folklore.

Die Geschichte vom Bauern Genta

Vor langer Zeit lebte in einem Dorf nahe Tono ein alter Bauer namens Genta. Eines Tages, als Genta an einem Fluss entlang ging, hörte er plötzlich ein klägliches Wimmern. Als er nachschaute, entdeckte er einen kleinen Kappa, der am Ufer lag. Der Kappa war verletzt und konnte sich nicht bewegen.

Obwohl Genta wusste, dass Kappas als gefährliche Wesen galten, die Menschen in den Fluss zogen und ertränkten, empfand er Mitleid mit der Kreatur. Er beschloss, dem Kappa zu helfen und brachte ihn vorsichtig nach Hause.

Genta pflegte den Kappa mehrere Tage lang, gab ihm zu essen und behandelte seine Wunden. Nach einer Woche war der Kappa wieder gesund. Bevor er ins Wasser zurückkehrte, verbeugte er sich tief vor Genta und sagte: "Ich danke dir für deine Güte. Als Zeichen meiner Dankbarkeit verspreche ich dir, dass weder ich noch meine Familie jemals wieder einen Menschen in diesem Fluss ertränken werden."

Von diesem Tag an herrschte Frieden zwischen den Dorfbewohnern und den Kappas des Flusses. Die Menschen konnten ohne Furcht am Fluss fischen und ihre Kinder dort spielen lassen. Genta wurde im Dorf als Held gefeiert, der durch seine Freundlichkeit und sein Mitgefühl einen alten Konflikt beendet hatte.

Diese Geschichte lehrt, dass Mitgefühl und Güte selbst gegenüber vermeintlichen Feinden zu unerwarteten positiven Ergebnissen führen können. Sie zeigt auch die in der japanischen Kultur verankerte Vorstellung, dass Yokai nicht unbedingt böse sind, sondern durch respektvolles Verhalten zu Verbündeten werden können.

Ein weiterer bekannter Yokai ist der Tengu, ein vogelartiges Wesen, das in den Bergen lebt und oft mit langer Nase und Flügeln dargestellt wird. Tengus gelten als mächtige und stolze Kreaturen, die sowohl als Beschützer der Berge als auch als gefährliche Gegner auftreten können. In vielen Geschichten werden sie als Meister der Kampfkünste dargestellt, die manchmal menschliche Schüler in ihre Geheimnisse einweihen. Die Figur des Tengu verkörpert die Ehrfurcht vor der Natur und die Vorstellung, dass in den Bergen verborgene Weisheit zu finden ist.

Diese Geschichte ist als "Der Tengu und der Samurai" bekannt und stammt aus der Edo-Zeit:

Die Geschichte vom Tengu und dem Samurai

In den Bergen von Kurama, nördlich von Kyoto, lebte einst ein mächtiger Tengu. Er war bekannt für seine Weisheit und seine überragenden Fähigkeiten in den Kampfkünsten. Viele Krieger träumten davon, von ihm unterrichtet zu werden, doch der Tengu zeigte sich nur selten den Menschen.

Eines Tages verirrte sich ein junger Samurai namens Minamoto no Yoshitsune in den Bergen. Er war erschöpft und hungrig, als er plötzlich auf eine seltsame Gestalt mit langer Nase und Flügeln traf - den Tengu von Kurama.

Anstatt Angst zu zeigen, verbeugte sich Yoshitsune respektvoll vor dem Tengu und bat um Hilfe. Der Tengu, beeindruckt von der Furchtlosigkeit und dem Respekt des jungen Samurai, beschloss, ihn zu prüfen.

"Ich werde dir den Weg aus den Bergen zeigen", sagte der Tengu, "aber zuerst musst du eine Aufgabe erfüllen. Bring mir einen Zweig von der Spitze jener hohen Kiefer dort drüben."

Die Kiefer war so hoch und steil, dass es unmöglich schien, sie zu erklimmen. Doch Yoshitsune zögerte nicht. Er begann den mühsamen Aufstieg, rutschte mehrmals ab, gab aber nicht auf. Nach stundenlanger Anstrengung erreichte er schließlich die Spitze und brachte dem Tengu den gewünschten Zweig.

Der Tengu war von Yoshitsunes Entschlossenheit und Ausdauer tief beeindruckt. "Du hast Mut und Willensstärke bewiesen", sagte er. "Ich werde dich nicht nur aus den Bergen führen, sondern dich auch in den geheimen Künsten des Schwertkampfes unterrichten."

So begann Yoshitsunes Ausbildung unter dem Tengu von Kurama. Er lernte nicht nur die Geheimnisse des Schwertkampfes, sondern auch Strategie, Taktik und die Kunst der List. Diese Fähigkeiten sollten ihm später helfen, einer der berühmtesten Samurai und Feldherren Japans zu werden.

Jahre später, als Yoshitsune zu einem legendären Krieger geworden war, kehrte er in die Berge von Kurama zurück, um seinem Lehrmeister zu danken. Der Tengu erschien ihm ein letztes Mal und sagte: "Du hast deine Lektionen gut gelernt. Nutze dein Wissen weise und zum Wohle deines Volkes."

Diese Geschichte veranschaulicht mehrere wichtige Aspekte der japanischen Kultur und der Tengu-Mythologie:

1. Sie zeigt die Rolle der Tengu als Lehrmeister und Beschützer der Kampfkünste.

2. Sie betont die Bedeutung von Respekt, Ausdauer und Entschlossenheit als wichtige Tugenden.

3. Sie verbindet mythologische Elemente mit historischen Figuren, was in der japanischen Folklore häufig vorkommt.

4. Sie unterstreicht die Vorstellung, dass übernatürliche Wesen wie Tengu sowohl furchterregend als auch wohlwollend sein können, abhängig von der Haltung der Menschen ihnen gegenüber.

Diese Legende von Minamoto no Yoshitsune und dem Tengu von Kurama ist in Japan weit verbreitet und hat die Darstellung von Tengu in Literatur, Kunst und populärer Kultur stark beeinflusst.

Die Oni, oft als dämonische Kreaturen mit Hörnern und übernatürlicher Stärke dargestellt, sind ebenfalls wichtige Figuren in der Yokai-Welt. Obwohl sie häufig als bösartig und gefährlich gelten, gibt es auch Geschichten, in denen Oni als Beschützer oder sogar als tragische Figuren auftreten. Die Vielseitigkeit der Oni-Darstellungen zeigt, wie komplex und nuanciert die Yokai-Tradition sein kann.

Die Geschichte von den Oni von Rashomon

Gerne erzähle ich Ihnen eine überlieferte Geschichte über Oni, die gefürchteten Dämonen der japanischen Mythologie. Diese Geschichte ist als "Die Oni von Rashomon" bekannt und spielt im alten Kyoto:

In der Heian-Zeit, als Kyoto noch die Hauptstadt Japans war, stand am südlichen Eingang der Stadt das imposante Rashomon-Tor. Einst ein prächtiges Bauwerk, war es im Laufe der Jahre verfallen und zu einem Ort geworden, den die Menschen mieden. Gerüchte kursierten, dass sich dort nachts Oni versammelten, um ihre bösen Pläne zu schmieden.

Zu dieser Zeit lebte in Kyoto ein mutiger Samurai namens Watanabe no Tsuna, der im Dienste des mächtigen Minamoto no Raiko stand. Eines Abends, als Tsuna am Rashomon-Tor vorbeikam, hörte er ein unheimliches Lachen aus dem verfallenen Gebäude. Ohne zu zögern, zog er sein Schwert und betrat das Tor.

Im Inneren traf er auf einen riesigen Oni mit roter Haut, scharfen Hörnern und wilden Augen. Der Oni grinste böse und sagte: "Mutig von dir, hierher zu kommen, Mensch. Aber deine Tapferkeit wird dir nichts nützen. Ich werde dich verschlingen!"

Doch Tsuna ließ sich nicht einschüchtern. Er stellte sich dem Oni entgegen und rief: "Ich bin Watanabe no Tsuna, Diener des großen Raiko. Deine Schreckensherrschaft endet hier und jetzt!"

Ein erbitterter Kampf entbrannte. Der Oni war stark und schnell, aber Tsuna war geschickt und mutig. Mit einem mächtigen Schwerthieb gelang es ihm schließlich, den rechten Arm des Oni abzutrennen. Der Dämon heulte vor Schmerz auf und floh in die Nacht, seinen abgetrennten Arm zurücklassend.

Tsuna nahm den Arm als Beweis für seinen Sieg mit und kehrte triumphierend in die Stadt zurück. Er wurde als Held gefeiert, und die Geschichte seiner Tapferkeit verbreitete sich schnell.

Doch die Geschichte war noch nicht zu Ende. Einige Tage später erschien eine alte Frau an Tsunas Tür. Sie gab vor, seine Tante zu sein, und bat darum, den abgetrennenen Arm des Oni sehen zu dürfen. Tsuna, der keinen Verdacht schöpfte, holte den Arm hervor.

In diesem Moment verwandelte sich die alte Frau in den Oni. Er griff nach seinem abgetrennten Arm und floh, wobei er rief: "Du magst mich einmal besiegt haben, Watanabe no Tsuna, aber unterschätze niemals die List eines Oni!"

Tsuna war bestürzt, aber er hatte eine wichtige Lektion gelernt: Selbst der tapferste Krieger muss stets wachsam sein, denn die Oni sind nicht nur stark, sondern auch verschlagen.

Diese Geschichte illustriert mehrere wichtige Aspekte der japanischen Folklore und Kultur:

1. Sie zeigt die Oni als mächtige und gefährliche Wesen, die sowohl physische Stärke als auch List besitzen.

2. Sie betont die Bedeutung von Mut und Kampffertigkeiten, verkörpert durch den Samurai Tsuna.

3. Sie warnt vor Überheblichkeit und lehrt, dass man selbst nach einem Sieg vorsichtig bleiben muss.

4. Sie verbindet historische Orte (das Rashomon-Tor) mit übernatürlichen Elementen, was typisch für viele japanische Legenden ist.

Die Geschichte von Watanabe no Tsuna und dem Oni von Rashomon ist in Japan weit verbreitet und hat viele künstlerische Darstellungen inspiriert, von klassischen Holzschnitten bis hin zu modernen Manga und Anime.

Wichtig für die Yokai-Folklore ist die Art und Weise, wie alltägliche Gegenstände und Phänomene übernatürliche Eigenschaften annehmen können. Die Tsukumogami beispielsweise sind Yokai, die aus alten, verlassenen Objekten entstehen. Es heißt, dass Gegenstände, die hundert Jahre alt werden, eine Seele entwickeln und zu lebenden Wesen werden können. Diese Vorstellung reflektiert den animistischen Glauben, dass alle Dinge einen innewohnenden Geist besitzen können, und mahnt gleichzeitig zu einem respektvollen Umgang mit Alltagsgegenständen.

Die Nekomata, Katzen-Yokai mit gespaltenen Schwänzen, sind ein weiteres Beispiel für die Transformation des Alltäglichen ins Übernatürliche. Der Glaube, dass alte Katzen übernatürliche Kräfte entwickeln und zu gefährlichen Wesen werden können, spiegelt sowohl die Faszination als auch die

Furcht wider, die Menschen gegenüber diesen unabhängigen und geheimnisvollen Haustieren empfinden.

Die Geschichte von der Frau und der alten Katze

In einem kleinen Dorf in der Provinz Echigo lebte einst eine alte Frau mit ihrer geliebten Katze. Die Katze war schon sehr alt, fast zwanzig Jahre, und die Dorfbewohner tuschelten, dass sie sich bald in einen Nekomata verwandeln könnte - ein gefährliches Katzenwesen mit zwei Schwänzen und übernatürlichen Kräften.

Die alte Frau liebte ihre Katze über alles und ignorierte das Gerede der Leute. Doch ihr Sohn, ein abergläubischer und grausamer Mann, beschloss eines Tages, die Katze zu töten, um Unheil von der Familie abzuwenden.

Als die alte Frau eines Tages nicht zu Hause war, packte der Sohn die Katze, brachte sie in den nahe gelegenen Wald und erschlug sie. Er vergrub den Körper unter einem alten Kirschbaum und kehrte nach Hause zurück, als wäre nichts geschehen.

Die alte Frau war untröstlich über das Verschwinden ihrer geliebten Katze. Nacht für Nacht weinte sie und rief nach ihrem Haustier. Ihr Sohn schwieg und tat, als wüsste er von nichts.

Eines Nachts, als der Vollmond am Himmel stand, hörte man ein unheimliches Miauen aus dem Wald. Die Dorfbewohner zitterten vor Angst in ihren Häusern. Plötzlich erschien vor dem Haus der alten Frau eine riesige, zweischwänzige Katze - ein Nekomata.

Die Kreatur sprach mit menschlicher Stimme: "Ich bin zurückgekehrt, um Rache zu nehmen an dem, der mich so grausam getötet hat." Mit diesen Worten stürzte sich der Nekomata auf den Sohn der alten Frau, der vor Schreck erstarrt war.

Doch in diesem Moment trat die alte Frau dazwischen. Sie erkannte in den Augen des Nekomata ihre geliebte Katze wieder und rief: "Halt ein! Lass dich nicht von Hass und Rache leiten. Du warst immer sanftmütig und liebevoll. Vergib meinem törichten Sohn und finde deinen Frieden."

Die Worte der alten Frau drangen tief in das Herz des Nekomata. Die Wut in seinen Augen wich Traurigkeit und dann Verständnis. Der Nekomata neigte seinen Kopf vor der alten Frau, schnurrte ein letztes Mal und verschwand dann in einer Wolke aus Kirschblüten.

Von diesem Tag an erzählte man sich im Dorf die Geschichte der weisen alten Frau, die einen rachsüchtigen Nekomata mit Liebe und Vergebung besänftigt hatte. Der Sohn, tief beschämt von seinen Taten, gelobte Besserung und behandelte fortan alle Lebewesen mit Respekt und Mitgefühl.

Diese Geschichte veranschaulicht mehrere wichtige Aspekte der japanischen Folklore und Kultur:

1. Sie zeigt die Vorstellung, dass alte Katzen zu mächtigen und potenziell gefährlichen Yokai werden können.

2. Sie betont die Kraft der Liebe und Vergebung gegenüber Hass und Rache.

3. Sie illustriert den Respekt vor allen Lebewesen, der in der japanischen Kultur tief verwurzelt ist.

4. Sie dient als moralische Lehre, dass Grausamkeit und Aberglaube zu negativen Konsequenzen führen können, während Mitgefühl und Weisheit Frieden bringen.

Die Legende des Nekomata ist in Japan weit verbreitet und hat die Darstellung von Katzen in der japanischen Kultur stark beeinflusst. Sie erinnert die Menschen daran, ihre Haustiere gut zu behandeln und warnt vor den möglichen Konsequenzen von Grausamkeit gegenüber Tieren.

Ein wiederkehrendes Thema in vielen Yokai-Geschichten ist die Verwandlung von Menschen in übernatürliche Wesen. Die Yuki-onna, eine schöne aber tödliche Schneefrau, soll aus den Seelen derjenigen entstehen, die im Schnee erfroren sind. Die Ubume, der Geist einer Frau, die bei der Geburt gestorben ist, verkörpert die Tragik des Mutterseins und die starke Bindung zwischen Mutter und Kind, die selbst den Tod überdauert. Diese Geschichten erkunden die dunkleren Aspekte des menschlichen Daseins und dienen oft als Warnung oder moralische Lehre.

Die Geschichte von Minokichi und der Ubume

Minokichi war ein junger Mann, der mit seinem älteren Freund Mosaku tief in den Bergen arbeitete. Eines Tages, als sie von einem langen Tag in der Kälte zurückkehrten, wurden sie von einem heftigen Schneesturm überrascht. Sie fanden Unterschlupf in einer kleinen, verlassenen Hütte und warteten, bis der Sturm vorüber war.

In der Nacht wachte Minokichi plötzlich auf und sah eine wunderschöne Frau in einem weißen Kimono, die über Mosaku gebeugt war. Er wollte schreien, doch er konnte sich nicht bewegen. Die Frau blies einen eiskalten Atem auf Mosaku, der sofort starb. Als sie sich zu Minokichi wandte, war er sicher, dass auch er sterben würde. Doch die Yuki-onna betrachtete ihn für einen Moment und sagte dann: „Ich wollte dich töten, so wie ich deinen Freund getötet habe, aber du bist noch jung und schön. Ich werde dich verschonen, wenn du niemals jemandem erzählst, was du heute Nacht gesehen hast." Dann verschwand sie spurlos.

Minokichi war völlig verstört und verängstigt, aber er hielt sein Versprechen und erzählte niemandem von der Begegnung. Einige Jahre später traf er eine schöne junge Frau namens O-Yuki, die er heiratete. Sie lebten glücklich zusammen und bekamen Kinder. O-Yuki war eine liebevolle Frau und eine gute Mutter, aber sie alterte nie, was Minokichi immer wieder verblüffte.

Eines Nachts, als sie am Feuer saßen, erinnerte sich Minokichi an seine Begegnung mit der Yuki-onna und dachte, es könne nicht schaden, seiner Frau davon zu erzählen. Er erzählte ihr die ganze Geschichte. Als er fertig war, wurde O-Yuki plötzlich still. Sie stand auf und sagte mit einer eiskalten Stimme: „Das war ich! Ich bin die Yuki-onna, die dich in jener Nacht verschont hat. Du hast dein Versprechen gebrochen, und nun muss ich dich dafür bestrafen." Doch als sie Minokichis entsetzten Gesicht sah und die schlafenden Kinder bemerkte, konnte sie es nicht über sich bringen, ihn zu töten. Stattdessen sagte sie ihm mit Tränen in den Augen: „Pass gut auf unsere Kinder auf. Sollten sie jemals Grund haben, sich über dich zu beschweren, werde ich zurückkehren und dich nicht verschonen." Dann verschwand sie in einem Wirbel aus Schnee und Nebel.

Minokichi blieb alleine zurück, doch er kümmerte sich liebevoll um seine Kinder und erzählte ihnen immer von der Schönheit und Güte ihrer Mutter, der Schneefrau. Die

Geschichte der Yuki-onna lebt bis heute in der japanischen Folklore weiter und erinnert an die Schönheit und gleichzeitig tödliche Gefahr, die in der Winterlandschaft lauern kann.

Die Rolle der Yokai in der japanischen Kultur geht weit über bloße Unterhaltung hinaus. Viele Yokai-Geschichten dienten dazu, natürliche Phänomene zu erklären oder moralische Lektionen zu vermitteln. Der Akaname, ein Yokai, der nachts Badezimmer leckt, könnte beispielsweise als Ermahnung zur Sauberkeit interpretiert werden. Der Azuki-arai, ein Bohnen waschender Geist, dessen Geräusche in der Nacht zu hören sind, könnte eine Erklärung für unerklärliche Geräusche in der Wildnis liefern.

Gleichzeitig spiegeln Yokai-Geschichten oft gesellschaftliche Ängste und Spannungen wider. Die Figur des Noppera-bo, eines gesichtslosen Geistes, könnte als Ausdruck der Angst vor Identitätsverlust oder sozialer Isolation interpretiert werden. Die Rokurokubi, Menschen mit dehnbaren Hälsen, die nachts umherwandern, könnten die Furcht vor verborgenen Aspekten der menschlichen Natur symbolisieren.

Die Art und Weise, wie Yokai in der japanischen Kultur dargestellt werden, hat sich im Laufe der Zeit stark verändert. Während sie in früheren Zeiten oft als furchterregende und gefährliche Wesen galten, wurden viele Yokai im Laufe der Jahrhunderte zu eher niedlichen oder komischen Figuren. Diese Transformation spiegelt sich in der modernen japanischen Populärkultur wider, wo Yokai oft in Anime, Manga und Videospielen als liebenswerte oder sogar heroische Charaktere auftreten.

Jede Region Japans hat ihre eigenen lokalen Yokai und Variationen bekannter Geschichten. Der Gashadokuro, ein riesiges Skelett, das nachts umherwandert, ist beispielsweise besonders in den nördlichen Regionen Japans bekannt. Der Kijimuna, ein baumbewohnender Kobold, ist spezifisch für die Folklore Okinawas. Diese regionalen Unterschiede zeigen, wie Yokai-Geschichten oft lokale Gegebenheiten, Landschaften und kulturelle Besonderheiten widerspiegeln.

Die Yokai-Tradition hat auch einen starken Einfluss auf die japanische Kunst. Seit Jahrhunderten inspirieren diese übernatürlichen Wesen Künstler zu faszinierenden Darstellungen. Besonders bekannt sind die Ukiyo-e-Holzschnitte der Edo-Zeit, die Yokai in dramatischen und oft humorvollen Szenen zeigen. Künstler wie Toriyama Sekien, der im 18. Jahrhundert umfangreiche illustrierte Yokai-Enzyklopädien schuf, trugen dazu bei, das visuelle Erscheinungsbild vieler Yokai zu standardisieren und ihre Popularität zu steigern.

In der modernen Zeit hat das Interesse an Yokai nicht nachgelassen. Zeitgenössische Künstler und Autoren greifen immer wieder auf diese traditionellen Figuren zurück, interpretieren sie neu oder erschaffen neue Yokai, die moderne Ängste und Sehnsüchte widerspiegeln. In der Popkultur finden sich Yokai-inspirierte Charaktere in zahlreichen Manga, Anime und Videospielen, wodurch diese alten Legenden auch jüngeren Generationen zugänglich gemacht werden.

Beachtet werden sollte in der Yokai-Folklore, die Fluidität der Grenzen zwischen verschiedenen übernatürlichen Kategorien. Während einige Yokai klar definierte Eigenschaften und Geschichten haben, verschwimmen bei anderen die Grenzen zwischen Yokai, Geistern (Yurei) und Göttern (Kami). Diese Überschneidungen spiegeln die komplexe Natur des japanischen spirituellen Glaubens wider, in dem die Grenzen zwischen dem Natürlichen und dem Übernatürlichen oft fließend sind.

Die Beziehung zwischen Menschen und Yokai in den traditionellen Geschichten ist oft ambivalent. Während einige Yokai als eindeutig bösartig gelten, werden andere als neutrale oder sogar wohlwollende Wesen dargestellt. Viele Legenden erzählen von Begegnungen zwischen Menschen und Yokai, die zu unerwarteten Freundschaften oder tragischen Missverständnissen führen. Diese Geschichten erkunden oft die Themen von Vorurteil, Akzeptanz und die Komplexität moralischer Entscheidungen.

Ein wiederkehrendes Motiv in Yokai-Geschichten ist die Idee der Transformation. Viele Yokai haben die Fähigkeit, ihre Gestalt zu verändern, oft um Menschen zu täuschen oder zu verwirren. Der Tanuki, ein dachsähnliches Wesen, ist berühmt für seine Fähigkeit, sich in verschiedene Objekte oder Personen zu verwandeln. Die Kitsune, Fuchsgeister, können menschliche Gestalt annehmen und komplexe Beziehungen zu Menschen eingehen. Diese Geschichten von Gestaltwandlung spiegeln oft die Unsicherheiten und Ängste wider, die mit zwischenmenschlichen Beziehungen und sozialen Interaktionen verbunden sind.

Die Art und Weise, wie Menschen in den Legenden mit Yokai umgehen, variiert stark. Einige Geschichten erzählen von mutigen Samurai oder weisen Mönchen, die gefährliche Yokai besiegen. Andere Erzählungen betonen die Wichtigkeit von Respekt und Verständnis im Umgang mit übernatürlichen Wesen. Oft werden rituelle Praktiken oder magische Gegenstände als Schutz gegen böswillige Yokai beschrieben. Diese Aspekte der Folklore reflektieren die menschliche Sehnsucht nach Kontrolle über das Unbekannte und Unerklärliche.

In der religiösen Praxis des Shinto zum Beispiel gibt es oft Überschneidungen zwischen lokalen Gottheiten und Yokai. Manche Yokai wurden im Laufe der Zeit zu Schutzgeistern bestimmter Orte oder Berufe erhoben. Diese Verschmelzung von Volksglauben und organisierter Religion zeigt die Flexibilität und Anpassungsfähigkeit der japanischen spirituellen Traditionen.

Die Yokai-Folklore hat auch einen starken Einfluss auf die japanische Sprache und Alltagskultur. Viele japanische Redewendungen und Sprichwörter beziehen sich auf Yokai oder deren Eigenschaften. Zum Beispiel wird der Ausdruck "Kappa no kawa nagare" (wörtlich: "Einem Kappa wird sein Fluss weggenommen") verwendet, um eine Situation zu beschreiben, in der jemand in seinem Spezialgebiet geschlagen wird. Solche sprachlichen Elemente zeigen, wie tief die Yokai-Tradition in der japanischen Kultur verankert ist.

In der modernen Zeit hat sich die Wahrnehmung von Yokai stark gewandelt. Während sie früher oft als reale, wenn auch übernatürliche Wesen betrachtet wurden, werden sie heute meist als folkloristische Figuren oder kulturelles Erbe gesehen. Dennoch gibt es immer noch Orte in Japan, wo der Glaube an Yokai lebendig ist und lokale Traditionen und Feste mit Yokai-Themen gefeiert werden. Diese fortdauernde Präsenz der Yokai in der modernen Gesellschaft zeigt ihre anhaltende Bedeutung als Teil des kulturellen Gedächtnisses und der nationalen Identität.

Die Yokai-Tradition hat auch einen bedeutenden Einfluss auf die japanische Literatur. Viele klassische Werke der japanischen Literatur enthalten Elemente der Yokai-Folklore. Das "Genji Monogatari" aus dem 11. Jahrhundert beispielsweise enthält Szenen mit übernatürlichen Wesen, die an Yokai erinnern. In der Edo-Zeit wurden Yokai-Geschichten zu einem beliebten Thema in der populären Literatur, insbesondere in den Kaidan, Geistergeschichten, die oft bei Versammlungen erzählt wurden, um sich im Sommer zu gruseln und abzukühlen.

In der modernen Literatur greifen japanische Autoren immer wieder auf Yokai-Themen zurück, um zeitgenössische Themen zu erkunden. Werke wie Kyogoku Natsuhikos "Ubume no Natsu" (Der Sommer der Ubume) verweben traditionelle Yokai-Legenden mit modernen Kriminalgeschichten und psychologischen Elementen. Solche Neuinterpretationen zeigen die anhaltende Relevanz und Anpassungsfähigkeit der Yokai-Tradition in der modernen Kulturproduktion.

Im digitalen Zeitalter haben Yokai Einzug in Videospiele, Social Media und virtuelle Realität gehalten. Spiele wie die "Yo-kai Watch"-Serie haben traditionelle Yokai-Konzepte für ein junges, globales Publikum neu interpretiert und dabei die Grenzen zwischen japanischer Folklore und moderner Unterhaltung verwischt.

Die Erforschung der Yokai hat sich in den letzten Jahrzehnten zu einem seriösen akademischen Feld entwickelt. Folkloristen, Anthropologen und Kulturwissenschaftler untersuchen die historischen, sozialen und psychologischen Aspekte der Yokai-Traditionen. Diese wissenschaftliche Auseinandersetzung hat zu einem tieferen Verständnis der

Rolle von Yokai in der japanischen Gesellschaft geführt und neue Perspektiven auf die Entwicklung und Bedeutung dieser Wesen eröffnet.

Ein neuer Trend in der Yokai-Forschung ist die Untersuchung der Beziehung zwischen Yokai und Umweltbewusstsein. Viele Yokai sind eng mit bestimmten natürlichen Lebensräumen verbunden, und ihre Geschichten enthalten oft Botschaften über den respektvollen Umgang mit der Natur. In Zeiten wachsender Umweltsorgen werden diese Aspekte der Yokai-Tradition neu bewertet und als potenzielle Quelle für ökologisches Denken betrachtet.

Die globale Verbreitung japanischer Popkultur hat auch zu einer zunehmenden Bekanntheit von Yokai außerhalb Japans geführt. In westlichen Ländern werden Yokai-inspirierte Charaktere und Geschichten in Filmen, Büchern und Spielen immer beliebter. Diese internationale Rezeption führt oft zu interessanten Vermischungen und Neuinterpretationen, bei denen Yokai-Elemente mit westlichen Vorstellungen von Übernatürlichem kombiniert werden.

Ein weniger bekannter Aspekt der Yokai-Tradition ist ihre Verbindung zur japanischen Handwerkskunst. Viele traditionelle Handwerker stellen Yokai-inspirierte Objekte her, von kunstvollen Noh-Masken bis hin zu detaillierten Holzschnitzereien. Diese Handwerkskunst trägt dazu bei, die visuelle Tradition der Yokai lebendig zu erhalten und bietet gleichzeitig Einblicke in die ästhetischen und symbolischen Aspekte dieser Wesen.

Die Yokai-Folklore hat auch Einfluss auf die japanische Architektur und Landschaftsgestaltung. In vielen traditionellen Gärten und Tempeln finden sich subtile

Verweise auf Yokai-Legenden, sei es durch spezielle Steinanordnungen, die an bestimmte Wesen erinnern sollen, oder durch architektonische Elemente, die dazu dienen, böse Geister fernzuhalten. Diese räumlichen Manifestationen der Yokai-Tradition zeigen, wie tief diese Vorstellungen in der japanischen Raumwahrnehmung verwurzelt sind.

Viele Yokai-Geschichten können als Metaphern für menschliche Ängste, Wünsche oder soziale Tabus interpretiert werden. Der Noppera-bo beispielsweise, ein gesichtsloser Geist, könnte als Symbol für die Angst vor dem Verlust der eigenen Identität oder vor der Unberechenbarkeit anderer Menschen verstanden werden. Solche psychologischen Interpretationen bieten neue Einblicke in die kulturelle Bedeutung und Funktion von Yokai-Erzählungen.

Die Yokai-Tradition hat auch Einfluss auf die moderne japanische Mode und Subkultur. In der Harajuku-Szene beispielsweise finden sich oft Kleidungs- und Make-up-Stile, die von Yokai inspiriert sind. Diese kreativen Interpretationen zeigen, wie junge Menschen traditionelle Konzepte aufgreifen und in zeitgenössische Ausdrucksformen umwandeln.

In den letzten Jahren sind neue Yokai entstanden, die moderne Phänomene verkörpern. Der "Wi-Fi Obake" beispielsweise ist ein moderner Yokai, der angeblich für schlechte Internetverbindungen verantwortlich ist. Solche Neuschöpfungen zeigen, wie die Yokai-Tradition lebendig bleibt und sich kontinuierlich weiterentwickelt.

Die Erforschung der Yokai hat auch zu interessanten Erkenntnissen über die historische Entwicklung der japanischen Gesellschaft geführt. Die Veränderungen in der

Darstellung und Wahrnehmung bestimmter Yokai über die Jahrhunderte hinweg spiegeln oft größere soziale und kulturelle Verschiebungen wider. So kann die zunehmend positive Darstellung von Kitsune (Fuchsgeistern) in der Edo-Zeit als Hinweis auf veränderte Einstellungen gegenüber Frauen und Sexualität interpretiert werden.

Viele traditionelle Heilpraktiken und Kräutermedizin haben Verbindungen zu Yokai-Legenden. Bestimmte Pflanzen oder Behandlungsmethoden wurden oft mit der Abwehr oder Besänftigung spezifischer Yokai in Verbindung gebracht. Diese Verbindung zwischen Volksglauben und Heilkunde bietet faszinierende Einblicke in die Entwicklung der japanischen Medizin.

Die Yokai-Tradition hat auch einen starken Einfluss auf die japanische Gastronomie. Viele regionale Spezialitäten und saisonale Gerichte haben Namen oder Ursprungsgeschichten, die mit Yokai in Verbindung stehen. Zum Beispiel soll die Form bestimmter Wagashi (traditionelle japanische Süßigkeiten) an spezifische Yokai erinnern. Diese kulinarischen Verbindungen zeigen, wie tief die Yokai-Folklore in allen Aspekten des japanischen Alltagslebens verwurzelt ist.

Yokai-Geschichten werden oft verwendet, um Kindern moralische Lektionen zu vermitteln oder sie vor potenziellen Gefahren zu warnen. Gleichzeitig dienen sie als Quelle der Fantasie und Kreativität. Die Art und Weise, wie Kinder Yokai wahrnehmen und mit ihnen interagieren, bietet interessante Einblicke in die Entwicklung von Vorstellungskraft und kulturellem Verständnis.

Die Yokai-Tradition hat auch Einfluss auf die japanische Musikszene. Viele traditionelle und moderne Musiker lassen sich von Yokai-Legenden inspirieren, sei es in den Texten ihrer Lieder oder in der visuellen Gestaltung ihrer Auftritte. In der traditionellen Musik gibt es spezielle Stücke und Instrumente, die mit bestimmten Yokai in Verbindung gebracht werden. Diese musikalische Dimension der Yokai-Kultur zeigt, wie vielseitig und allgegenwärtig diese Wesen in der japanischen Kunst sind.

In vielen historischen Texten werden übernatürliche Ereignisse oder Begegnungen mit Yokai als Teil der Erzählung behandelt. Die Analyse dieser Berichte bietet Einblicke in die Weltanschauung und das Verständnis von Realität in verschiedenen Epochen der japanischen Geschichte.

Die Yokai-Tradition hat auch Einfluss auf die japanische Sprache der Emotionen. Viele Ausdrücke und Metaphern, die verwendet werden, um komplexe emotionale Zustände zu beschreiben, haben ihren Ursprung in Yokai-Legenden. Diese sprachlichen Verbindungen zeigen, wie tief die Yokai-Vorstellungen in der japanischen Art, Gefühle zu konzeptualisieren und auszudrücken, verwurzelt sind.

Viele Yokai werden mit bestimmten Himmelskörpern, Sternbildern oder Jahreszeiten in Verbindung gebracht. Diese kosmologischen Aspekte der Yokai-Tradition bieten interessante Einblicke in das traditionelle japanische Verständnis von Zeit und Raum.

Die Erforschung der Yokai hat auch zu neuen Erkenntnissen über die japanische Gendergeschichte geführt. Die Darstellung und Rolle weiblicher Yokai in Legenden und

Kunstwerken spiegelt oft die sich wandelnden Vorstellungen von Weiblichkeit und Geschlechterrollen in der japanischen Gesellschaft wider. Die Analyse dieser Darstellungen bietet wertvolle Einblicke in die historische Entwicklung von Gendernormen und -erwartungen.

Ein weiterer Trend in der modernen Yokai-Kultur ist die Verwendung von Yokai-Figuren in der Werbung und im Marketing. Viele Unternehmen nutzen Yokai-inspirierte Charaktere als Maskottchen oder in Werbekampagnen, um eine Verbindung zur japanischen Tradition herzustellen oder bestimmte Produkteigenschaften zu symbolisieren. Diese kommerzielle Nutzung von Yokai zeigt, wie diese traditionellen Figuren in der modernen Konsumgesellschaft neu interpretiert und eingesetzt werden.

Die Yokai-Tradition hat auch Einfluss auf die japanische Stadtplanung und Raumgestaltung. In vielen Städten gibt es spezielle Orte oder Denkmäler, die mit lokalen Yokai-Legenden in Verbindung stehen. Diese räumlichen Manifestationen der Yokai-Kultur tragen zur Schaffung einer einzigartigen lokalen Identität bei und dienen oft als Touristenattraktionen.

Traditionelle Interpretationen von Träumen beziehen sich auf Begegnungen mit Yokai oder übernatürlichen Wesen. Die Analyse dieser Traumdeutungen bietet interessante Einblicke in das japanische Verständnis des Unterbewusstseins und der menschlichen Psyche.

Die Yokai-Tradition hat auch Einfluss auf die japanische Sportkultur. In vielen traditionellen Kampfkünsten gibt es Techniken oder Formen, die nach Yokai benannt sind oder deren Bewegungen imitieren sollen. Diese Verbindung zwischen Yokai und körperlicher Praxis zeigt, wie tief diese mythischen Wesen in allen Aspekten der japanischen Kultur verwurzelt sind.

Oftmals werden Yokai-Namen und -Begriffe in speziellen kalligraphischen Stilen geschrieben, die oft symbolische oder magische Bedeutungen haben. Die Untersuchung dieser schriftlichen Darstellungen bietet Einblicke in die ästhetischen und spirituellen Dimensionen der Yokai-Tradition.

Die Erforschung der Yokai hat auch zu neuen Erkenntnissen über die japanische Umweltgeschichte geführt. Viele Yokai-Legenden sind eng mit bestimmten Landschaften, Ökosystemen oder Naturphänomenen verbunden. Die Analyse dieser Verbindungen kann Aufschluss über historische Veränderungen in der Umwelt und die menschliche Wahrnehmung dieser Veränderungen geben.

Ein ebenfalls spannender Trend in der modernen Yokai-Kultur ist die Entstehung von "Yokai-Tourismus". Viele Regionen in Japan fördern aktiv ihre lokalen Yokai-Legenden als Teil ihrer touristischen Attraktionen. Dies führt zur Schaffung von Yokai-Themenparks, speziellen Führungen und Veranstaltungen, die sich auf die lokale Yokai-Folklore konzentrieren. Diese Entwicklung zeigt, wie traditionelle Kultur in der modernen Tourismusbranche neu interpretiert und vermarktet wird.

Die Yokai-Tradition hat auch Einfluss auf die japanische Mode- und Schmuckindustrie. Viele Designer lassen sich von Yokai-Figuren und -Legenden für ihre Kreationen inspirieren, sei es in Form von Mustern, Accessoires oder gesamten Kollektionen. Diese modische Interpretation der Yokai-

Kultur zeigt, wie traditionelle Konzepte in zeitgenössische Ausdrucksformen umgewandelt werden.

Ein großer Teil der Yokai-Forschung ist die Untersuchung ihrer Rolle in der japanischen Diplomatie und internationalen Beziehungen. In den letzten Jahren hat die japanische Regierung begonnen, Yokai-Figuren als Teil der "Cool Japan"-Strategie zu fördern, um japanische Kultur im Ausland zu präsentieren. Diese Nutzung von Yokai als kulturelle Botschafter bietet interessante Einblicke in die moderne Konstruktion und Präsentation der japanischen nationalen Identität.

Die Yokai-Tradition hat auch Einfluss auf die japanische Robotik und Technologieentwicklung. Einige Forscher und Ingenieure lassen sich von Yokai-Konzepten für die Gestaltung und Funktionsweise von Robotern inspirieren. Diese Verschmelzung von Tradition und Hochtechnologie zeigt die anhaltende Relevanz und Anpassungsfähigkeit der Yokai-Vorstellungen in der modernen Welt.

Traditionelle Düfte und Räucherwerke werden mit bestimmten Yokai oder übernatürlichen Erfahrungen in Verbindung gebracht. Die Untersuchung dieser olfaktorischen Dimension der Yokai-Tradition bietet interessante Einblicke in die kulturelle Bedeutung von Gerüchen und deren Verbindung zum Übernatürlichen.

Die Erforschung der Yokai hat auch zu neuen Erkenntnissen über die japanische Rechtsgeschichte geführt. In historischen Rechtstexten und Gerichtsakten finden sich gelegentlich Verweise auf Yokai oder übernatürliche Ereignisse. Die Analyse dieser Fälle bietet faszinierende Einblicke in das historische Verständnis von Realität, Verantwortung und Gerechtigkeit in der japanischen Gesellschaft.

Einige Therapeuten in Japan nutzen Yokai-Geschichten und - Symbole als Werkzeuge, um Patienten bei der Bewältigung von Ängsten oder der Verarbeitung von Traumata zu unterstützen. Diese innovative Anwendung traditioneller Konzepte zeigt das Potenzial der Yokai-Tradition für moderne Heilungsansätze.

Die Yokai-Folklore hat auch Einfluss auf die japanische Gartenbaukunst. Viele traditionelle Gärten enthalten subtile Elemente, die auf Yokai-Legenden anspielen oder bestimmte übernatürliche Wesen repräsentieren sollen. Diese Integration von Folklore in die Landschaftsgestaltung verdeutlicht die tiefe Verbindung zwischen Natur, Kultur und Mythologie in der japanischen Ästhetik.

Ein faszinierender Aspekt der Yokai-Forschung ist die Untersuchung ihrer Rolle in der japanischen Wirtschaftsgeschichte. Manche Yokai-Legenden spiegeln historische ökonomische Entwicklungen oder Handelsbeziehungen wider. Beispielsweise könnten bestimmte Yokai, die mit Reichtum oder Handel in Verbindung gebracht werden, Aufschluss über frühere Wirtschaftsstrukturen und -vorstellungen geben.

Die Yokai-Tradition hat auch Einfluss auf die moderne japanische Architektur. Einige zeitgenössische Architekten integrieren Yokai-inspirierte Elemente in ihre Entwürfe, sei es durch subtile Anspielungen in der Formgebung oder durch die Gestaltung von Räumen, die bestimmte übernatürliche Atmosphären evozieren sollen. Diese architektonische

Interpretation der Yokai-Kultur zeigt, wie traditionelle Konzepte in moderne Raumgestaltung einfließen können.

"Yokai-Cafés" und thematischen Restaurants bieten immersive Erfahrungen, bei denen Gäste in eine von Yokai inspirierte Umgebung eintauchen können. Solche Konzepte verdeutlichen, wie die Yokai-Tradition in der modernen Erlebnisgastronomie neu interpretiert und kommerzialisiert wird.

Die Erforschung der Yokai hat auch zu neuen Erkenntnissen über die japanische Mediengeschichte geführt. Die Darstellung von Yokai in verschiedenen Medienformen - von frühen Holzschnitten bis hin zu modernen digitalen Plattformen - bietet interessante Einblicke in die Entwicklung der visuellen Kultur und Kommunikationstechnologien in Japan.

Manche Utensilien oder Praktiken in der Teezeremonie haben subtile Bezüge zu Yokai-Legenden oder dienen symbolisch dazu, übernatürliche Kräfte zu besänftigen. Diese Verbindung zwischen Alltagsritual und Folklore zeigt die tiefe Verwurzelung der Yokai-Vorstellungen in der japanischen Kultur.

Die Yokai-Tradition hat auch Einfluss auf die moderne japanische Uhrmacherkunst. Einige Luxusuhrenmarken haben limitierte Editionen mit Yokai-Motiven oder - Mechanismen herausgebracht. Diese Verschmelzung von traditioneller Mythologie und Präzisionstechnik verdeutlicht die anhaltende Relevanz der Yokai in der japanischen Luxusgüterindustrie.

In historischen Kriegsberichten und militärischen Lehrbüchern finden sich gelegentlich Verweise auf Yokai oder übernatürliche Ereignisse. Die Analyse dieser Quellen bietet faszinierende Einblicke in die psychologischen Aspekte der Kriegsführung und die Rolle von Aberglauben in militärischen Kontexten.

Die Yokai-Tradition hat auch Einfluss auf die japanische Astronomie und Weltraumforschung. Einige Asteroiden oder Weltraumphänomene wurden nach bekannten Yokai benannt. Diese Verbindung zwischen Folklore und moderner Wissenschaft zeigt, wie traditionelle Konzepte in zeitgenössischen wissenschaftlichen Kontexten weitergeführt werden.

Ein Trend in der modernen Yokai-Kultur ist die Entstehung von "Yokai-Detektiven" oder "Yokai-Forschern", die lokale Legenden untersuchen und dokumentieren. Diese oft von Amateuren betriebene Forschung trägt zur Erhaltung und Wiederbelebung lokaler Traditionen bei und schafft neue Formen des Community-Engagements.

Die Erforschung der Yokai hat auch zu neuen Erkenntnissen über die japanische Sexualgeschichte geführt. Viele Yokai-Legenden enthalten erotische oder sexuelle Elemente, die Aufschluss über historische Einstellungen zu Sexualität und Geschlechterbeziehungen geben können. Die Analyse dieser Aspekte bietet interessante Einblicke in die Entwicklung sexueller Normen und Tabus in der japanischen Gesellschaft.

Bestimmte Farben werden oft mit spezifischen Yokai oder übernatürlichen Phänomenen assoziiert. Diese farblichen Zuordnungen können Aufschluss über kulturelle Vorstellungen von Emotionen, Stimmungen und spirituellen Zuständen geben.

Die Yokai-Tradition hat auch Einfluss auf die moderne japanische Parfümindustrie. Einige Parfümeure haben Düfte kreiert, die von Yokai-Legenden inspiriert sind oder bestimmte übernatürliche Atmosphären evozieren sollen. Diese olfaktorische Interpretation der Yokai-Kultur zeigt, wie traditionelle Konzepte in neue sensorische Erfahrungen umgesetzt werden.

Manche traditionelle Ernährungspraktiken oder Nahrungstabus haben ihren Ursprung in Yokai-Legenden. Die Analyse dieser Verbindungen kann interessante Einblicke in die kulturelle Bedeutung von Nahrung und die Entwicklung von Ernährungsgewohnheiten liefern.

Die Yokai-Tradition hat auch Einfluss auf die japanische Textilkunst. Viele traditionelle Stoffe und Muster enthalten subtile Verweise auf Yokai oder sollen vor übernatürlichen Kräften schützen. Diese textilen Interpretationen der Yokai-Kultur zeigen die vielfältigen Ausdrucksformen des Volksglaubens in der materiellen Kultur.

In der modernen Yokai-Kultur ist die Entstehung von "Yokai-Therapie" in der Tiermedizin schon seit langem bekannt. Einige Tierkliniken in Japan bieten spezielle Behandlungen an, die auf Yokai-Konzepten basieren und das Wohlbefinden von Haustieren fördern sollen. Diese ungewöhnliche Anwendung traditioneller Vorstellungen im Bereich der Tiergesundheit zeigt die Anpassungsfähigkeit der Yokai-Tradition an moderne Bedürfnisse.

Die Erforschung der Yokai hat auch zu neuen Erkenntnissen über die japanische Sportgeschichte geführt. Manche traditionelle Sportarten oder Wettkämpfe haben Verbindungen zu Yokai-Legenden oder sollen übernatürliche

Kräfte besänftigen. Die Analyse dieser Verbindungen bietet interessante Einblicke in die kulturelle Bedeutung von Sport und körperlicher Betätigung in der japanischen Gesellschaft.

Bestimmte kalligraphische Stile oder Techniken werden mit der Darstellung oder Beschwörung von Yokai in Verbindung gebracht. Diese schriftliche Dimension der Yokai-Tradition verdeutlicht die enge Verknüpfung zwischen Sprache, Schrift und übernatürlichen Vorstellungen in der japanischen Kultur.

Die Yokai-Tradition hat auch Einfluss auf die moderne japanische Raumfahrttechnologie. Einige Raumfahrzeuge oder Weltraummissionen wurden nach Yokai benannt oder enthalten subtile Verweise auf Yokai-Legenden. Diese Verbindung zwischen Folklore und Hochtechnologie zeigt, wie traditionelle Konzepte in futuristische Kontexte übertragen werden.

Manche Umweltschutzkampagnen oder Naturschutzprojekte greifen auf Yokai-Figuren zurück, um für den Schutz bestimmter Ökosysteme oder Arten zu werben. Diese Nutzung traditioneller Figuren für moderne Umweltziele verdeutlicht die anhaltende Relevanz der Yokai-Vorstellungen im öffentlichen Diskurs.

Die Yokai-Tradition hat auch Einfluss auf die japanische Kosmetikindustrie. Einige Kosmetikmarken haben Produktlinien entwickelt, die von Yokai-Legenden inspiriert sind oder übernatürliche Schönheitsgeheimnisse versprechen. Diese Vermarktung traditioneller Konzepte im Bereich der Schönheitspflege zeigt die Anpassungsfähigkeit der Yokai-Kultur an moderne Konsumbedürfnisse.

Innovativen Trainingsmethoden kombinieren traditionelle Yokai-Vorstellungen mit modernen Wellness-Praktiken.

Solche kreativen Fusionen verdeutlichen, wie alte Traditionen in zeitgenössische Gesundheits- und Lifestyle-Trends integriert werden können.

Die Erforschung der Yokai hat auch zu neuen Erkenntnissen über die japanische Musikgeschichte geführt. Viele traditionelle Musikinstrumente oder Musikstile haben Verbindungen zu Yokai-Legenden oder sollen bestimmte übernatürliche Wirkungen erzielen. Die Analyse dieser musikalischen Dimension der Yokai-Kultur bietet interessante Einblicke in die Beziehung zwischen Klang, Spiritualität und Volksglauben in der japanischen Gesellschaft.

Einige Robotik-Forscher lassen sich von Yokai-Konzepten für die Gestaltung und Funktionsweise ihrer Kreationen inspirieren. Diese Verschmelzung von Tradition und Zukunftstechnologie zeigt, wie alte Vorstellungen neue technologische Entwicklungen beeinflussen können.

Die Yokai-Tradition hat auch Einfluss auf die moderne japanische Archivwissenschaft. Manche Archive und Bibliotheken haben spezielle Sammlungen oder Konservierungsmethoden für Yokai-bezogene Materialien entwickelt. Diese archivalische Dimension der Yokai-Forschung verdeutlicht die Bedeutung der Erhaltung und Dokumentation immateriellen Kulturerbes.

Die Erforschung der Yokai hat auch zu neuen Erkenntnissen über die japanische Sprachgeschichte geführt. Viele Redewendungen, Dialektausdrücke oder Sprachspiele haben ihren Ursprung in Yokai-Legenden. Die Analyse dieser linguistischen Dimension der Yokai-Kultur bietet faszinierende Einblicke in die Entwicklung und regionale Vielfalt der japanischen Sprache.

Ein faszinierender Aspekt der Yokai-Kultur ist ihre Verbindung zur japanischen Raumfahrtpsychologie. Manche Astronauten berichten von Yokai-inspirierten Visualisierungstechniken oder mentalen Strategien, um mit der Isolation und den Herausforderungen des Weltraums umzugehen. Diese unerwartete Anwendung traditioneller Konzepte in hochmodernen Kontexten zeigt die Anpassungsfähigkeit und psychologische Tiefe der Yokai-Tradition.

Die Yokai-Tradition hat auch Einfluss auf die moderne japanische Kunsttherapie. Einige Therapeuten nutzen Yokai-Darstellungen oder -Geschichten als Werkzeuge in der Kunsttherapie, um Patienten bei der Auseinandersetzung mit inneren Konflikten oder Traumata zu unterstützen. Diese therapeutische Anwendung der Yokai-Kultur verdeutlicht ihr Potenzial für psychologische Heilungsprozesse.

Ein interessanter Aspekt der Yokai-Forschung ist die Untersuchung ihrer Rolle in der japanischen Wirtschaftsethik. Manche Unternehmen beziehen sich auf Yokai-Konzepte in ihren Unternehmensphilosophien oder ethischen Richtlinien. Diese Einbindung traditioneller Vorstellungen in moderne Geschäftspraktiken zeigt die anhaltende Relevanz der Yokai-Tradition für ethische Reflexionen.

Die faszinierende Welt der Yokai, jener mysteriösen Wesen aus dem japanischen Volksglauben, eröffnet einen tiefen Einblick in die kulturelle und spirituelle Landschaft Japans. Diese Kreaturen, die sich zwischen den Welten der Menschen und der Geister bewegen, sind weit mehr als bloße

Fantasiegebilde oder Schreckgespenster. Sie verkörpern die Ängste, Hoffnungen und moralischen Vorstellungen einer Gesellschaft, die über Jahrhunderte hinweg eine einzigartige Beziehung zur übernatürlichen Welt entwickelt hat.

Im Laufe unserer Betrachtung dieser enigmatischen Wesen haben wir eine Vielzahl von Yokai kennengelernt, von den furchteinflößenden Oni bis hin zu den verspielten Kitsune. Jede dieser Kreaturen trägt eine eigene Geschichte in sich, die oft tief in den lokalen Traditionen und dem kollektiven Gedächtnis der japanischen Kultur verwurzelt ist. Die Vielfalt der Yokai spiegelt die Komplexität der menschlichen Erfahrung wider und zeigt, wie der Volksglauben als Mittel dient, um schwer fassbare Konzepte und Naturphänomene zu erklären und zu personifizieren.

Während viele dieser Wesen ihre Wurzeln in uralten Legenden und Mythen haben, haben sie sich kontinuierlich weiterentwickelt und an die sich verändernden gesellschaftlichen Bedingungen angepasst. In der Edo-Zeit beispielsweise erlebten die Yokai eine Blütezeit in der populären Kultur, was zu einer Explosion von Geschichten, Kunstwerken und Theateraufführungen führte, die diese übernatürlichen Wesen in den Mittelpunkt stellten.

Diese Popularisierung der Yokai hatte weitreichende Auswirkungen auf ihre Wahrnehmung und Darstellung. Während sie ursprünglich oft als bedrohliche oder zumindest ambivalente Wesen galten, wurden viele von ihnen im Laufe der Zeit zu beliebten Charakteren in Volksmärchen und Unterhaltungsmedien. Diese Transformation zeigt die Fähigkeit der japanischen Kultur, das Übernatürliche zu domestizieren und in das tägliche Leben zu integrieren, anstatt es vollständig zu verdrängen oder zu dämonisieren.

Die Yokai-Tradition offenbart auch viel über das japanische Verständnis von Natur und Spiritualität. In vielen Yokai-Geschichten verschwimmen die Grenzen zwischen der natürlichen und der übernatürlichen Welt. Tiere, Pflanzen und sogar unbelebte Objekte können zu Yokai werden, was eine animistische Weltanschauung widerspiegelt, in der alles von einem innewohnenden Geist oder einer Lebenskraft beseelt sein kann. Diese Sichtweise fördert eine tiefe Verbundenheit mit der natürlichen Umwelt und eine Achtung vor den unsichtbaren Kräften, die das Universum durchdringen.

Von Anime und Manga bis hin zu Videospielen und Filmen – die Präsenz von Yokai-inspirierten Charakteren und Geschichten ist allgegenwärtig. Diese moderne Interpretation und Neuerfindung traditioneller Yokai zeigt die anhaltende Relevanz und Anpassungsfähigkeit dieser kulturellen Ikonen. Sie dienen als Brücke zwischen Vergangenheit und Gegenwart und ermöglichen es neuen Generationen, sich mit ihrem kulturellen Erbe auseinanderzusetzen und es auf kreative Weise neu zu interpretieren.

Die wissenschaftliche Erforschung der Yokai-Tradition hat in den letzten Jahrzehnten ebenfalls an Bedeutung gewonnen. Folkloristen, Anthropologen und Kulturwissenschaftler haben begonnen, die reiche Symbolik und die historischen Kontexte dieser übernatürlichen Wesen genauer zu untersuchen. Diese akademische Auseinandersetzung hat nicht nur zu einem tieferen Verständnis der japanischen Kultur geführt, sondern auch neue Perspektiven auf die Rolle des Übernatürlichen in der Gesellschaft im Allgemeinen eröffnet.

Ein interessanter Aspekt, der durch diese Forschung zutage trat, ist die regionale Vielfalt der Yokai-Traditionen innerhalb Japans. Jede Region, manchmal sogar jedes Dorf, hat ihre eigenen lokalen Yokai und Legenden entwickelt, die oft eng mit der spezifischen Geographie, Geschichte und den sozialen Strukturen des Ortes verbunden sind. Diese lokalen Variationen zeigen, wie Yokai als Mittel zur Stärkung der lokalen Identität und zur Weitergabe von Wissen über die unmittelbare Umgebung dienten.

Die Erforschung der Yokai wirft auch Licht auf die komplexen Wechselwirkungen zwischen verschiedenen religiösen und philosophischen Strömungen in Japan. Elemente des Shinto, des Buddhismus und des chinesischen Daoismus haben alle zur Entwicklung und Ausgestaltung der Yokai-Tradition beigetragen. Diese synkretistische Natur der japanischen Spiritualität spiegelt sich in der Vielschichtigkeit und Ambivalenz vieler Yokai wider, die oft weder als eindeutig gut noch als eindeutig böse charakterisiert werden können.

Über die Jahrhunderte hinweg haben Künstler und Schriftsteller diese übernatürlichen Wesen als Quelle der Inspiration genutzt, um tiefgreifende Wahrheiten über die menschliche Natur und die Welt um uns herum zu vermitteln. Von den klassischen Ukiyo-e-Holzschnitten der Edo-Zeit bis hin zu modernen Manga und Romanen – Yokai haben die kreative Vorstellungskraft unzähliger Generationen beflügelt.

Die künstlerische Darstellung von Yokai ist besonders faszinierend, da sie oft eine Mischung aus Furcht erregendem und Humorvollem, aus Groteskem und Schönem präsentiert. Diese Dualität spiegelt die komplexe Natur der Yokai selbst wider und zeigt, wie diese Wesen als Projektionsflächen für ein breites Spektrum menschlicher Emotionen und Erfahrungen dienen können. Die visuelle Repräsentation von Yokai hat sich im Laufe der Zeit stark weiterentwickelt, von den detaillierten und oft erschreckenden Darstellungen in traditionellen Scrolls und Holzschnitten bis hin zu den oft niedlichen und vermarktbaren Versionen in der modernen Popkultur.

Diese Transformation in der Darstellung der Yokai wirft interessante Fragen über den Wandel kultureller Werte und ästhetischer Präferenzen auf. Während frühere Darstellungen oft darauf abzielten, Ehrfurcht oder Furcht zu erzeugen, tendieren moderne Interpretationen dazu, Yokai als liebenswerte oder sogar niedliche Charaktere zu präsentieren. Diese Veränderung könnte als Reflexion einer sich wandelnden Beziehung zum Übernatürlichen in der japanischen Gesellschaft interpretiert werden, in der alte Ängste durch eine nostalgische oder spielerische Haltung gegenüber traditionellen Glaubensvorstellungen ersetzt wurden.

Die literarische Tradition der Yokai-Geschichten bietet ebenfalls tiefe Einblicke in die japanische Kultur und Mentalität. Von den klassischen Geistergeschichten der Edo-Zeit bis hin zu modernen Urban Fantasy-Romanen haben Yokai als literarische Figuren eine breite Palette von Funktionen erfüllt. Sie dienen als Metaphern für menschliche Laster und Tugenden, als Katalysatoren für persönliche Transformation und als Mittel zur Erforschung der Grenzen zwischen Realität und Illusion.

Yokai dienen in der Literatur nicht selten als Brücke zwischen verschiedenen Welten und Realitätsebenen. In vielen Geschichten markiert die Begegnung mit einem Yokai einen

Übergang von der gewöhnlichen in eine außergewöhnliche Realität, was den Protagonisten – und damit auch den Lesern – ermöglicht, die Welt aus einer neuen Perspektive zu betrachten. Diese Funktion der Yokai als Grenzgänger zwischen den Welten spiegelt möglicherweise ein tiefes menschliches Bedürfnis wider, die Grenzen der alltäglichen Erfahrung zu überschreiten und mit dem Unbekannten in Kontakt zu treten.

Viele Redewendungen und Sprichwörter haben ihren Ursprung in Yokai-Legenden, und Bezüge auf diese übernatürlichen Wesen finden sich in zahlreichen Aspekten des täglichen Lebens, von traditionellen Festen bis hin zu modernen Marketingkampagnen. Diese allgegenwärtige Präsenz der Yokai im kulturellen Bewusstsein zeigt, wie tief diese Tradition in der japanischen Identität verwurzelt ist.

Ein faszinierender Aspekt der Yokai-Kultur ist ihre Fähigkeit, sich an neue Medien und Technologien anzupassen. In der digitalen Ära haben Yokai ihren Weg in soziale Medien, Videospiele und Virtual Reality gefunden. Diese neuen Plattformen bieten innovative Möglichkeiten, Yokai-Geschichten zu erzählen und zu erleben, und ermöglichen es einer globalen Zielgruppe, mit diesen faszinierenden Wesen in Kontakt zu treten. Gleichzeitig werfen sie interessante Fragen darüber auf, wie traditionelle kulturelle Konzepte in einer zunehmend vernetzten und technologiegetriebenen Welt bewahrt und neu interpretiert werden können.

Die globale Verbreitung der Yokai-Kultur durch Anime, Manga und Videospiele hat auch zu interessanten interkulturellen Austauschprozessen geführt. Während Yokai traditionell ein spezifisch japanisches Phänomen waren, haben sie in den letzten Jahrzehnten ein internationales Publikum gefunden und Einfluss auf die Populärkultur und Fantasyliteratur in anderen Ländern ausgeübt. Diese globale Rezeption der Yokai führt oft zu faszinierenden Hybridformen, in denen japanische Yokai-Konzepte mit lokalen Traditionen und modernen Erzählformen verschmelzen.

Ein weiterer wichtiger Aspekt der Yokai-Tradition, der Beachtung verdient, ist ihre Rolle in der Umwelterziehung und im ökologischen Bewusstsein. Viele Yokai sind eng mit bestimmten natürlichen Lebensräumen oder Phänomenen verbunden, und ihre Geschichten vermitteln oft wichtige Lektionen über den respektvollen Umgang mit der Natur. In einer Zeit, in der Umweltprobleme und der Klimawandel zunehmend in den Fokus rücken, können Yokai-Legenden als kraftvolle Narrative dienen, um die Bedeutung des Naturschutzes und der Harmonie zwischen Mensch und Umwelt zu vermitteln.

Die Yokai bieten auch interessante Einblicke in die japanische Konzeption von Zeit und Geschichte. Viele Yokai-Geschichten spielen in einer nebulösen Vergangenheit, die weder vollständig historisch noch rein mythisch ist. Diese Verschmelzung von Geschichte und Legende spiegelt eine zyklische Zeitauffassung wider, in der die Vergangenheit ständig in der Gegenwart präsent ist und sich wiederholt. Diese Sichtweise steht im Kontrast zu einer linearen, fortschrittsorientierten Geschichtsauffassung und bietet alternative Möglichkeiten, über Zeit, Erinnerung und kulturelles Erbe nachzudenken.

Yokai-Geschichten können als Allegorie für innere Konflikte, Ängste und Wünsche interpretiert werden. Die Begegnung mit einem Yokai kann oft als symbolische Darstellung des

Kampfes mit dem eigenen Schatten oder als Prozess der Selbstfindung und -akzeptanz verstanden werden. In diesem Sinne bieten Yokai-Narrative einen reichen Fundus an psychologischem Material, das zur Selbstreflexion und persönlichen Entwicklung anregen kann.

Yokai-Tradition wirft interessante Fragen über die Natur von Realität und Wahrnehmung auf. In vielen Geschichten ist die Grenze zwischen dem Realen und dem Übernatürlichen fließend, und die Existenz von Yokai hängt oft vom Glauben oder der Wahrnehmung des Betrachters ab. Diese Ambiguität spiegelt eine Weltanschauung wider, in der die Realität als subjektiv und formbar betrachtet wird, eine Perspektive, die interessante Parallelen zu modernen philosophischen und wissenschaftlichen Diskursen über die Natur der Realität aufweist.

Oni: Dämonen der Dunkelheit

Die Geschichte der Oni ist eine Geschichte des Schreckens, der Dunkelheit und des uralten Wissens, das in den Schatten der japanischen Folklore verborgen liegt. Sie sind Wesen, die seit Jahrhunderten die Vorstellungen und Träume der Menschen heimsuchen. Doch um die wahre Natur der Oni zu verstehen, muss man weit zurückgehen – in eine Zeit, in der die Welt noch jung war und die Grenzen zwischen den Welten der Menschen und der Geister fließend waren.

Vor Äonen, als die Welt noch nicht in der Form existierte, wie wir sie heute kennen, herrschte ein Zustand des Urchaos. Dieses Chaos war erfüllt von einer rohen, ungezügelten Energie, die sich weder in Gut noch Böse unterteilen ließ. Es war eine Zeit, in der die ersten Götter aus dem Nichts entstanden, um die Welt zu formen. Izanagi und Izanami, das göttliche Paar, schufen die Inseln Japans und gebaren die Naturgottheiten, die über die Elemente herrschen sollten.

Doch mit der Geburt des Lebens kam auch der Tod in die Welt. Als Izanami bei der Geburt des Feuergottes Kagutsuchi starb, geriet Izanagi in tiefe Trauer und Zorn. Aus seinem Schmerz und seiner Wut heraus entstand eine dunkle Energie, die sich von seinem Körper löste und in die Unterwelt hinabsank. Diese Energie sammelte sich in den Tiefen der Yomi, der Welt der Toten, und begann, eine eigene Existenz zu formen. So entstanden die ersten Oni – Geschöpfe der Dunkelheit, geboren aus Schmerz, Wut und der Vergänglichkeit des Lebens.

Oni sind in vielerlei Hinsicht ein Spiegelbild der menschlichen Ängste und Sünden. Sie erscheinen in unterschied-

lichsten Formen und Größen, oft mit grotesken Gesichts-
zügen, scharfen Hörnern und leuchtend roten oder blauen
Hautfarben. Ihre Augen sind wie schwarze Abgründe, aus
denen das tiefste Dunkel der Nacht zu strömen scheint. Die
Zähne und Krallen eines Oni sind messerscharf, und ihr
Atem ist wie giftiger Rauch, der die Luft um sie herum
verdunkelt.

In den alten Schriften werden sie oft als monströse Riesen
beschrieben, die sowohl übermenschliche Stärke als auch eine
unersättliche Gier nach Fleisch und Blut besitzen. Einige Oni
tragen riesige Keulen, genannt kanabo, die sie mit Leichtig-
keit schwingen, als wären sie aus leichtem Holz statt aus
massivem Eisen. Andere wiederum sind Meister der Täuschung und der Magie, in der Lage, ihre Gestalt zu verändern
und die Menschen zu täuschen, indem sie die Gestalt ihrer
Liebsten annehmen.

In der japanischen Kultur haben Oni viele Rollen
eingenommen – von Dämonen, die als Strafe für sündiges
Verhalten gesandt werden, bis hin zu Prüfungen für tapfere
Krieger. Ihre Geschichten sind tief in der japanischen
Mythologie verwurzelt und haben die Menschen seit
Jahrhunderten sowohl fasziniert als auch erschreckt. Sie
tauchen in alten Legenden, Märchen und sogar in modernen
Medien auf, oft als Verkörperung des Bösen oder als Symbol
für die dunklen Seiten des menschlichen Herzens.

Die Oni sind auch mit der Idee der karmischen Vergeltung
verbunden. In vielen Geschichten sind sie die Seelen von
Menschen, die in ihrem Leben große Sünden begangen haben
– Mörder, Betrüger, Verräter. Diese Menschen werden nach
ihrem Tod als Oni wiedergeboren, um in ewiger Qual zu
leben und andere zu plagen. Es ist eine Form der Bestrafung,

die sowohl körperlich als auch seelisch ist, da sie ihre menschlichen Erinnerungen behalten und sich ihrer neuen, schrecklichen Existenz voll bewusst sind.

Im alten Japan fürchteten die Menschen die Oni zutiefst. Sie glaubten, dass diese Wesen die Macht hatten, Krankheiten zu verbreiten, Naturkatastrophen zu verursachen und sogar die Gedanken der Menschen zu beeinflussen. Um sich vor ihnen zu schützen, entwickelten die Menschen verschiedene Rituale und Bräuche. Einer der bekanntesten ist das Setsubun-Fest, bei dem Bohnen durch die Luft geworfen werden, begleitet von dem Ruf „Oni wa soto! Fuku wa uchi!" – „Dämonen hinaus! Glück herein!". Diese Tradition sollte die Oni vertreiben und das Glück ins Haus bringen.

Darüber hinaus wurden Talismane und Amulette geschaffen, um die Oni abzuwehren. Besonders beliebt waren Darstellungen buddhistischer Schutzgottheiten wie Fudo Myoo, der in vielen Tempeln und Schreinen zu finden ist. Es heißt, dass sein zorniges Gesicht und seine feurige Aura die Oni abschrecken würden. Manchmal wurden auch Oni-Masken an Türen oder Fenstern angebracht, um die Dämonen zu täuschen und zu vertreiben.

Die Oni spielten auch eine bedeutende Rolle in den Geschichten der Samurai und Krieger. Viele berühmte Krieger der japanischen Geschichte und Mythologie wurden mit Oni konfrontiert, um ihre Tapferkeit und ihren Mut unter Beweis zu stellen. Eine der bekanntesten Geschichten ist die von Minamoto no Yorimitsu, auch bekannt als Raiko, und seinen Gefährten, die den Oni Shuten-doji besiegten. Diese Geschichte erzählt, wie die Krieger den Dämonen in seiner Festung auf dem Berg Oe aufsuchen und ihn nach einem heftigen Kampf schließlich töten.

In dieser Erzählung symbolisieren die Oni die Herausforderungen und Versuchungen, die ein Krieger überwinden muss, um Ehre und Ruhm zu erlangen. Sie repräsentieren auch die ständige Bedrohung durch das Böse, das in der Welt lauert und das Gleichgewicht zwischen Gut und Böse stört. Daher wurden viele Samurai, die als „Oni-krieger" bekannt waren, dafür geehrt, dass sie die Menschheit vor den dämonischen Bedrohungen schützten.

Obwohl die Oni oft als Verkörperungen des Bösen dargestellt werden, gibt es in einigen Erzählungen Hinweise darauf, dass ihre Natur komplexer ist. Einige Geschichten erzählen von Oni, die durch Liebe oder Mitgefühl verwandelt wurden. Ein Beispiel ist die Geschichte des Oni namens Ibaraki-doji, der durch die Liebe einer Frau menschliche Gefühle entwickelte und schließlich seine böse Natur ablegte. Solche Geschichten zeigen, dass Oni nicht immer nur Monster sind, sondern dass sie, wie Menschen, zur Veränderung fähig sind.

Einige Gelehrte argumentieren, dass die Oni ursprünglich Schutzgötter waren, die mit der Zeit dämonisiert wurden, als die Gesellschaft sich veränderte und neue religiöse und moralische Vorstellungen Einzug hielten. In dieser Sichtweise könnten die Oni als Wesen betrachtet werden, die das Chaos und die Unordnung repräsentieren, die jedoch in der Lage sind, Ordnung und Schutz zu bringen, wenn sie richtig verstanden und respektiert werden.

Im Laufe der Jahrhunderte gab es viele Berichte über Begegnungen zwischen Menschen und Oni. Diese Geschichten wurden oft mündlich überliefert und schließlich in Texten wie den „Konjaku Monogatari" und anderen Sammlungen japanischer Folklore festgehalten. In diesen Erzählungen erscheinen die Oni in verschiedenen Rollen: als unbarmherzige Räuber, als trickreiche Gestaltwandler oder gar als heimliche Beschützer, die Menschen vor noch größerem Übel bewahren.

Eine der bekanntesten Geschichten handelt von einem Reisenden, der sich in den Bergen verirrt hatte. Als die Nacht hereinbrach und die Kälte ihn zu erdrücken drohte, stolperte er über eine kleine Hütte. Er klopfte an die Tür, und zu seiner Überraschung öffnete ein Oni. Anstatt ihn zu verschlingen, wie es die meisten Geschichten prophezeien würden, bot der Oni dem Mann Essen und einen Platz am Feuer an. Sie verbrachten die Nacht damit, Geschichten zu erzählen und zu lachen. Am Morgen, als der Mann erwachte, war die Hütte verschwunden, und er fand sich alleine in den Bergen wieder, jedoch mit einer neuen Sicht auf das, was Oni sein könnten.

Solche Geschichten veranschaulichen, dass nicht alle Oni als bösartig gelten. Einige von ihnen werden als komplexe Wesen dargestellt, die fähig sind, sowohl zu helfen als auch zu schaden, abhängig von ihrer eigenen Moral und den Umständen, die sie umgeben. Diese Dualität spiegelt die menschliche Natur wider und zeigt, dass gut und böse oft subjektiv und situationsbedingt sind.

Oni haben auch eine prominente Stellung in der japanischen Kunst und Kultur. Vom traditionellen Kabuki-Theater über Holzschnitte bis hin zu modernen Manga und Anime haben die Oni Künstler und Schriftsteller gleichermaßen inspiriert. Ihre Darstellung variiert von grotesk und einschüchternd bis hin zu komisch und karikaturhaft, je nach Kontext und Intention des Künstlers.

In der Edo-Zeit, als Japan eine Periode relativer Isolation und innerer Stabilität durchlebte, erlebte die Darstellung von Oni eine interessante Wandlung. In Ukiyo-e-Drucken, die das Alltagsleben und die Volkslegenden jener Zeit darstellen, wurden Oni oft in humorvollen Szenen dargestellt. Diese Oni wurden gezeigt, wie sie vor kleinen Kindern fliehen oder in albernen Posen festgehalten wurden, was darauf hindeutet, dass sie ihren Schrecken verloren und zu Figuren des Spaßes und der Moralität geworden waren.

In der modernen Popkultur werden Oni häufig als Antagonisten in Geschichten verwendet, die von der japanischen Mythologie inspiriert sind. Serien und Filme, die auf traditionellen Geistergeschichten basieren, nutzen Oni, um Themen wie Gerechtigkeit, Vergeltung und das Übernatürliche zu erforschen. Diese zeitgenössischen Darstellungen behalten die wesentlichen Merkmale der Oni bei – ihre Stärke, ihre Magie und ihre Verbindung zum Jenseits – aber sie erlauben auch neue Interpretationen, die sowohl die Tradition respektieren als auch die Kreativität fördern.

Der Einfluss des Buddhismus und Shintoismus auf die japanische Vorstellung von Oni ist unbestreitbar. Beide Religionen haben das Bild der Oni auf ihre Weise geformt und beeinflusst. Im Buddhismus werden Oni oft als Verkörperungen von schlechten Taten und schlechten Karma dargestellt. Sie werden in buddhistischen Schriften als Diener des Höllenkönigs Enma gezeigt, die Seelen bestrafen, die zu Lebzeiten schwere Sünden begangen haben.

Im Shintoismus hingegen sind Oni manchmal als Naturgeister oder Kami betrachtet worden, die eine dualistische Natur besitzen. Sie sind nicht nur Zerstörer, sondern können auch Schutzherren sein, die für Harmonie und Balance sorgen, wenn sie richtig besänftigt oder geehrt werden. Dies spiegelt den Shinto-Glauben wider, dass jede

Wesenheit und jede natürliche Kraft sowohl eine positive als auch eine negative Seite haben kann.

Diese religiösen Perspektiven haben geholfen, ein reiches und vielschichtiges Verständnis von Oni zu schaffen, das sowohl ihre dämonischen als auch ihre schützenden Eigenschaften umfasst. Es ist diese Ambivalenz, die sie zu so faszinierenden Figuren in der japanischen Mythologie und Kultur macht.

Heute sind Oni weiterhin ein fester Bestandteil der japanischen Kultur und Gesellschaft. In Festivals und Ritualen spielen sie nach wie vor eine wichtige Rolle. Besonders hervorzuheben ist das Setsubun-Fest, das jährlich gefeiert wird. Es markiert den Wechsel der Jahreszeiten und wird oft mit der symbolischen Vertreibung von Oni verbunden, um das Böse aus den Häusern zu verbannen und das Gute hereinzulassen.

Oni-Masken und -Kostüme sind häufige Anblicke während Setsubun, und es ist nicht ungewöhnlich, Kinder und Erwachsene zu sehen, die die Rollen von Oni und Dämonenjägern spielen. Diese Traditionen tragen dazu bei, das kulturelle Erbe zu bewahren und neue Generationen mit den Geschichten und Symbolen ihrer Vorfahren zu verbinden.

Auch in der japanischen Psychologie und Populärkultur hat sich das Bild der Oni weiterentwickelt. In einer Zeit, in der Japan mit sozialen und kulturellen Herausforderungen konfrontiert ist, spiegeln Oni oft die Ängste und Unsicherheiten der modernen Gesellschaft wider. Sie sind Symbole für das Unbekannte und das Unkontrollierbare, das immer noch im kollektiven Bewusstsein lauert.

Die Oni sind auch ein starkes Symbol für die persönliche Transformation und den inneren Kampf. Viele Menschen in der heutigen Welt sehen in den Oni die Verkörperung ihrer eigenen inneren Dämonen – der Ängste, Unsicherheiten und des Schattenselbst, das in jedem von uns wohnt. Die Geschichten von Menschen, die gegen Oni kämpfen oder sie überlisten, spiegeln den universellen Kampf wider, den wir alle führen, um uns selbst zu verstehen und unsere eigenen dunklen Seiten zu überwinden.

Indem sie ihre eigene dunkle Seite konfrontieren, lernen die Menschen, dass das, was sie für dämonisch hielten, oft nur ein verzerrtes Bild ihrer eigenen inneren Konflikte ist. Die Oni lehren uns, dass das Böse nicht immer von außen kommt, sondern oft in uns selbst zu finden ist. Sie ermutigen uns, uns mit unseren Ängsten und Fehlern auseinanderzusetzen und uns selbst zu verbessern.

Die Oni bleiben ein tief verwurzelter Teil der japanischen Kultur und Mythologie. Sie sind nicht nur einfache Dämonen oder Monster, sondern vielschichtige Wesen, die die komplexen Beziehungen zwischen Mensch und Übernatürlichem, Gut und Böse, Ordnung und Chaos verkörpern. Ihre Geschichten und Darstellungen bieten uns wertvolle Einblicke in die menschliche Natur und unsere ewige Suche nach Sinn und Verständnis in einer oft verwirrenden und beängstigenden Welt.

Ob sie nun als schreckliche Dämonen, weise Lehrmeister oder rätselhafte Gestalten auftreten, die Oni erinnern uns daran, dass wir alle auf einer Reise sind – einer Reise, die uns tief in die Dunkelheit führen kann, aber auch die Möglichkeit bietet, im Licht wieder aufzutauchen. Ihre Legenden und Lehren sind zeitlos und weiterhin relevant, während sie uns ermutigen, unsere eigenen Geschichten zu schreiben und die

Geheimnisse der Welt mit offenen Augen und einem mutigen Herzen zu erkunden.

Die Oni sind mehr als nur Dämonen; sie sind Symbole, die tief in der japanischen Kultur verwurzelt sind. Sie repräsentieren sowohl das Unbekannte als auch das Bedrohliche, das in den Schatten lauert, aber auch die Möglichkeit der Veränderung und des Verständnisses. Ihre Geschichten lehren uns, dass das Böse nicht immer in einer festen Form existiert und dass in jedem Wesen, sei es Mensch oder Oni, das Potenzial für Gutes und Schlechtes vorhanden ist.

Wenn wir die Geschichten der Oni studieren, tauchen wir in eine Welt ein, die reich an Mythologie, Geschichte und Weisheit ist. Es ist eine Welt, in der die Grenzen zwischen Gut und Böse verschwimmen und in der die tiefsten Ängste und Sehnsüchte der Menschheit auf eine Weise reflektiert werden, die bis heute relevant ist. Die Oni mögen Kreaturen der Dunkelheit sein, aber in ihrer Dunkelheit gibt es viel Licht zu entdecken.

Tengu und ihre Verbindung zu den Bergen

Die Tengu sind mystische Wesen aus der japanischen Folklore, die tief in der Geschichte und Mythologie des Landes verwurzelt sind. Diese Kreaturen werden oft als Halbgötter oder Yokai beschrieben und gelten als Beschützer, aber auch als Trickster, die sowohl Gutes als auch Unheil bringen können. Ihre Verbindung zu den Bergen Japans ist dabei eine der zentralen Elemente ihrer Legenden und Geschichten.

Die Ursprünge der Tengu sind schwer genau zu bestimmen, da sie sich im Laufe der Jahrhunderte entwickelt haben und von verschiedenen kulturellen Einflüssen geprägt wurden. Die frühesten Darstellungen von Tengu sind in den alten Texten der japanischen Mythologie und in buddhistischen Schriften zu finden, wo sie zunächst als bösartige Dämonen beschrieben wurden, die in den Wäldern und Bergen lebten und Reisende erschreckten.

Traditionell werden Tengu in zwei Hauptformen dargestellt: Da sind zum einen die Karasu-Tengu, die Krähen-Tengu, die mit einem Vogelschnabel und Flügeln dargestellt werden und in direkter Verbindung zu Vögeln und dem Himmel stehen. Zum anderen gibt es die Konoha-Tengu, die eine humanoidere Form haben, oft mit einer langen Nase und roten Gesichtern. Beide Formen spiegeln die duale Natur der Tengu wider – sie sind einerseits eng mit der Natur und insbesondere den Bergen verbunden, andererseits besitzen sie auch menschliche Züge und Verhaltensweisen.

Um die Verbindung der Tengu zu den Bergen besser zu verstehen, ist es wichtig, die Rolle der Berge in der japanischen Kultur zu betrachten. In Japan sind Berge weit mehr als nur geographische Merkmale; sie haben eine tief spirituelle Bedeutung und gelten oft als Sitz der Götter und als heilige Orte. Berge wie der Fuji oder der Hiei sind nicht nur geographische Wahrzeichen, sondern auch Orte der Verehrung und des spirituellen Rückzugs.

In der Shinto-Religion, der traditionellen Religion Japans, gelten Berge als Wohnstätten der Kami, der Geister oder Götter, die sowohl die Natur als auch die Menschheit schützen und beeinflussen. Diese heiligen Berge sind Orte, an denen die Verbindung zwischen Himmel und Erde besonders stark ist, und wo Menschen nach spiritueller Erneuerung und Erleuchtung suchen.

Tengu als Beschützer und Wächter der Berge

Innerhalb dieser spirituellen Landschaft werden Tengu oft als Wächter der Berge betrachtet. Sie sind die Hüter der wilden und ungezähmten Natur, die die menschlichen Siedlungen umgibt. In vielen Geschichten erscheinen Tengu als strenge Lehrer oder Mentoren, die Mönche und Samurai auf die Probe stellen, um ihre Tugend und Entschlossenheit zu testen. Ihre Rolle als Wächter der Berge spiegelt auch die Ambivalenz wider, die viele japanische Geisterwesen auszeichnet: Sie sind weder völlig gut noch völlig böse, sondern verkörpern eine Balance von beidem.

In der japanischen Kultur gibt es viele Geschichten, in denen Tengu Menschen helfen, die sich in den Bergen verlaufen haben, indem sie ihnen den Weg weisen oder ihnen Schutz vor den Gefahren der Wildnis bieten. Gleichzeitig sind sie aber auch bekannt dafür, unvorsichtige oder respektlose Menschen zu bestrafen, die die heiligen Stätten der Berge entweihen oder die Natur schädigen. In dieser Doppelfunktion als Beschützer und Bestrafer zeigen die Tengu, dass sie die spirituelle Integrität der Berge bewahren und respektlose Eindringlinge abwehren.

Eine der bekanntesten Geschichten, in denen Tengu als Beschützer und Wächter der Berge auftreten, ist die Legende von Minamoto no Yoshitsune und seinem Lehrmeister, dem großen Tengu von Kurama.

Die Legende von Yoshitsune und dem Tengu von Kurama

Minamoto no Yoshitsune war ein berühmter Samurai des 12. Jahrhunderts, bekannt für seinen Mut und seine militärischen Fähigkeiten. Seine Geschichte ist eng mit den Tengu verbunden, die ihn auf seinem Weg zum Krieger und Helden beeinflussten.

Als Yoshitsune noch ein Junge war, wurde er nach der Niederlage seiner Familie in der Heiji-Rebellion ins Kloster Kurama geschickt, um dort in Sicherheit zu leben. Das Kloster lag tief in den Bergen, weit entfernt von den politischen Intrigen und Kämpfen, die in den Ebenen darunter tobten. Doch Yoshitsune hatte andere Pläne; er träumte davon, ein großer Krieger zu werden und den Namen seiner Familie wiederherzustellen.

Eines Nachts, als er alleine durch den dunklen Wald wanderte, stieß Yoshitsune auf eine seltsame Gestalt. Vor ihm stand ein hochgewachsener, humanoider Tengu mit einem roten Gesicht und einer langen Nase. Der Tengu trug die

Kleidung eines Mönchs, hatte aber Flügel wie ein Vogel und blickte den Jungen mit scharfen, durchdringenden Augen an.

Der Tengu stellte sich als der große Tengu von Kurama vor, der Beschützer dieser Berge und Hüter ihrer Geheimnisse. Er sah in Yoshitsune nicht nur einen gewöhnlichen Jungen, sondern einen, der außergewöhnliches Potenzial besaß. Beeindruckt von der Entschlossenheit und dem Mut des Jungen, beschloss der Tengu, ihn zu unterrichten.

Über viele Monate hinweg brachte der große Tengu von Kurama Yoshitsune die Künste des Kampfes bei – nicht nur die Techniken des Schwertkampfes, sondern auch die Künste der List und der Strategie, die Fähigkeit, sich lautlos zu bewegen, und die Kunst der Kriegsführung. Der Tengu lehrte ihn, die Kräfte der Natur zu nutzen, die Winde der Berge zu verstehen und die Geräusche des Waldes zu lesen. Yoshitsune lernte schnell und wurde bald zu einem außergewöhnlichen Kämpfer, schneller und geschickter als jeder andere in seinem Alter.

Während seiner Ausbildung im Bergwald entwickelte Yoshitsune auch eine tiefe Wertschätzung für die Natur und die Geister, die sie bewohnten. Er lernte, die Tengu und andere übernatürliche Wesen zu respektieren, die die Berge bevölkerten, und verstand, dass die Kräfte, die er erlangte, auch eine große Verantwortung mit sich brachten.

Schließlich, als die Zeit gekommen war, verabschiedete sich der große Tengu von Kurama von seinem Schüler. Er wusste, dass Yoshitsune bereit war, seine Reise als Krieger zu beginnen und dass er die Lektionen, die er in den Bergen gelernt hatte, gut nutzen würde. Der Tengu segnete ihn und gab ihm den Rat, immer an den Geist der Berge und an die Ehre zu denken, die sie verkörpern.

Yoshitsune verließ die Berge von Kurama als junger Mann, aber mit den Fähigkeiten und dem Wissen eines großen Kriegers. Mit der Zeit wurde er zu einem der bekanntesten und bewunderten Samurai Japans, berühmt für seine strategischen Meisterleistungen und seinen unerschütterlichen Mut. Doch trotz seines Erfolges vergaß Yoshitsune nie die Lehren des großen Tengu von Kurama und die heiligen Berge, die ihm geholfen hatten, der Mann zu werden, der er war.

Diese Geschichte zeigt die Tengu als Beschützer und Lehrer, die junge, talentierte Menschen unterstützen, ihre Fähigkeiten zu entwickeln, während sie gleichzeitig die Geheimnisse und die Heiligkeit der Berge wahren. Die Tengu handeln nicht aus reinem Wohlwollen, sondern aus einem tiefen Respekt für die Natur und die spirituellen Traditionen, die die Berge repräsentieren. Sie schützen die Berge vor denen, die ihre Macht missbrauchen würden, und helfen denen, die die nötige Demut und den Respekt zeigen, um ihre Lektionen zu lernen.

Die Legende von Yoshitsune und dem großen Tengu von Kurama ist ein kraftvolles Beispiel für die Rolle der Tengu in der japanischen Kultur – als Hüter der Weisheit und als Beschützer der heiligen Berge, die die spirituelle Verbindung zwischen Mensch und Natur aufrechterhalten.

Die Entwicklung der Tengu-Mythologie ist stark vom Buddhismus und insbesondere vom Shugendo beeinflusst, einer spirituellen Praxis, die Elemente des Buddhismus, Shintoismus und Taoismus miteinander verbindet und in den

Bergen Japans ausgeübt wird. Shugendo-Praktizierende, bekannt als Yamabushi, gelten als heilige Asketen, die durch das Leben in den Bergen spirituelle Erleuchtung suchen.

In vielen Erzählungen sind Tengu mit den Yamabushi verbunden. Sie werden oft als herausfordernde Figuren dargestellt, die die spirituelle Disziplin und den Glauben der Yamabushi auf die Probe stellen. In einigen Geschichten lehren die Tengu sogar geheime Kampfkünste und spirituelle Techniken, die den Yamabushi helfen, ihre spirituelle Reise fortzusetzen. Diese Erzählungen betonen die Rolle der Tengu als Vermittler zwischen den Welten – als Wesen, die sowohl die spirituellen Tiefen der Berge als auch die Gefahren und Herausforderungen der Wildnis repräsentieren.

Ein berühmtes Beispiel eines Shugendo-Praktizierenden in der japanischen Geschichte ist En no Gyoja, auch bekannt als En no Ozunu. Er gilt als der legendäre Begründer des Shugendo und ist als großer Yamabushi und Asket bekannt, der die Lehren dieser spirituellen Praxis maßgeblich prägte.

En no Gyoja, geboren im 7. Jahrhundert, lebte in der Asuka-Periode Japans. Obwohl viele Details seines Lebens in Legenden gehüllt sind, gilt er als eine zentrale Figur in der Entwicklung des Shugendo, einer spirituellen Praxis, die Meditation, asketische Übungen und die Verehrung von Naturgeistern und Berggöttern kombiniert. Die Wurzeln des Shugendo liegen in der Vermischung buddhistischer, shintoistischer und taoistischer Elemente, und En no Gyoja wird oft als derjenige angesehen, der diese verschiedenen Traditionen zusammengeführt hat, um eine einzigartige und mächtige Form der spirituellen Praxis zu schaffen.

En no Gyoja soll in den Bergen von Yoshino und Kumano, Regionen, die heute noch als heilige Stätten des Shugendo bekannt sind, spirituelle Erleuchtung gesucht haben. Diese abgelegenen Berge boten die ideale Umgebung für die strengen asketischen Übungen und Meditationen, die den Kern des Shugendo ausmachen. Dort entwickelte En no Gyoja seine spirituellen Fähigkeiten und erlangte angeblich große Kräfte, die es ihm ermöglichten, die Elemente zu kontrollieren und übernatürliche Fähigkeiten zu nutzen.

Eine der bekanntesten Legenden über En no Gyoja erzählt, dass er so mächtig in seinen spirituellen Praktiken wurde, dass er in der Lage war, Dämonen zu beschwören und zu kontrollieren. Diese Dämonen zwang er, ihm bei der Errichtung von Brücken und Wegen zu helfen, die die abgelegenen und schwer zugänglichen Berge durchquerten. Diese Erzählungen unterstreichen die tiefe Verbindung zwischen den Yamabushi und den natürlichen Geistern und Kräften der Berge, die in der Vorstellungskraft der japanischen Kultur eine zentrale Rolle spielen.

Ein anderes bekanntes Wunder von En no Gyoja ist die Geschichte, in der er einen besonders mächtigen und rebellischen Dämon, der sich weigerte, seine Befehle zu befolgen, mit einem Zauberspruch auf einen Felsen verbannte. Dieser Felsen, bekannt als „En no Gyoja no Iwa", existiert noch heute und gilt als eine heilige Stätte, die viele Pilger und Shugendo-Praktizierende besuchen.

En no Gyoja soll auch in der Lage gewesen sein, auf den Wolken zu reisen, Berge mit übermenschlicher Geschwindigkeit zu erklimmen und durch Meditation und Askese außergewöhnliche spirituelle Einsichten zu gewinnen. Diese Legenden betonen nicht nur die Macht und das Wissen, das durch die Praxis des Shugendo erreicht werden kann, sondern auch die tiefe Verehrung der Natur und ihrer Geister, die für die Yamabushi von zentraler Bedeutung ist.

En no Gyoja wurde wegen seiner Fähigkeiten und seines Einflusses auf das Shugendo von der damaligen Regierung Japans gefürchtet und schließlich ins Exil verbannt. Trotz dieser politischen Verfolgung blieben seine Lehren und sein Beispiel für die nachfolgenden Generationen von Yamabushi und Shugendo-Praktizierenden von großer Bedeutung.

Sein Vermächtnis lebt in den zahlreichen Tempeln und Schreinen fort, die ihm in ganz Japan gewidmet sind, insbesondere in den Bergen von Yoshino und Kumano. Diese Orte sind bis heute Zentren des Shugendo und ziehen Pilger und spirituelle Suchende aus ganz Japan an, die auf den Spuren von En no Gyoja wandeln und seine Lehren und Praktiken weiterführen.

En no Gyoja wird auch oft als eine Manifestation von Zao Gongen verehrt, einer buddhistischen Gottheit, die mit den Bergen und dem Schutz von Reisenden und Praktizierenden in Verbindung gebracht wird. Die Verehrung von En no Gyoja als Zao Gongen symbolisiert die enge Verbindung zwischen dem Menschen und den heiligen Bergen sowie die spirituelle Macht, die in der Natur und in der disziplinierten Praxis des Shugendo gefunden werden kann.

En no Gyoja ist ein herausragendes Beispiel für einen Shugendo-Praktizierenden, der die tiefen spirituellen Wahrheiten der japanischen Berge erkannte und verkörperte. Als Begründer des Shugendo und als erster Yamabushi inspirierte er Generationen von Asketen und spirituellen Suchenden, die Natur als einen Weg zur Erleuchtung zu betrachten und die Herausforderungen der Berge als Prüfungen ihrer Hingabe und ihres Glaubens zu meistern. Seine Legenden und Wunder sind ein lebendiges Zeugnis für die spirituelle Kraft und das tiefe Wissen, das durch die Verehrung der Berge und ihrer Geister erlangt werden kann.

Neben ihrer Rolle als Wächter und spirituelle Mentoren haben Tengu auch eine historische Bedeutung als Symbole des Widerstands und der Unabhängigkeit. Während der Heian- und Kamakura-Zeit wurden Tengu häufig mit Rebellen und Abtrünnigen in Verbindung gebracht, die sich gegen die herrschenden Mächte auflehnten. In dieser Hinsicht spiegeln die Tengu eine tief verwurzelte Vorstellung von Freiheit und Unabhängigkeit wider, die in der rauen und ungezähmten Natur der Berge gefunden werden kann.

In vielen Erzählungen aus dieser Zeit wurden Tengu als Führer von Räuberbanden oder als Schutzherren von Gemeinschaften dargestellt, die sich in die abgelegenen Berge zurückgezogen hatten, um dem Einfluss der zentralen Regierung zu entkommen. Diese Geschichten verstärkten das Bild der Tengu als Wesen, die sich außerhalb der menschlichen Gesellschaft bewegen und deren Regeln und Normen ablehnen.

In der Heian-Zeit, einer Epoche der japanischen Geschichte, die von 794 bis 1185 dauerte, gab es viele Legenden und Mythen, die von Tengu erzählten. Eine der bekanntesten Geschichten handelt von einem Tengu namens Sojobo, der zum Anführer der Abtrünnigen in den Bergen von Kurama wurde.

Sojobo, der als der mächtigste Tengu aller Zeiten bekannt ist, war der König der Tengu, die im heiligen Berg Kurama lebten.

Er war ein großer und weiser Tengu, der über immense Kräfte verfügte. Mit seinen langen, weißen Haaren und seinem strengen Blick strahlte Sojobo eine ehrfurchtgebietende Aura aus, die seine Autorität und Macht als König der Tengu betonte. Die Legende besagt, dass er über 1000 Jahre alt war und die Geheimnisse der Welt kannte, sowohl der Menschen als auch der Geister.

Zu dieser Zeit war die Heian-Dynastie in Kyoto von politischer Intrige und Korruption geplagt. Der Hof war voll von Adeligen und Kriegern, die um Macht und Einfluss wetteiferten, während das einfache Volk unter hohen Steuern und den Launen der herrschenden Klasse litt. Viele Krieger und Samurai, die mit dem korrupten System unzufrieden waren, zogen sich in die Berge zurück, um ein Leben in Freiheit und nach ihren eigenen Regeln zu führen. Diese Abtrünnigen wurden als Räuber und Rebellen gebrandmarkt, die von der Regierung verfolgt und gejagt wurden.

Inmitten dieser Unruhen begann sich das Gerücht zu verbreiten, dass Sojobo, der mächtige Tengu-König von Kurama, die Rebellen in den Bergen unterstützte. Die Abtrünnigen, die oft die Zuflucht der Berge suchten, um der Verfolgung durch die kaiserlichen Truppen zu entgehen, sahen in Sojobo einen Verbündeten, der ihre Unabhängigkeit und ihren Widerstand gegen die Ungerechtigkeiten der Heian-Regierung unterstützte.

Sojobo erkannte das Potenzial in diesen rebellischen Kriegern und sah in ihnen eine Möglichkeit, die Korruption und die Ungerechtigkeit zu bekämpfen, die die Menschen und die Natur gleichermaßen betrafen. Er entschied sich, sie zu unterstützen, indem er ihnen Zuflucht in den Bergen bot und sie in den Geheimnissen des Tengu-Kampfes und der

Kriegsführung unterrichtete. Unter seiner Führung lernten die Abtrünnigen die Kunst des lautlosen Angriffs, das schnelle Verschwinden in der Dunkelheit und die Fähigkeit, die natürlichen Elemente zu ihrem Vorteil zu nutzen.

Die Rebellen wuchsen unter der Führung von Sojobo zu einer gefürchteten Kraft heran. Sie wurden bekannt für ihre Überfälle auf korrupte Beamte und reiche Adelige, die sie im Namen des einfachen Volkes beraubten. Die kaiserliche Regierung, die zunehmend von der Bedrohung durch die Rebellen beunruhigt war, entsandte Truppen, um sie zu jagen, aber die Abtrünnigen, geführt von Sojobo und seiner Bande von Tengu, waren den kaiserlichen Soldaten immer einen Schritt voraus.

Obwohl Sojobo als Anführer der Abtrünnigen angesehen wurde, war seine Rolle weit komplexer als die eines einfachen Rebellenführers. In vielen Geschichten wird Sojobo sowohl als Beschützer der Berge als auch als strenger Richter beschrieben, der sowohl den Menschen als auch den Geistern gegenüber gerecht und fair handelte. Seine Unterstützung der Rebellen war nicht unbedingt ein Ausdruck von Rebellion an sich, sondern vielmehr ein Akt des Widerstands gegen Ungerechtigkeit und Korruption.

Sojobo lehrte die Rebellen, dass sie die Natur und die Geister der Berge respektieren mussten und dass ihr Kampf gegen die Ungerechtigkeit nicht zur Zerstörung oder Entweihung der heiligen Stätten führen durfte. Er glaubte an ein Gleichgewicht zwischen Mensch und Natur, an eine Harmonie, die durch die Handlungen der Menschen nicht zerstört werden sollte. Die Tengu, so lehrte er, seien die Hüter dieser Balance und müssten jederzeit sicherstellen, dass die Natur geschützt wird.

Unter Sojobos Führung kämpften die Rebellen nicht nur für ihre eigene Freiheit, sondern auch für die Erhaltung der spirituellen und natürlichen Ordnung, die durch die menschliche Gier bedroht wurde. Doch trotz seiner Weisheit und seiner Führungsqualitäten war Sojobos Rolle als Anführer der Abtrünnigen von moralischer Ambivalenz geprägt. Während einige ihn als Helden und Beschützer feierten, sahen andere in ihm einen gefährlichen Unruhestifter, der die bestehende Ordnung herausforderte und Unruhe stiftete.

Die Rebellion der Abtrünnigen dauerte viele Jahre an, und die Geschichten über Sojobo und seine Tengu verbreiteten sich weit über die Berge von Kurama hinaus. Die Rebellen wurden zu Legenden, und viele Menschen sahen in ihnen eine Symbolfigur für den Widerstand gegen die Korruption und Unterdrückung der Heian-Zeit.

Schließlich jedoch entschied sich Sojobo, sich aus den Angelegenheiten der Menschen zurückzuziehen. Er erkannte, dass die endlosen Kämpfe und der immerwährende Kreislauf von Gewalt und Vergeltung nur weiteres Leid verursachten. Die Berge, so sagte er, sollten ein Ort des Friedens und der spirituellen Erneuerung bleiben, frei von den Konflikten der menschlichen Welt.

Mit dem Ende der Rebellion verschwand Sojobo in die Tiefen der Berge, und die Tengu zogen sich wieder in ihre geheimen Verstecke zurück. Doch die Geschichten über Sojobo, den Tengu-König von Kurama, leben weiter. Sie erinnern an die Macht und Weisheit der Tengu, die nicht nur die Beschützer der Berge, sondern auch die Hüter der spirituellen Balance zwischen Mensch und Natur sind.

Heute gilt Sojobo als eine Figur, die sowohl für Rebellion als auch für das Streben nach Gerechtigkeit steht. Seine Legende bleibt ein Symbol für den Widerstand gegen Ungerechtigkeit und die Notwendigkeit, die Natur und ihre Geister zu respektieren. Die Geschichte von Sojobo zeigt, wie eng die menschliche Welt und die Geisterwelt miteinander verbunden sind und wie wichtig es ist, diese Balance in Ehren zu halten.

Obwohl die Tengu eine lange und komplexe Geschichte haben, sind sie in der modernen japanischen Kultur immer noch präsent und relevant. In der Popkultur erscheinen Tengu in einer Vielzahl von Formen, von traditionellen Darstellungen in Theaterstücken und Folklore bis hin zu modernen Interpretationen in Manga, Anime und Videospielen. Diese modernen Darstellungen greifen oft auf die klassischen Eigenschaften der Tengu zurück – ihre Verbindung zu den Bergen, ihre ambivalente Natur und ihre Rolle als Lehrer und Herausforderer – und passen sie an zeitgenössische Themen und Erzählungen an.

Ein weiteres Beispiel für die fortdauernde Relevanz der Tengu in der modernen Kultur sind die zahlreichen Feste und Rituale, die in ganz Japan gefeiert werden und bei denen Tengu eine zentrale Rolle spielen. Diese Feste, oft in Bergregionen oder in der Nähe heiliger Stätten, sind Gelegenheiten für Gemeinschaften, die spirituelle Bedeutung der Tengu und ihre Verbindung zu den Bergen zu ehren und zu feiern.

Die Tengu und ihre Verbindung zu den Bergen Japans sind ein faszinierendes Beispiel für die reiche und vielschichtige Welt der japanischen Mythologie. Als Wesen, die sowohl die spirituellen als auch die physischen Aspekte der Berge repräsentieren, verkörpern die Tengu eine tiefgreifende Verbindung zwischen Mensch und Natur, die in der japanischen Kultur seit Jahrhunderten besteht. Sie sind Beschützer und Herausforderer, Lehrer und Trickster, und ihre Geschichten spiegeln die Komplexität und Tiefe der Beziehung wider, die die Menschen mit den Bergen haben. Durch ihre duale Natur und ihre enge Verbindung zu den heiligen Bergen Japans bleiben die Tengu ein lebendiges Symbol für die ewige Suche nach Gleichgewicht und Harmonie zwischen den Kräften von Mensch und Natur.

Kappa: Wasserwesen und ihre Geheimnisse

Gemäß japanischer Folklore lauert eine Kreatur, verborgen in den Gewässern und Sümpfen des Inselreichs, die seit Jahrhunderten die Fantasie der Menschen beflügelt und zugleich Furcht und Faszination hervorruft: der Kappa. Dieses amphibische Wesen, halb Mensch, halb Reptil, ist tief in der japanischen Kultur verwurzelt und hat im Laufe der Zeit zahlreiche Geschichten, Legenden und Traditionen hervorgebracht. Doch was verbirgt sich hinter dem Mythos des Kappa? Welche Geheimnisse bergen diese rätselhaften Wasserwesen, die seit Generationen die Gedanken und Vorstellungen der Menschen prägen?

Um sich dem Phänomen des Kappa zu nähern, ist es unerlässlich, zunächst einen Blick auf seine physische Erscheinung zu werfen. In den überlieferten Erzählungen wird der Kappa als eine Kreatur von der Größe eines Kindes beschrieben, mit einer schuppigen, grünlichen Haut, die an die eines Frosches oder einer Schildkröte erinnert. Sein Körper ist für ein Leben im Wasser optimiert, mit Schwimmhäuten zwischen den Fingern und Zehen, die ihm eine erstaunliche Agilität im nassen Element verleihen. Doch das auffälligste Merkmal des Kappa ist zweifellos sein Kopf: Auf seinem Scheitel befindet sich eine schalenförmige Vertiefung, die mit Wasser gefüllt ist. Diese Schale, so heißt es, ist die Quelle der übernatürlichen Kräfte des Kappa und gleichzeitig seine größte Schwachstelle.

Die Vorstellung von Wasserwesen ist keineswegs auf Japan beschränkt. In vielen Kulturen rund um den Globus finden sich ähnliche Kreaturen, die die Grenze zwischen Wasser und Land bewohnen. Von den Nixen und Wassermännern der europäischen Folklore bis hin zu den Meerjungfrauen und Tritonen der griechischen Mythologie – die Idee von Wesen, die sowohl an Land als auch im Wasser leben können, scheint ein universelles Motiv in den Erzählungen der Menschheit zu sein. Doch der Kappa nimmt in diesem Pantheon aquatischer Kreaturen eine besondere Stellung ein, denn er vereint in sich sowohl wohlwollende als auch bedrohliche Aspekte, die ihn zu einer äußerst ambivalenten Figur machen.

In den traditionellen Überlieferungen wird der Kappa oft als ein gefährliches und hinterhältiges Wesen dargestellt, das Menschen und Tiere in sein wässriges Reich hinabzieht, um sie zu ertränken oder gar zu verspeisen. Besonders berüchtigt ist der Kappa für seine Vorliebe für menschliche Leber, die er angeblich durch den Anus seiner Opfer entnimmt – eine grausame Vorstellung, die die Furcht vor diesen Kreaturen noch verstärkt. Gleichzeitig gibt es jedoch auch Geschichten, in denen Kappa als hilfsbereite und sogar weise Wesen auftreten, die den Menschen mit ihrem Wissen über Heilkunde und Landwirtschaft zur Seite stehen.

In der Region um die Provinz Tochigi findet sich eine bemerkenswerte Erzählung aus dem späten 18. Jahrhundert, die von der ungewöhnlichen Begegnung zwischen einem Kappa und einem Samurai namens Hiroshi Tanaka berichtet.

Die Geschichte vom Kappa und Hiroshi Tanaka

Es war ein schwülheißer Sommerabend, als Tanaka auf dem Heimweg von einer wichtigen Mission für seinen Daimyo am Ufer des Kinugawa-Flusses Rast machte. Erschöpft von der langen Reise und der drückenden Hitze beschloss er, ein erfrischendes Bad im Fluss zu nehmen.

Kaum hatte Tanaka das kühle Nass betreten, spürte er einen kräftigen Zug an seinem Bein. Instinktiv griff er nach seinem Schwert, doch zu seiner Überraschung fand er sich Auge in Auge mit einem Kappa wieder. Das Wesen war kleiner als ein Mensch, hatte eine schuppige, grünliche Haut und auf seinem Kopf befand sich eine schalenförmige Vertiefung, gefüllt mit Wasser.

Statt anzugreifen, verbeugte sich der Kappa tief vor dem Samurai. Dabei schwappte etwas Wasser aus der Schale auf seinem Kopf. Tanaka, der mit den Legenden über Kappa vertraut war, erkannte die Geste als Zeichen des Respekts und der Unterwerfung. Anstatt die Schwäche des Wesens auszunutzen, half Tanaka dem Kappa, die Schale wieder mit Wasser zu füllen.

Dankbar für die Güte des Samurai bot der Kappa an, Tanaka ein Geheimnis zu offenbaren. Er führte den Krieger zu einer verborgenen Höhle am Flussufer, in der sich ein uraltes Schriftrollendepot befand. Diese Schriftrollen, so erklärte der Kappa, enthielten längst vergessenes Wissen über Heilkunst und Kampftechniken.

Tanaka verbrachte die nächsten Tage damit, die Schriftrollen zu studieren. Als er schließlich in sein Dorf zurückkehrte, brachte er nicht nur wertvolles Wissen mit, sondern auch eine neue Perspektive auf die Beziehung zwischen Menschen und den Wesen der Natur.

Die Geschichte von Tanakas Begegnung mit dem Kappa verbreitete sich schnell in der Region. In den folgenden Jahren wurden am Kinugawa-Fluss mehrere Schreine errichtet, die sowohl dem Kappa als auch dem weisen Samurai gewidmet waren. Noch heute besuchen Menschen diese Orte, um für Weisheit, Heilung und ein harmonisches Verhältnis zur Natur zu beten.

Diese Überlieferung illustriert mehrere typische Elemente der Kappa-Folklore: die anfängliche Bedrohung durch das Wasserwesen, die Bedeutung von Respekt und Höflichkeit im Umgang mit Kappa, und die Vorstellung, dass diese Kreaturen über besonderes Wissen verfügen, das sie unter bestimmten Umständen mit Menschen teilen.

Gleichzeitig zeigt die Geschichte auch, wie Kappa-Legenden oft lokale Besonderheiten und historische Ereignisse aufgreifen und in einen mythologischen Kontext einbetten. Die Errichtung von Schreinen als Folge der Begegnung spiegelt die Praxis wider, übernatürliche Erfahrungen durch religiöse Praktiken zu verarbeiten und zu ehren.

Interessant ist auch die Darstellung des Samurai Tanaka als eine Figur, die Stärke mit Mitgefühl verbindet. Dies könnte als Reflexion idealisierter Samurai-Tugenden verstanden werden, aber auch als Ausdruck eines sich wandelnden Verhältnisses zur Natur und ihren Bewohnern in einer Zeit, in der Japan langsam begann, sich der Moderne zu öffnen.

Die Erwähnung des Schriftrollendepots und des darin enthaltenen Wissens über Heilkunst und Kampftechniken verweist auf die in Japan weit verbreitete Vorstellung, dass altes, verborgenes Wissen von großem Wert sein kann. Dies spiegelt möglicherweise auch die komplexe Beziehung der japanischen Gesellschaft zu Tradition und Innovation wider.

Schließlich unterstreicht die fortdauernde Verehrung an den Schreinen die lebendige Präsenz alter Legenden und Glaubensvorstellungen im modernen Japan. Sie zeigt, wie mythologische Erzählungen auch in einer zunehmend technologisierten Welt relevanz und Bedeutung behalten können, indem sie grundlegende menschliche Erfahrungen und Sehnsüchte ansprechen.

Diese Überlieferung ist nur eine von vielen Kappa-Geschichten, die in verschiedenen Regionen Japans kursieren. Jede dieser Erzählungen trägt dazu bei, das komplexe und facettenreiche Bild des Kappa in der japanischen Kultur zu formen und zu erhalten. Sie zeigen, wie Mythologie und Folklore nicht nur die Vergangenheit reflektieren, sondern auch aktiv zur Gestaltung gegenwärtiger kultureller Identitäten und Wertvorstellungen beitragen.

Diese Dualität im Wesen des Kappa spiegelt möglicherweise die ambivalente Beziehung wider, die der Mensch seit jeher zum Element Wasser unterhält. Einerseits ist Wasser die Quelle allen Lebens, unentbehrlich für die Landwirtschaft und damit für die Ernährung der Bevölkerung. Andererseits birgt es auch Gefahren in Form von Überschwemmungen, Strudeln und der ständigen Bedrohung des Ertrinkens. Der Kappa verkörpert somit die beiden Seiten des Wassers: seine lebensspendende Kraft ebenso wie seine zerstörerische Gewalt.

Die Ursprünge der Kappa-Legenden lassen sich bis in die Edo-Zeit (1603-1868) zurückverfolgen, eine Epoche, in der Japan weitgehend von der Außenwelt abgeschottet war und sich eine einzigartige Kultur entwickelte. In dieser Zeit entstanden zahlreiche Geschichten und Darstellungen von Yokai, übernatürlichen Wesen der japanischen Folklore, zu denen auch der Kappa gehört. Doch die Wurzeln des Kappa-Glaubens reichen vermutlich noch weiter zurück, möglicherweise bis in die Zeit der ersten Reisanbaukulturen in Japan.

Es gibt Theorien, die besagen, dass der Mythos des Kappa aus der Beobachtung realer Tiere entstanden sein könnte. Einige Forscher vermuten, dass der Riesensalamander, ein in Japan heimisches Amphibium, das eine Länge von bis zu 1,5 Metern erreichen kann, als Inspiration für die Gestalt des Kappa gedient haben könnte. Andere sehen Verbindungen zu Schildkröten oder sogar zu menschlichen Tauchern, die in früheren Zeiten nach Muscheln und anderen Meeresfrüchten suchten. Die Vorstellung eines Wesens, das sowohl an Land als auch im Wasser leben kann, könnte aus der Beobachtung solcher Kreaturen oder Menschen entstanden sein, gepaart mit der natürlichen Neigung des menschlichen Geistes, das Unbekannte mit übernatürlichen Eigenschaften auszustatten.

Die Rolle des Kappa in der japanischen Kultur geht weit über bloße Erzählungen und Legenden hinaus. In vielen Regionen Japans wurden und werden noch heute Rituale und Bräuche praktiziert, die darauf abzielen, die Gunst der Kappa zu gewinnen oder sie zu besänftigen. So gibt es beispielsweise Schreine, die speziell den Kappa gewidmet sind, wo Opfergaben in Form von Gurken – der Lieblingsspeise der Kappa – dargebracht werden. Diese Praktiken zeugen von der tiefen Verwurzelung des Kappa-Glaubens im japanischen Alltag und der Bedeutung, die diesen Wesen auch in modernen Zeiten noch beigemessen wird.

Interessanterweise hat sich die Wahrnehmung des Kappa im Laufe der Zeit gewandelt. Während er in früheren Epochen oft als bedrohliche Kreatur galt, vor der man sich in Acht nehmen musste, hat sich sein Image in der modernen japanischen Popkultur deutlich gewandelt. Heute taucht der

Kappa häufig als niedliche, fast schon possierliche Figur in Manga, Anime und Videospielen auf. Diese Transformation vom gefürchteten Wasserdämon zum liebenswerten Maskottchen ist ein faszinierendes Beispiel dafür, wie sich kulturelle Vorstellungen im Laufe der Zeit verändern können.

Trotz dieser Veränderung in der öffentlichen Wahrnehmung hat der Kappa nichts von seiner Faszination eingebüßt. Im Gegenteil: Die Vielschichtigkeit dieser Figur, die sowohl bedrohliche als auch freundliche Aspekte in sich vereint, macht sie zu einem idealen Projektionsobjekt für menschliche Ängste, Hoffnungen und Sehnsüchte. Der Kappa verkörpert die Ambivalenz der Natur, die gleichzeitig nährend und zerstörerisch sein kann, und spiegelt damit auch die Komplexität des menschlichen Daseins wider.

Ein besonderer Aspekt der Kappa-Legenden ist die Vorstellung, dass diese Wesen über ein umfangreiches Wissen in Bereichen wie Medizin und Landwirtschaft verfügen. In einigen Überlieferungen heißt es, dass Kappa den Menschen beigebracht hätten, wie man Knochen einrenkt oder bestimmte Krankheiten heilt. Diese Assoziation mit heilenden Kräften könnte auf die enge Verbindung zwischen Wasser und Gesundheit in der japanischen Kultur zurückzuführen sein. Heiße Quellen, die in Japan weit verbreitet sind, gelten seit jeher als Orte der Heilung und Erneuerung. Die Vorstellung, dass Wesen, die im Wasser leben, über besondere medizinische Kenntnisse verfügen, erscheint vor diesem Hintergrund durchaus plausibel.

Auch in der Landwirtschaft spielen Kappa der Überlieferung nach eine wichtige Rolle. In manchen Regionen Japans werden sie als Schutzgeister der Reisfelder verehrt, die für ausreichend Wasser und gute Ernten sorgen. Diese

Verbindung zwischen Kappa und Landwirtschaft unterstreicht einmal mehr die zentrale Bedeutung des Wassers für die japanische Kultur und Wirtschaft. Der Reisanbau, der auf eine ausreichende und kontrollierte Wasserzufuhr angewiesen ist, bildet seit Jahrtausenden das Rückgrat der japanischen Landwirtschaft. Die Verehrung von Wasserwesen wie dem Kappa kann in diesem Kontext als Ausdruck der Dankbarkeit und des Respekts gegenüber dem lebensspendenden Element verstanden werden.

Die Geschichten über Kappa sind oft von einer moralischen Dimension durchdrungen. Viele Erzählungen handeln davon, wie Menschen versuchen, einen Kappa zu überlisten oder zu besiegen. Der Schlüssel zum Erfolg liegt dabei meist nicht in roher Gewalt, sondern in Klugheit, Respekt und der Kenntnis der Schwächen des Kappa. Eine der bekanntesten Strategien im Umgang mit Kappa besteht darin, sich tief zu verbeugen. Der höfliche Kappa wird die Geste erwidern, wobei das Wasser aus der Schale auf seinem Kopf ausläuft und er so seine Kräfte verliert. Diese Geschichten vermitteln wichtige kulturelle Werte wie Höflichkeit, Respekt und die Bedeutung von Wissen und List gegenüber physischer Stärke.

Ein weiterer Punkt der Kappa-Folklore ist die Vorstellung, dass diese Wesen in der Lage sind, menschliche Gestalt anzunehmen und sich unter die Bevölkerung zu mischen. Solche Erzählungen von Gestaltwandlern sind in vielen Kulturen verbreitet und spiegeln oft die Angst vor dem Fremden oder Unbekannten wider. Im Fall des Kappa könnte diese Vorstellung auch als Metapher für die oft unsichtbare, aber allgegenwärtige Präsenz des Wassers im menschlichen Leben interpretiert werden. Wie das Wasser, das in verschiedenen Formen – als Regen, Fluss oder Meer – auftritt, kann auch der Kappa verschiedene Gestalten annehmen und ist doch immer mit seinem Element verbunden.

Die Fähigkeit des Kappa, zwischen den Welten zu wandeln – zwischen Wasser und Land, zwischen der Welt der Menschen und der Welt der übernatürlichen Wesen – macht ihn zu einer Grenzgängerfigur par excellence. In vielen Kulturen werden solche Grenzgänger als Mittler zwischen verschiedenen Sphären des Seins betrachtet, als Wesen, die Botschaften und Weisheiten aus anderen Welten überbringen können. In diesem Sinne könnte der Kappa auch als Symbol für die Verbindung zwischen Mensch und Natur, zwischen dem Bekannten und dem Unbekannten verstanden werden.

Die Bedeutung des Kappa in der japanischen Kultur geht weit über den Bereich der Folklore hinaus. In der Literatur, der bildenden Kunst und später auch in modernen Medien wie Film und Fernsehen hat der Kappa immer wieder Eingang gefunden. Bereits in der Edo-Zeit wurden zahlreiche Holzschnitte und Zeichnungen angefertigt, die Kappa in verschiedenen Situationen darstellten. Diese künstlerischen Darstellungen trugen maßgeblich zur Verbreitung und Popularisierung der Kappa-Legenden bei und prägten das visuelle Bild dieser Wesen im kollektiven Bewusstsein.

In der modernen japanischen Literatur haben sich zahlreiche Autoren mit dem Thema des Kappa auseinandergesetzt. Einer der bekanntesten literarischen Beiträge zum Kappa-Mythos stammt von dem Schriftsteller Akutagawa Ryunosuke, der in seiner 1927 erschienenen satirischen Novelle "Kappa" eine fantastische Unterwasserwelt beschreibt, die von Kappa bewohnt wird. Akutagawa nutzt die Figur des Kappa, um Kritik an der modernen japanischen Gesellschaft zu üben und philosophische Fragen über die menschliche

Natur aufzuwerfen. Dieses Werk zeigt exemplarisch, wie der traditionelle Mythos des Kappa in einen modernen Kontext übertragen und zur Reflexion über aktuelle gesellschaftliche Themen genutzt werden kann.

Auch in der zeitgenössischen Popkultur ist der Kappa allgegenwärtig. In Manga und Anime taucht er regelmäßig als Charakter auf, wobei seine Darstellung oft zwischen dem traditionellen, unheimlichen Bild und einer niedlicheren, kinderfreundlichen Version schwankt. In Videospielen werden Kappa häufig als Gegner oder auch als spielbare Charaktere eingesetzt, wobei ihre Fähigkeiten im Wasser und ihre übernatürlichen Kräfte in den Vordergrund gestellt werden. Diese popkulturellen Adaptionen tragen dazu bei, den Mythos des Kappa auch für jüngere Generationen lebendig zu halten und ihn gleichzeitig an moderne Erzählformen und Medien anzupassen.

Die Präsenz des Kappa beschränkt sich jedoch nicht nur auf fiktionale Darstellungen. In vielen Teilen Japans ist der Glaube an die Existenz dieser Wesen nach wie vor lebendig. Es gibt zahlreiche Orte, an denen von Kappa-Sichtungen berichtet wird, und lokale Legenden werden von Generation zu Generation weitergegeben. In einigen Regionen werden sogar "Kappa-Jagden" veranstaltet, bei denen Einheimische und Touristen gemeinsam nach Spuren der mysteriösen Wasserwesen suchen. Solche Aktivitäten haben nicht nur einen touristischen Wert, sondern dienen auch dazu, lokale Traditionen zu bewahren und das Bewusstsein für die Bedeutung der natürlichen Umwelt zu schärfen.

Die Rolle des Kappa in der japanischen Umweltbewegung ist ein besonders interessanter Aspekt seiner modernen Rezeption. In den letzten Jahrzehnten haben Umweltschützer und lokale Gemeinden die Figur des Kappa zunehmend als Symbol für den Schutz von Gewässern und Feuchtgebieten eingesetzt. Die Vorstellung, dass die Anwesenheit von Kappa ein Zeichen für sauberes, gesundes Wasser ist, wird genutzt, um das Bewusstsein für die Bedeutung des Gewässerschutzes zu stärken. In einigen Fällen wurden sogar Kappa-Statuen an Flüssen und Seen aufgestellt, um an die Verantwortung der Menschen für die Reinhaltung der Gewässer zu erinnern.

Diese Verbindung zwischen Mythologie und Umweltschutz zeigt, wie traditionelle Glaubensvorstellungen in einem modernen Kontext neue Bedeutungen und Funktionen annehmen können. Der Kappa wird hier zu einem Botschafter für ökologische Anliegen, der die emotionale Verbindung der Menschen zu ihrer natürlichen Umgebung stärkt und so zu einem verantwortungsvolleren Umgang mit der Natur anregt.

Die wissenschaftliche Auseinandersetzung mit dem Phänomen des Kappa hat in den letzten Jahren ebenfalls an Bedeutung gewonnen. Folkloristen, Anthropologen und Kulturwissenschaftler untersuchen die Ursprünge und Entwicklung der Kappa-Legenden, um Einblicke in die kulturelle Entwicklung Japans zu gewinnen. Dabei geht es nicht nur um die Frage nach dem historischen Kern der Überlieferungen, sondern auch um die Art und Weise, wie sich der Mythos im Laufe der Zeit verändert und an neue gesellschaftliche Bedingungen angepasst hat.

Eine interessante Forschungsrichtung befasst sich mit der Frage, inwieweit der Kappa-Mythos als Ausdruck kollektiver Ängste und Hoffnungen verstanden werden kann. Die Ambivalenz des Kappa – gleichzeitig bedrohlich und hilfreich, fremd und vertraut – spiegelt möglicherweise die komplexe

Beziehung wider, die Menschen zu ihrer natürlichen Umgebung und insbesondere zum Element Wasser unterhalten. In diesem Sinne kann der Kappa als eine Art kulturelles Symbol betrachtet werden, das es ermöglicht, schwer fassbare Emotionen und Erfahrungen in eine konkrete Form zu bringen und so verhandelbar zu machen.

Die internationale Rezeption des Kappa-Mythos ist ein weiterer faszinierender Aspekt seiner Kulturgeschichte. Mit der zunehmenden globalen Verbreitung japanischer Popkultur in Form von Anime, Manga und Videospielen ist auch der Kappa zu einer weltweit bekannten Figur geworden. In westlichen Ländern wird er oft als exotisches Element der japanischen Folklore wahrgenommen, das Einblicke in eine fremde Kultur ermöglicht. Gleichzeitig finden sich in vielen Kulturen ähnliche Wasserwesen, was zu interessanten Vergleichen und kulturübergreifenden Studien Anlass gibt.

Die Anpassungsfähigkeit des Kappa-Mythos zeigt sich auch in seiner Integration in moderne Technologien und urbane Legenden. So gibt es Berichte über "Crypto-Kappa", angebliche Sichtungen von Kappa-ähnlichen Wesen, die in sozialen Medien und Internetforen diskutiert werden. Diese modernen Interpretationen des Mythos zeigen, wie traditionelle Vorstellungen mit zeitgenössischen Kommunikationsformen und Erzählweisen verschmelzen können.

Die bereits erwähnte Vorliebe der Kappa für Gurken hat zu einer Reihe von kulinarischen Traditionen geführt. So gibt es beispielsweise eine Sushi-Variante namens "Kappa-maki", die mit Gurke gefüllt ist und angeblich von Kappa besonders geschätzt wird. In einigen Regionen werden während bestimmter Festivals spezielle Gerichte zubereitet und als Opfergaben für die Kappa dargebracht. Diese kulinarischen

Praktiken verdeutlichen, wie tief der Kappa-Glaube in den Alltag und die Traditionen der japanischen Gesellschaft eingewoben ist.

Die medizinischen Aspekte der Kappa-Legenden verdienen eine genauere Betrachtung. In vielen Überlieferungen wird den Kappa ein umfangreiches Wissen über Heilkunde zugeschrieben. Besonders interessant ist dabei die Vorstellung, dass Kappa Experten für Knochenbehandlungen seien. Diese Assoziation könnte auf die Beobachtung zurückgehen, dass Wassertiere wie Fische über besonders flexible Skelettstrukturen verfügen. In einigen Regionen Japans gibt es noch heute traditionelle Heiler, die sich auf die Behandlung von Knochenbrüchen und Gelenkverletzungen spezialisiert haben und ihre Techniken auf das Wissen der Kappa zurückführen.

Die Verbindung zwischen Kappa und Heilkunde erstreckt sich auch auf den Bereich der Kräutermedizin. In manchen Erzählungen heißt es, dass Kappa den Menschen beigebracht hätten, welche Pflanzen für medizinische Zwecke genutzt werden können. Diese Vorstellung könnte auf der Beobachtung beruhen, dass viele heilkräftige Pflanzen in der Nähe von Gewässern wachsen. Die Idee, dass Wasserwesen über besondere Heilkräfte verfügen, findet sich in vielen Kulturen weltweit und spiegelt möglicherweise die universelle Erfahrung wider, dass Wasser eine reinigende und heilende Wirkung hat.

In einigen Überlieferungen wird behauptet, dass Kappa die Fähigkeit besitzen, Sterne zu lesen und astronomische Ereignisse vorherzusagen. Diese Assoziation könnte auf der Beobachtung beruhen, dass der Wasserstand in Flüssen und Seen oft mit den Mondphasen und anderen astronomischen

Zyklen korreliert. In manchen Regionen Japans wurden Kappa sogar als eine Art lebende Kalender betrachtet, deren Verhalten Aufschluss über bevorstehende Wetteränderungen oder den besten Zeitpunkt für die Aussaat geben konnte.

Die Rolle des Kappa in der japanischen Kunst verdient eine eingehendere Betrachtung. Neben den bereits erwähnten Darstellungen in der Literatur und bildenden Kunst hat der Kappa auch in anderen Kunstformen Eingang gefunden. In der traditionellen No-Theater und Kabuki-Aufführungen tauchen Kappa gelegentlich als Charaktere auf, oft in Stücken, die sich mit den Themen Natur, Verwandlung und die Beziehung zwischen der menschlichen und der übernatürlichen Welt auseinandersetzen. Die Darstellung des Kappa auf der Bühne erfordert oft aufwendige Kostüme und Masken, die die amphibische Natur des Wesens betonen.

In der modernen Kunst haben sich viele japanische Künstler mit dem Thema des Kappa auseinandergesetzt und dabei oft traditionelle Vorstellungen mit zeitgenössischen Ausdrucksformen verbunden. So gibt es beispielsweise Installationen, die die Idee des Kappa als Umweltschützer aufgreifen und dabei moderne Technologien wie Lichtprojektionen oder interaktive Elemente einsetzen. Andere Künstler nutzen die Figur des Kappa, um Fragen nach Identität, Fremdheit und der Beziehung zwischen Mensch und Natur zu erkunden.

Die psychologische Dimension des Kappa-Mythos ist ein weiterer faszinierender Aspekt, der in den letzten Jahren verstärkt in den Fokus der Forschung gerückt ist. Aus tiefenpsychologischer Sicht kann der Kappa als eine Art Archetyp verstanden werden, der verschiedene Aspekte des menschlichen Unbewussten repräsentiert. Seine Verbindung zum Wasser lässt sich als Symbol für die Tiefen der Psyche interpretieren, während seine Fähigkeit, zwischen den Welten zu wandeln, möglicherweise die Durchlässigkeit zwischen Bewusstem und Unbewusstem darstellt.

Die ambivalente Natur des Kappa – gleichzeitig bedrohlich und hilfreich – kann als Ausdruck der dualistischen Natur des menschlichen Wesens verstanden werden. In diesem Sinne bietet der Kappa-Mythos eine Möglichkeit, schwierige oder widersprüchliche Aspekte der menschlichen Psyche zu externalisieren und so verhandelbar zu machen. Die Geschichten von der Überlistung oder Besänftigung des Kappa können aus dieser Perspektive als Metaphern für den Umgang mit den eigenen "inneren Dämonen" gelesen werden.

Die Vorstellung von der wassergefüllten Schale auf dem Kopf des Kappa kann als Symbol für das menschliche Potenzial interpretiert werden – solange die Schale gefüllt ist, verfügt der Kappa über seine vollen Kräfte, doch wenn sie sich leert, wird er schwach und verwundbar. Diese Idee lässt sich leicht auf menschliche Erfahrungen übertragen: Auch wir sind auf eine ständige "Auffüllung" unserer inneren Ressourcen angewiesen, sei es durch Erholung, Inspiration oder zwischenmenschliche Beziehungen.

Die Rolle des Kappa in der Erziehung und Sozialisation japanischer Kinder ist ein weiterer faszinierender Aspekt seiner kulturellen Bedeutung. In vielen Familien werden Geschichten über Kappa erzählt, um Kindern wichtige Lektionen zu vermitteln – etwa über die Gefahren des Wassers oder die Bedeutung von Respekt gegenüber der Natur. Die Figur des Kappa dient hier als eine Art pädagogisches Werkzeug, das es ermöglicht, komplexe Themen in einer für Kinder verständlichen und einprägsamen Form zu vermitteln.

Gleichzeitig hat die zunehmende Verniedlichung des Kappa in der modernen Popkultur zu Diskussionen darüber geführt, inwieweit dies die ursprüngliche Bedeutung und Funktion des Mythos verändert. Während einige Kritiker argumentieren, dass die Darstellung des Kappa als niedliches Maskottchen seine tiefere kulturelle Bedeutung untergräbt, sehen andere darin eine zeitgemäße Anpassung, die es ermöglicht, traditionelle Werte und Vorstellungen an neue Generationen weiterzugeben.

Die Verbindung zwischen Kappa und Wasserverschmutzung ist ein Thema, das in den letzten Jahrzehnten zunehmend an Bedeutung gewonnen hat. In einigen modernen Interpretationen des Mythos wird das Verschwinden der Kappa mit der zunehmenden Verschmutzung von Flüssen und Seen in Verbindung gebracht. Diese ökologische Lesart des Kappa-Mythos hat dazu geführt, dass die Figur in manchen Regionen Japans als Symbol für Umweltschutzkampagnen eingesetzt wird. Die Idee, dass die Rückkehr der Kappa ein Zeichen für die erfolgreiche Reinigung und Renaturierung von Gewässern sein könnte, bietet einen kraftvollen Anreiz für ökologisches Engagement.

Die wirtschaftliche Bedeutung des Kappa-Mythos sollte nicht unterschätzt werden. In vielen Regionen Japans hat sich rund um die Figur des Kappa eine regelrechte Tourismusindustrie entwickelt. Es gibt Kappa-Museen, Kappa-Themenparks und sogar Kappa-Festivals, die jährlich tausende Besucher anziehen. Lokale Unternehmen produzieren Kappa-bezogene Souvenirs, von traditionellen Holzschnitzereien bis hin zu modernen Plüschtieren. Diese ökonomische Dimension zeigt, wie traditionelle Mythen und Folklore in der modernen Gesellschaft neue Funktionen und Bedeutungen annehmen können.

Die Rolle des Kappa in der japanischen Sprache und Redewendungen ist ein weiterer interessanter Aspekt seiner kulturellen Präsenz. Es gibt zahlreiche Sprichwörter und Redewendungen, die sich auf den Kappa beziehen und oft tiefere Weisheiten oder soziale Kommentare transportieren. Ein bekanntes Beispiel ist der Ausdruck "Kappa no kawa nagare", was wörtlich übersetzt "ein Kappa, der im Fluss treibt" bedeutet. Diese Redewendung wird verwendet, um eine Situation zu beschreiben, in der jemand in seinem eigenen Element oder Fachgebiet versagt – vergleichbar mit dem deutschen Ausdruck "Der Schuster hat die schlechtesten Schuhe". Solche sprachlichen Elemente zeigen, wie tief der Kappa-Mythos in das alltägliche Denken und die Kommunikation der japanischen Gesellschaft eingewoben ist.

Die Darstellung des Kappa in der japanischen Literatur hat im Laufe der Zeit verschiedene Phasen durchlaufen. Während in frühen Texten der Kappa oft als bedrohliches oder zumindest ambivalentes Wesen dargestellt wurde, haben moderne Autoren die Figur auf vielfältige Weise interpretiert und neu kontextualisiert. Ein interessantes Beispiel ist der Roman "Kappa" von Ryunosuke Akutagawa, in dem der Autor die Kappa-Gesellschaft als satirischen Spiegel der menschlichen Gesellschaft verwendet, um soziale und politische Kritik zu üben. In neueren Werken wird der Kappa oft als Symbol für die Entfremdung des modernen Menschen von der Natur oder als Verkörperung einer verlorenen Harmonie zwischen Mensch und Umwelt dargestellt.

Die Verbindung zwischen Kappa und Gegenwartsthemen ist ein Aspekt, der in der jüngeren Forschung zunehmend Beachtung findet. In traditionellen Darstellungen werden Kappa oft als männliche Wesen dargestellt, doch es gibt auch Überlieferungen von weiblichen Kappa. Die Frage, wie Geschlechterverhältnisse in den Kappa-Legenden reflektiert und behandelt werden, bietet interessante Einblicke in die Entwicklung gesellschaftlicher Wertvorstellungen in Japan.

Die Legende von Yuki Onna - die Schneefrau

Die Yuki Onna, auch bekannt als Schneefrau, ist eine der faszinierendsten und zugleich geheimnisvollsten Gestalten der japanischen Mythologie. Sie hat ihren Ursprung in der reichen Folklore Japans und steht oft im Mittelpunkt vieler regionaler Geschichten und Überlieferungen. Die Yuki Onna ist ein Geistwesen, das eng mit den Wintermonaten, der Kälte und insbesondere mit Schneestürmen verbunden ist. In ihrer Erscheinung spiegelt sich die wilde, unbändige Natur des Winters wider, und ihre Präsenz ist ebenso mystisch wie furchterregend.

Die Yuki Onna wird häufig als eine wunderschöne Frau mit langem, schwarzem Haar beschrieben, deren Haut blass und fast durchsichtig erscheint, wie frisch gefallener Schnee. Ihre Schönheit ist von überirdischer Natur, und sie wirkt oft wie eine Erscheinung, die beinahe zu zerbrechlich für die Welt der Lebenden ist. Diese Schönheit täuscht jedoch über ihre wahre Natur hinweg, denn sie ist ein Geist, der mit der Kälte und dem Tod verbunden ist.

In vielen Geschichten wird die Yuki Onna als eine stille, aber zugleich sehr bedrohliche Gestalt dargestellt. Sie bewegt sich lautlos durch verschneite Landschaften und erscheint oft plötzlich inmitten von Schneestürmen oder in der tiefen Winternacht. Ihre Kleidung variiert je nach Erzählung: In manchen Geschichten trägt sie ein schlichtes weißes Gewand, das sie fast unsichtbar im Schnee erscheinen lässt, während sie in anderen Erzählungen vollständig nackt beschrieben wird, was ihre Verbindung zur Kälte und zu den Elementen weiter unterstreicht.

Die Yuki Onna hinterlässt keine Fußspuren im Schnee, was ein weiteres Zeichen ihrer geisterhaften Natur ist. Ihre bloße Anwesenheit kann die Luft noch kälter werden lassen, als sie ohnehin schon ist, und diejenigen, die ihr begegnen, berichten oft von einer erdrückenden, beinahe tödlichen Kälte, die sie umgibt.

Die Ursprünge der Yuki Onna reichen weit in die Vergangenheit zurück, und ihre Geschichten haben sich über Jahrhunderte hinweg durch mündliche Überlieferungen in ganz Japan verbreitet. Wie viele andere Wesen der japanischen Mythologie ist auch die Yuki Onna ein yokai, ein Begriff, der im Japanischen Geister, Dämonen und übernatürliche Wesen beschreibt. Doch die Yuki Onna nimmt unter den yokai eine besondere Stellung ein, da sie nicht einfach ein böswilliger Geist ist, der Schaden zufügt, sondern ein Wesen, das stark mit den Naturgewalten und den extremen Bedingungen des Winters in Verbindung steht.

Der Name "Yuki Onna" setzt sich aus den japanischen Wörtern "Yuki" (Schnee) und "Onna" (Frau) zusammen, was wörtlich "Schneefrau" bedeutet. Dieser Name beschreibt sowohl ihre Erscheinung als auch ihren Lebensraum. Sie wird vor allem in den ländlichen, gebirgigen Regionen Japans verehrt und gefürchtet, wo kalte Winter und heftige Schneefälle häufig vorkommen. In diesen Gebieten ranken sich viele Mythen und Legenden um die Yuki Onna, die als eine Art Schutzgeist des Winters angesehen wird, aber auch als eine Bedrohung, insbesondere für Reisende und Wanderer, die sich in den verschneiten Bergen verirren.

Es gibt zahlreiche Legenden über die Yuki Onna, und je nach Region und Erzähltradition variieren ihre Geschichten. Eine der bekanntesten Geschichten erzählt von einem jungen Mann, der während eines Schneesturms auf die Yuki Onna trifft. Sie erscheint ihm als eine wunderschöne Frau, die ihn mit ihrer kühlen Schönheit betört. In manchen Versionen dieser Geschichte rettet die Yuki Onna den Mann vor dem sicheren Tod in der Kälte, in anderen Versionen tötet sie ihn, indem sie ihm die Lebenswärme entzieht.

Die Geschichte von Minokichi, Mosaku und der Yuki Onna

Eine der bekanntesten traditionellen Geschichten über die Yuki Onna stammt aus der japanischen Folklore und erzählt von einem jungen Holzfäller namens Minokichi und seinem älteren Kollegen Mosaku. Diese Geschichte findet sich in vielen Variationen in den alten Erzählungen und gibt einen tiefen Einblick in die mystische Natur der Schneefrau.

Eines Winters zogen Minokichi und Mosaku, wie viele andere Holzfäller in Japan, in die verschneiten Berge, um dort Holz zu fällen. Eines Abends, während eines heftigen Schneesturms, suchten die beiden in einer kleinen, verlassenen Hütte Schutz. Die Kälte draußen war unerbittlich, und der Sturm tobte lautstark. Minokichi, jung und kräftig, schlief schnell ein, während Mosaku, sein älterer und erfahrenerer Begleiter, nahe am Feuer ruhte.

Mitten in der Nacht wurde Minokichi plötzlich wach. Ein eiskalter Wind blies durch die Ritzen der Hütte, und obwohl das Feuer brannte, fühlte er, wie die Kälte in seine Knochen kroch. Als er seine Augen öffnete, sah er eine schattenhafte Gestalt in der Hütte. Vor ihm stand eine außergewöhnlich schöne Frau, ihre Haut so blass wie der Schnee draußen und ihr langes, schwarzes Haar wehte leicht in der eisigen Luft. Sie beugte sich über den schlafenden Mosaku, und mit einem Atemzug hauchte sie ihm ins Gesicht. Mosaku starb augenblicklich, sein Körper gefror in der Kälte.

Minokichi, wie erstarrt vor Angst, konnte sich nicht rühren. Die Frau wandte sich nun ihm zu und schwebte langsam auf ihn zu. Als sie sich über ihn beugte, spürte er den Hauch ihrer eisigen Atemluft auf seiner Haut. Doch anstatt ihn zu töten, hielt sie plötzlich inne. Ihre großen, dunklen Augen blickten tief in seine, und nach einem langen Moment des Schweigens sprach sie.

„Du bist jung und schön", flüsterte die Schneefrau. „Ich werde dich verschonen. Aber wenn du je jemandem erzählst, was du heute Nacht gesehen hast, werde ich zurückkommen und dich töten." Mit diesen Worten verschwand sie in einem eisigen Windstoß, und die Hütte war wieder still.

Minokichi, von Angst und Erstaunen überwältigt, blieb reglos liegen. Am nächsten Morgen entdeckte er den leblosen Körper seines Freundes Mosaku, der in der Nacht erfroren war. Verängstigt, aber lebendig, kehrte er ins Dorf zurück und erzählte niemandem von der unheimlichen Begegnung.

Ein Jahr verging, und der Winter kam erneut. Eines Tages begegnete Minokichi auf einem seiner Wege einer jungen, schönen Frau namens Yuki. Sie war anmutig, mit einer seltsamen, fast übernatürlichen Schönheit. Die beiden verliebten sich schnell ineinander, und schon bald heirateten sie. Minokichi und Yuki lebten glücklich zusammen und bekamen mehrere Kinder. Yuki war eine hingebungsvolle

Mutter und Ehefrau, und die Jahre vergingen in friedlicher Harmonie.

Eines Abends, als Minokichi und Yuki gemeinsam vor dem Feuer saßen, erinnerte sich Minokichi an seine unheimliche Begegnung mit der Schneefrau in jener kalten Winternacht vor vielen Jahren. Ohne zu überlegen, begann er, Yuki die Geschichte zu erzählen – wie die Yuki Onna ihn verschont hatte, nachdem sie seinen Freund getötet hatte, und wie er das Geschehene seitdem geheim gehalten hatte.

Als er seine Erzählung beendete, bemerkte Minokichi plötzlich, dass Yuki still geworden war. Ihre Augen hatten sich verändert – sie waren nun kalt und streng, und eine tödliche Stille legte sich über den Raum. Mit einer Stimme, die jetzt nicht mehr so sanft klang, sagte Yuki: „Du Narr. Diese Frau, von der du sprichst… war ich. Ich hätte dich damals töten sollen, aber ich habe dich verschont. Doch jetzt, da du dein Versprechen gebrochen hast, könnte ich dich töten, wie ich es geschworen habe."

Minokichi war wie erstarrt. Die Frau, die er all die Jahre geliebt hatte, war in Wirklichkeit die Yuki Onna, die Schneefrau. Sie erhob sich langsam, und die Luft um sie herum wurde eisig. Doch als sie ihre Kinder ansah, die friedlich in ihren Betten schliefen, sagte sie: „Aber aus Liebe zu unseren Kindern werde ich dich nicht töten. Kümmere dich gut um sie... Doch sprich niemals wieder über das, was geschehen ist."

Mit diesen Worten verwandelte sich Yuki in einen dichten Nebel und verschwand für immer. Minokichi blieb allein mit seinen Kindern zurück und trug für den Rest seines Lebens das Geheimnis und die Erinnerung an die Yuki Onna in sich.

Diese Geschichte der Yuki Onna enthält mehrere tiefe symbolische Bedeutungen und Lehren, die mit den traditionellen Werten und Überzeugungen der japanischen Kultur verknüpft sind.

Eine der offensichtlichsten Lehren der Geschichte ist die Bedeutung der Ehrlichkeit und des Einhaltens von Versprechen. Minokichi wird von der Yuki Onna verschont unter der Bedingung, dass er nie jemandem von ihrer Begegnung erzählt. Als er dieses Versprechen bricht, kommt er in große Gefahr. In der japanischen Kultur, wie auch in vielen anderen, wird das Halten von Versprechen als ein Zeichen von Ehre und Verantwortungsbewusstsein angesehen. Das Brechen eines Versprechens kann schwere Konsequenzen haben, wie es in der Geschichte der Fall ist.

Die Yuki Onna verkörpert die Dualität der Natur, insbesondere die des Winters: Sie ist gleichzeitig schön und gefährlich, lebensspendend und tödlich. In der Geschichte zeigt sie Zärtlichkeit und Liebe als Ehefrau und Mutter, aber auch unbarmherzige Grausamkeit als Schneefrau. Diese Dualität spiegelt die japanische Wahrnehmung der Natur wider, die sowohl verehrt als auch gefürchtet wird. Der Winter kann friedlich und schön sein, bringt aber auch Härte und Tod mit sich. Diese Geschichte erinnert daran, dass die Natur eine mächtige Kraft ist, die Respekt und Vorsicht erfordert.

In der Geschichte wird auch das buddhistische Konzept der Vergänglichkeit (Mujo) thematisiert. Alles in der Welt ist im Wandel begriffen, und nichts bleibt für immer bestehen – auch nicht Glück oder Harmonie. Minokichis Leben mit Yuki scheint perfekt und harmonisch zu sein, doch es stellt sich heraus, dass dieses Glück zerbrechlich ist und auf einem

Geheimnis beruht. Yuki verschwindet schließlich, und damit endet auch die Illusion eines friedlichen Lebens. Diese Erzählung lehrt, dass man sich der Vergänglichkeit des Lebens bewusst sein muss und den ständigen Wandel akzeptieren sollte.

Die Yuki Onna verkörpert auch das Mysterium und die ambivalente Natur der Frau in vielen traditionellen Erzählungen. Sie ist einerseits liebevoll und fürsorglich, andererseits furchteinflößend und unnahbar. Diese Darstellung spiegelt die komplexen Ansichten über Frauen in der japanischen Gesellschaft wider, in der Frauen einerseits als Mütter und Ehefrauen verehrt werden, aber auch als mysteriöse und unberechenbare Wesen erscheinen können. Diese Ambivalenz ist in vielen traditionellen japanischen Erzählungen und Mythen zu finden.

In der Geschichte zeigt Yuki, obwohl sie die Schneefrau ist, eine Form der Opferbereitschaft. Obwohl Minokichi sein Versprechen bricht, tötet sie ihn nicht – aus Rücksicht auf ihre gemeinsamen Kinder. Diese Handlung unterstreicht die Bedeutung der Elternliebe und der Verantwortung, die Eltern gegenüber ihren Kindern tragen. In der japanischen Kultur wird familiäre Bindung und Opferbereitschaft für das Wohl der Familie sehr hoch geschätzt. Yuki entscheidet sich, nicht ihre Wut und Rache über ihre Liebe zu den Kindern zu stellen, was eine wichtige moralische Botschaft ist.

Schließlich thematisiert die Geschichte auch die menschliche Schwäche, besonders in Bezug auf Neugier und die Neigung, Geheimnisse zu enthüllen. Minokichi hätte sein Versprechen gegenüber der Yuki Onna halten sollen, doch er gibt seiner Neugier und seinem Bedürfnis nach Mitteilung nach. Dies zeigt, dass Menschen oft gegen ihre besseren Absichten handeln und dadurch in Schwierigkeiten geraten. Die Geschichte erinnert daran, dass es Disziplin und Selbstbeherrschung braucht, um Versuchungen zu widerstehen.

Insgesamt verdeutlicht die Legende der Yuki Onna die Werte und Überzeugungen der japanischen Kultur, insbesondere in Bezug auf Naturverbundenheit, die Flüchtigkeit des Lebens und die Notwendigkeit, Versprechen zu halten. Die Geschichte dient als eine komplexe moralische Erzählung, die sowohl Kinder als auch Erwachsene lehrt, vorsichtig und respektvoll im Umgang mit den Kräften der Natur und des Übernatürlichen zu sein.

Eine weitere bekannte Erzählung beschreibt die Yuki Onna als eine trauernde Mutter, die im Schneesturm nach ihrem verlorenen Kind sucht. In dieser Version erscheint sie Reisenden, um sie nach ihrem Kind zu fragen, und wenn diese nicht in der Lage sind, ihr zu helfen, verwandelt sie sich in einen tödlichen Sturm und lässt sie erfrieren. Diese Darstellung der Yuki Onna als eine tragische, aber zugleich bedrohliche Gestalt zeigt die Dualität ihres Wesens: Sie ist sowohl Opfer als auch Täterin, eine Verkörperung des Winters, der gleichermaßen schön und grausam sein kann.

In anderen Geschichten ist die Yuki Onna eine Verführerin, die Männer mit ihrer Schönheit in die Falle lockt, nur um sie dann zu töten, sobald sie sich ihr nähern. Diese Erzählungen stellen sie als eine Art Femme fatale dar, die mit ihrer Anziehungskraft und ihrer Kälte das Leben derer nimmt, die sich von ihr angezogen fühlen. Ihr Kuss, so heißt es in manchen Legenden, sei so kalt, dass er das Herz eines Menschen im wahrsten Sinne des Wortes einfrieren lässt.

Die Yuki Onna ist mehr als nur eine mythologische Gestalt; sie ist ein Symbol für die Kräfte der Natur, insbesondere des Winters. In einer Kultur wie der japanischen, die einen tiefen Respekt vor der Natur und den Jahreszeiten pflegt, ist die Yuki Onna eine Verkörperung der Schönheit und zugleich der Unbarmherzigkeit der winterlichen Natur. Sie repräsentiert die duale Natur des Winters, der sowohl friedlich und ruhig, aber auch tödlich und zerstörerisch sein kann.

In vielen Interpretationen wird die Yuki Onna auch als eine Figur gesehen, die die Vergänglichkeit des Lebens symbolisiert. Ihre Erscheinung inmitten des Schnees, der selbst eine vergängliche und temporäre Schönheit darstellt, spiegelt die Zerbrechlichkeit des menschlichen Lebens wider. Der Schnee schmilzt, ebenso wie die Lebenswärme, die sie aus ihren Opfern zieht. Diese Symbolik passt gut zu der buddhistischen Vorstellung der Vergänglichkeit und des ewigen Kreislaufs von Leben und Tod, die in der japanischen Kultur tief verwurzelt ist.

Darüber hinaus kann die Yuki Onna als eine Warnung verstanden werden, sich nicht von äußeren Erscheinungen täuschen zu lassen. Ihre überirdische Schönheit und ihr betörendes Aussehen verbergen eine gefährliche und tödliche Natur. In diesem Sinne könnte sie auch als eine Art moralische Lehre gesehen werden, die vor den Gefahren von Oberflächlichkeit und Eitelkeit warnt.

Auch in der heutigen Zeit hat die Yuki Onna ihren Platz in der japanischen Kultur nicht verloren. Sie taucht in vielen modernen Medien auf, sei es in Filmen, Manga, Anime oder Videospielen. In diesen modernen Adaptionen wird die Yuki Onna oft als ein ambivalentes Wesen dargestellt, das zwischen ihrer Rolle als verführerische, gefährliche Frau und als Opfer der Natur schwankt.

Ein bemerkenswertes Beispiel ist ihre Darstellung in der beliebten Anime- und Manga-Serie "GeGeGe no Kitaro", in der sie als einer der zahlreichen yokai auftaucht, die in der Serie eine Rolle spielen. In dieser Version ist sie nicht einfach ein bösartiger Geist, sondern ein komplexer Charakter, der zwischen Gut und Böse pendelt.

Auch in Filmen wurde die Yuki Onna mehrfach dargestellt, wobei die Filme oft die mystische und unheimliche Atmosphäre der ursprünglichen Legenden bewahren. Ein berühmtes Beispiel hierfür ist der Film "Kwaidan" von 1964, in dem eine der Episoden die Geschichte eines Holzfällers erzählt, der auf die Yuki Onna trifft. Diese filmische Darstellung bleibt den traditionellen Erzählungen treu und zeigt die Schneefrau als eine gleichermaßen faszinierende wie tödliche Gestalt.

Die Yuki Onna ist eine der eindrucksvollsten Figuren der japanischen Mythologie, deren Legenden und Geschichten bis heute die Vorstellungskraft vieler Menschen beflügeln. Sie verkörpert die Kraft und die Schönheit des Winters, aber auch seine Gefahren. Als Symbol für die unbarmherzigen Naturgewalten und die Vergänglichkeit des Lebens bleibt sie eine Figur von tiefer kultureller und spiritueller Bedeutung. Die Geschichten der Yuki Onna erinnern uns daran, dass die Natur ebenso bezaubernd wie tödlich sein kann und dass Schönheit oft mit Gefahr einhergeht.

Die Rolle von Kitsune im japanischen Volksglauben

In der japanischen Mythologie und Folklore nimmt der Kitsune, der Fuchsgeist, eine herausragende und facettenreiche Stellung ein. Seit Jahrhunderten fasziniert und inspiriert diese geheimnisvolle Kreatur die Fantasie der Menschen, prägt Geschichten, Kunst und religiöse Praktiken und spiegelt dabei grundlegende Aspekte der japanischen Kultur und Weltanschauung wider. Um die tiefgreifende Bedeutung des Kitsune im japanischen Volksglauben zu verstehen, müssen wir eine Reise durch die Zeit unternehmen, die Ursprünge dieser Legende ergründen und ihre Entwicklung bis in die Gegenwart nachverfolgen.

Der Kitsune, wörtlich übersetzt einfach "Fuchs", ist in der japanischen Folklore weit mehr als nur ein gewöhnliches Tier. Er wird als intelligentes und magisches Wesen betrachtet, das über übernatürliche Fähigkeiten verfügt, darunter die Macht, menschliche Gestalt anzunehmen, Illusionen zu erschaffen und in die Gedanken der Menschen einzudringen. In den zahllosen Geschichten und Legenden, die sich um den Kitsune ranken, erscheint er mal als wohlwollender Helfer, mal als gefährlicher Trickster, manchmal als weiser Ratgeber und in anderen Fällen als verführerischer Dämon. Diese Vielschichtigkeit macht den Kitsune zu einer der faszinierendsten und komplexesten Figuren im reichen Pantheon der japanischen Mythologie.

Die Wurzeln des Kitsune-Glaubens reichen tief in die Geschichte Japans zurück. Schon in den frühesten schriftlichen Überlieferungen, wie dem Nihon Shoki aus dem 8.

Jahrhundert, finden sich Hinweise auf die besondere Stellung des Fuchses in der japanischen Kultur. Doch die Vorstellung von Füchsen als übernatürlichen Wesen ist vermutlich noch älter und könnte auf Einflüsse aus China zurückgehen, wo der Glaube an Fuchsgeister ebenfalls eine lange Tradition hat.

In der frühen japanischen Geschichte wurde der Fuchs oft mit der Reiskultur in Verbindung gebracht. Als Jäger von Nagetieren, die die Reisfelder bedrohten, galt er als Beschützer der Ernte. Diese positive Assoziation trug dazu bei, dass der Fuchs in vielen ländlichen Gebieten als eine Art Schutzgeist verehrt wurde. Mit der Zeit entwickelte sich daraus der Glaube an den Kitsune als ein Wesen mit übernatürlichen Kräften, das sowohl Segen als auch Unheil bringen konnte.

Eine der bemerkenswertesten Fähigkeiten, die dem Kitsune zugeschrieben werden, ist die Verwandlung in menschliche Gestalt. In unzähligen Geschichten nimmt der Fuchsgeist die Form attraktiver Frauen oder Männer an, um mit Menschen zu interagieren, sie zu verführen oder zu täuschen. Diese Vorstellung der Gestaltwandlung spiegelt möglicherweise die Faszination und gleichzeitige Furcht vor dem Unbekannten und Fremden wider, die in vielen Kulturen zu finden ist. Sie könnte auch als Metapher für die Vielschichtigkeit der menschlichen Natur und die Schwierigkeit, den wahren Charakter einer Person zu erkennen, interpretiert werden.

In der japanischen Folklore wird oft erzählt, dass ein Kitsune seine wahre Natur nicht vollständig verbergen kann. Selbst in menschlicher Gestalt behält er oft bestimmte fuchsartige Merkmale bei, wie einen Fuchsschwanz oder Fuchsohren, die unter bestimmten Umständen sichtbar werden können. Diese Details in den Überlieferungen deuten möglicherweise auf eine tiefere Wahrheit hin: dass unsere wahre Natur, egal wie sehr wir versuchen, sie zu verbergen, letztendlich immer durchscheinen wird.

Die Vorstellung, dass Kitsune mit zunehmendem Alter an Macht und Weisheit gewinnen, ist ein weiterer zentraler Aspekt des Kitsune-Glaubens. Der Legende nach wächst einem Kitsune mit jedem Jahrhundert, das er lebt, ein zusätzlicher Schwanz. Ein Kitsune mit neun Schwänzen, der sogenannte Kyubi no Kitsune, gilt als besonders mächtig und weise. Diese Idee der Weisheit, die mit dem Alter kommt, reflektiert möglicherweise die traditionelle japanische Wertschätzung für ältere Menschen und ihre Lebenserfahrung.

In der religiösen Landschaft Japans nimmt der Kitsune eine besondere Stellung ein. Er wird oft als Bote oder Diener der Shinto-Gottheit Inari verehrt. Inari, ursprünglich eine Gottheit des Reises und der Fruchtbarkeit, entwickelte sich im Laufe der Zeit zu einer der populärsten und vielseitigsten Gottheiten des Shinto-Pantheons. Die Assoziation des Kitsune mit Inari verstärkte seinen Status als göttliches oder zumindest halbgöttliches Wesen und führte zur Errichtung zahlreicher Schreine und Tempel, in denen Fuchsstatuen als Stellvertreter oder Boten der Gottheit verehrt werden.

Die Inari-Schreine, von denen es in Japan Tausende gibt, sind oft an den charakteristischen roten Torii-Toren und den Fuchsstatuen zu erkennen, die den Eingang bewachen. Diese Statuen zeigen häufig Füchse, die symbolische Gegenstände im Maul halten, wie einen Schlüssel, eine Schriftrolle oder eine Reisähre. Jedes dieser Symbole hat eine tiefere Bedeutung: Der Schlüssel repräsentiert den Zugang zu Kornkammern und damit Wohlstand, die Schriftrolle steht für Weisheit und Wissen, und die Reisähre symbolisiert Fruchtbarkeit und eine reiche Ernte.

Die Verehrung des Kitsune in diesen Schreinen geht oft mit komplexen Ritualen und Opfergaben einher. Gläubige bringen den Fuchsgeistern oft Opfer in Form von Reis, Sake oder Tofu dar, von denen man glaubt, dass sie die Lieblingsnahrung der Kitsune sind. Diese Praxis zeigt, wie tief der Glaube an die Realität und den Einfluss der Kitsune im japanischen Volksglauben verwurzelt ist. Die Opfergaben werden nicht als symbolische Gesten betrachtet, sondern als echte Nahrung für die Geister, die im Austausch dafür Schutz und Segen gewähren sollen.

Die Ambivalenz des Kitsune, der sowohl als wohlwollende als auch als potenziell gefährliche Figur auftritt, spiegelt sich in den verschiedenen Arten von Geschichten wider, die über ihn erzählt werden. In manchen Überlieferungen erscheint der Kitsune als treuer Gefährte und Beschützer von Menschen, die ihm mit Respekt und Freundlichkeit begegnen. Es gibt zahlreiche Erzählungen von Kitsune, die Menschen in Not zu Hilfe kommen, sie vor Gefahren warnen oder ihnen zu Wohlstand verhelfen. Diese positiven Darstellungen betonen die potenziell segensreiche Natur der Beziehung zwischen Menschen und übernatürlichen Wesen, wenn sie auf gegenseitigem Respekt und Verständnis basiert.

Auf der anderen Seite gibt es ebenso viele Geschichten, in denen Kitsune als tückische und gefährliche Wesen dargestellt werden, die Menschen in die Irre führen, täuschen oder sogar Schaden zufügen. Ein häufiges Motiv in diesen Erzählungen ist der Kitsune, der die Gestalt einer schönen Frau annimmt, um einen Mann zu verführen und ins Verderben zu stürzen. Diese Art von Geschichten könnte als Warnung vor den Gefahren der Verführung und der unkontrollierten

Leidenschaft interpretiert werden, aber auch als Ausdruck der Angst vor dem Fremden und Unbekannten.

Interessanterweise gibt es auch viele Überlieferungen, in denen Kitsune und Menschen romantische Beziehungen eingehen und sogar Familien gründen. Diese Geschichten enden oft tragisch, wenn die wahre Natur des Fuchsgeistes entdeckt wird und er gezwungen ist, seine menschliche Familie zu verlassen. Solche Erzählungen könnten als Metaphern für die Schwierigkeiten und Herausforderungen interkultureller Beziehungen oder als Ausdruck der Sehnsucht nach einer Verbindung zwischen der menschlichen und der übernatürlichen Welt verstanden werden.

Die Fähigkeit des Kitsune, Illusionen zu erschaffen und die menschlichen Sinne zu täuschen, ist ein weiterer zentraler Aspekt seiner Mythologie. In vielen Geschichten werden Menschen Opfer elaborierter Täuschungen durch Kitsune, die ganze Paläste oder Festmähler aus dem Nichts erscheinen lassen können. Diese Illusionen lösen sich oft in Luft auf, wenn sie als solche erkannt werden, was zu peinlichen oder sogar gefährlichen Situationen für die Betrogenen führen kann. Die Vorstellung von der illusorischen Natur der Realität, die in diesen Geschichten zum Ausdruck kommt, weist Parallelen zu buddhistischen Konzepten auf und könnte als Warnung vor der Verhaftung an materiellen Dingen und oberflächlichen Erscheinungen verstanden werden.

Ein Aspekt des Kitsune-Glaubens ist die Vorstellung des "Kitsune-tsuki" oder der Fuchsbesessenheit. In der traditionellen japanischen Folklore glaubte man, dass Kitsune von Menschen Besitz ergreifen und ihr Verhalten kontrollieren können. Symptome einer solchen Besessenheit konnten

ungewöhnliches Verhalten, plötzliche Persönlichkeits-
veränderungen oder das Sprechen mit einer anderen Stimme
umfassen. Interessanterweise wurden oft Frauen als
besonders anfällig für Kitsune-tsuki betrachtet, was möglicherweise gesellschaftliche Vorurteile und Ängste widerspiegelt.

Die Idee der Fuchsbesessenheit hatte erhebliche Auswirkungen auf die japanische Gesellschaft und Medizin. Bis weit
ins 20. Jahrhundert hinein wurden viele Fälle von psy-
chischen Erkrankungen oder ungewöhnlichem Verhalten als
Ergebnis von Kitsune-tsuki interpretiert. Es entwickelten sich
spezielle Rituale und Praktiken, um "besessene" Personen zu
heilen und die Fuchsgeister auszutreiben. Diese Vorstellung
zeigt, wie tief der Glaube an übernatürliche Wesen in der
japanischen Kultur verwurzelt war und wie er das
Verständnis von Gesundheit und Krankheit beeinflusste.

Die Rolle des Kitsune in der japanischen Literatur und Kunst
kann kaum überschätzt werden. Seit Jahrhunderten inspiriert
diese faszinierende Figur Dichter, Schriftsteller, Maler und
andere Künstler. In klassischen Werken wie dem "Genji
Monogatari" aus dem 11. Jahrhundert finden sich bereits
Hinweise auf Fuchsgeister, und in der Edo-Zeit (1603-1868)
erreichte die literarische Auseinandersetzung mit dem
Kitsune einen Höhepunkt. Zahlreiche Geschichtensammlungen, Theaterstücke und Gedichte widmeten sich
den Abenteuern und Missetaten der Fuchsgeister.

In der bildenden Kunst war der Kitsune ebenfalls ein
beliebtes Motiv. Berühmte Ukiyo-e-Künstler wie Utagawa
Kuniyoshi schufen eindrucksvolle Darstellungen von
Kitsune in menschlicher und tierischer Gestalt. Diese Kunstwerke trugen dazu bei, das visuelle Bild des Kitsune zu

prägen und seine Popularität in der Volkskultur zu festigen. Auch in der traditionellen No- und Kabuki-Theaterkunst spielen Kitsune-Charaktere eine wichtige Rolle und werden oft mit elaborierten Masken und Kostümen dargestellt.

Die Bedeutung des Kitsune in der japanischen Kultur geht weit über den Bereich der Folklore und Religion hinaus. Der Fuchsgeist hat sich zu einem wichtigen Symbol in der japanischen Identität und Selbstwahrnehmung entwickelt. Die Eigenschaften, die dem Kitsune zugeschrieben werden - Intelligenz, Anpassungsfähigkeit, eine gewisse Verschlagenheit, aber auch Loyalität und Weisheit - werden oft als typisch japanische Charakterzüge betrachtet. In diesem Sinne fungiert der Kitsune als eine Art kultureller Spiegel, in dem die japanische Gesellschaft ihre eigenen Werte und Ideale reflektiert sieht.

Die Ambivalenz des Kitsune, seine Fähigkeit, sowohl gut als auch böse zu sein, spiegelt möglicherweise auch die komplexe Natur der menschlichen Moral wider. In vielen Kitsune-Geschichten hängt das Verhalten des Fuchsgeistes stark von der Behandlung ab, die er von Menschen erfährt. Diese Wechselseitigkeit in der Beziehung zwischen Menschen und übernatürlichen Wesen ist ein wiederkehrendes Thema in der japanischen Folklore und betont die Bedeutung von Respekt und angemessenem Verhalten gegenüber der Natur und ihren Bewohnern.

In der traditionellen japanischen Weltsicht wurde der Fuchs als ein Tier betrachtet, das über eine besonders starke spirituelle Essenz verfügt. Diese Vorstellung führte zu dem Glauben, dass Füchse, die ein hohes Alter erreichen, übernatürliche Kräfte entwickeln und zu Kitsune werden können. Diese Idee der spirituellen Transformation spiegelt möglicherweise tiefere philosophische und religiöse Konzepte wider, wie die buddhistische Vorstellung von der Erleuchtung oder die shintoistische Idee der Vergöttlichung von Naturphänomenen.

Die Rolle des Kitsune im japanischen Volksglauben hat sich im Laufe der Zeit stark gewandelt, bleibt aber bis heute bedeutsam. In der modernen japanischen Gesellschaft, die stark von Technologie und Wissenschaft geprägt ist, haben viele Menschen den wörtlichen Glauben an übernatürliche Fuchsgeister aufgegeben. Dennoch bleibt der Kitsune als kulturelles Symbol und Metapher weiterhin präsent und einflussreich.

In der zeitgenössischen Popkultur erlebt der Kitsune eine Art Renaissance. In Anime, Manga und Videospielen tauchen Fuchsgeister regelmäßig als Charaktere auf, wobei ihre traditionellen Eigenschaften oft neu interpretiert und an moderne Narrative angepasst werden. Diese popkulturellen Darstellungen tragen dazu bei, das Konzept des Kitsune auch für jüngere Generationen relevant und faszinierend zu halten.

Ein Beispiel für die moderne Adaption des Kitsune-Mythos findet sich in der beliebten Anime-Serie "Naruto", in der der Protagonist eine mächtige Fuchskreatur in sich trägt. Diese Darstellung greift zwar Elemente der traditionellen Kitsune-Folklore auf, passt sie aber an einen zeitgenössischen Kontext an und verleiht ihr neue Bedeutungen. Solche Neuinterpretationen zeigen die Flexibilität und Anpassungsfähigkeit alter Mythen an sich verändernde kulturelle Kontexte.

In der zeitgenössischen japanischen Literatur wird der Kitsune oft als Mittel genutzt, um komplexe Themen wie Identität, Fremdheit und die Beziehung zwischen Tradition und Moderne zu erkunden. Autoren wie Yoko Tawada haben in ihren Werken die Figur des Fuchsgeistes verwendet, um Fragen der kulturellen Hybridität und des Lebens zwischen verschiedenen Welten zu untersuchen. Diese literarischen Bearbeitungen zeigen, wie traditionelle Mythen als Werkzeuge dienen können, um zeitgenössische Erfahrungen und Herausforderungen zu reflektieren und zu verarbeiten.

Die Rolle des Kitsune in der japanischen Wirtschaft und im Tourismus ist ein weiterer interessanter Aspekt seiner anhaltenden kulturellen Bedeutung. Viele Regionen Japans, die traditionell mit Kitsune-Legenden in Verbindung gebracht werden, nutzen diese Assoziation, um Besucher anzulocken. Es gibt Kitsune-Themenparks, Museen und Festivals, die jährlich tausende Besucher anziehen. Diese touristische Nutzung des Kitsune-Mythos zeigt, wie traditionelle Folklore in der modernen Ökonomie neue Funktionen und Bedeutungen annehmen kann.

In der zeitgenössischen Kunst wird der Kitsune oft als Symbol verwendet, um Themen wie Transformation, Täuschung und die Vielschichtigkeit der Realität zu erkunden. Viele moderne japanische Künstler greifen in ihren Werken auf die reiche Symbolik und Ikonographie des Kitsune zurück, um zeitgenössische Ideen und Erfahrungen auszudrücken. Diese künstlerischen Interpretationen tragen dazu bei, den Mythos des Kitsune lebendig und relevant zu halten und ihn gleichzeitig mit neuen Bedeutungen anzureichern.

Einige japanische Therapeuten haben Konzepte aus der Kitsune-Folklore in ihre Praxis integriert, um Patienten bei der Erforschung ihrer Persönlichkeit und der Bewältigung von Konflikten zu unterstützen. Die Idee der Verwandlung und der multiplen Identitäten, die mit dem Kitsune assoziiert wird, wird dabei als Metapher für psychologische Prozesse und persönliches Wachstum genutzt.

In der zeitgenössischen japanischen Mode und Subkultur hat der Kitsune ebenfalls seinen Platz gefunden. "Kitsune-Mode", die Elemente der Fuchsästhetik in Kleidung und Accessoires integriert, erfreut sich besonders in der Jugendkultur großer Beliebtheit. Diese modische Aneignung des Kitsune-Motivs kann als eine Form der spielerischen Identitätsexploration und als Ausdruck einer Verbundenheit mit traditionellen kulturellen Elementen interpretiert werden.

Die Rolle des Kitsune in der japanischen Umweltbewegung ist ein weiterer interessanter Aspekt seiner zeitgenössischen Bedeutung. In einigen Regionen Japans werden Kitsune-Legenden genutzt, um für den Schutz von Wäldern und wildlebenden Tieren zu werben. Die traditionelle Vorstellung des Fuchses als Schutzgeist der Natur wird dabei in einen modernen ökologischen Kontext übersetzt. Diese Verbindung von Mythologie und Umweltschutz zeigt, wie alte Glaubensvorstellungen genutzt werden können, um zeitgenössische gesellschaftliche Anliegen zu unterstützen und zu fördern.

In manchen Regionen Japans werden Fuchsamulette oder -statuen in Geschäften und Unternehmen aufgestellt, um Glück und Erfolg anzuziehen. Diese Praxis basiert auf der traditionellen Assoziation des Kitsune mit Wohlstand und geschäftlichem Erfolg, insbesondere in seiner Rolle als Bote der Gottheit Inari. Die Präsenz solcher Kitsune-Symbole in modernen Geschäftsumgebungen illustriert die fortdauernde Verschmelzung von traditionellem Glauben und zeitgenössischer Wirtschaftspraxis in Japan.

Die Rolle des Kitsune in der japanischen Sprachentwicklung ist ein weiterer faszinierender Aspekt seiner kulturellen Bedeutung. Zahlreiche japanische Redewendungen und Sprichwörter beziehen sich auf den Fuchs oder den Kitsune, oft mit subtilen Anspielungen auf die ihm zugeschriebenen Eigenschaften wie Schlauheit oder Täuschung. Beispielsweise bedeutet der Ausdruck "kitsune ni tsumamareta" (vom Fuchs gepackt worden sein) so viel wie "verzaubert oder getäuscht worden sein". Solche sprachlichen Elemente zeigen, wie tief der Kitsune-Mythos in das alltägliche Denken und die Kommunikation der japanischen Gesellschaft eingewoben ist.

In der modernen japanischen Pädagogik wird der Kitsune oft als pädagogisches Werkzeug eingesetzt, um Kindern wichtige moralische und kulturelle Lektionen zu vermitteln. Geschichten über Kitsune werden in Schulen und Kindergärten erzählt, um Themen wie Respekt vor der Natur, die Bedeutung von Ehrlichkeit oder die Komplexität menschlicher Beziehungen zu veranschaulichen. Diese edukativen Anwendungen des Kitsune-Mythos zeigen, wie traditionelle Folklore genutzt werden kann, um zeitlose Werte an neue Generationen weiterzugeben.

Die Rolle des Kitsune in der japanischen Medizin und Heilkunde verdient besondere Beachtung. In der traditionellen japanischen Medizin wurden bestimmte Krankheiten und psychische Zustände oft mit dem Einfluss von Kitsune in Verbindung gebracht. Obwohl solche Vorstellungen in der modernen Medizin weitgehend überholt sind, finden sich in einigen alternativen und ganzheitlichen Heilpraktiken noch immer Spuren dieses Glaubens. Einige Heiler beziehen sich in ihrer Praxis auf Kitsune-Symbolik oder verwenden

Visualisierungstechniken, die auf Kitsune-Legenden basieren, um Heilungsprozesse zu unterstützen.

In vielen Überlieferungen erscheinen Kitsune als Vollstrecker einer höheren Gerechtigkeit, die unmoralische Menschen bestrafen oder gute Taten belohnen. Diese Geschichten spiegeln oft komplexe moralische Dilemmata wider und bieten Einblicke in die ethischen Vorstellungen der traditionellen japanischen Gesellschaft. Die Idee, dass übernatürliche Wesen in das menschliche Leben eingreifen, um Gerechtigkeit herzustellen, findet sich in vielen Kulturen und könnte als Ausdruck eines universellen Bedürfnisses nach kosmischer Ordnung und Ausgleich verstanden werden.

Die Darstellung des Kitsune in der japanischen Kampfkunst und Kriegsführung ist ein weiterer faszinierender Aspekt seiner kulturellen Bedeutung. In manchen Traditionen der Ninja und Samurai wurden Taktiken und Strategien entwickelt, die von den dem Kitsune zugeschriebenen Fähigkeiten der Täuschung und Verwandlung inspiriert waren. Die Idee, den Gegner durch List und Täuschung zu überwinden, anstatt sich allein auf rohe Kraft zu verlassen, findet sich in vielen japanischen Kampfkünsten und strategischen Lehren. Diese Verbindung zwischen Mythologie und Kriegskunst unterstreicht die tiefgreifende Wirkung des Kitsune-Konzepts auf verschiedene Aspekte der japanischen Kultur.

In der modernen japanischen Architektur und Landschaftsgestaltung finden sich ebenfalls Einflüsse des Kitsune-Glaubens. Einige zeitgenössische Architekten haben Elemente der Kitsune-Symbolik in ihre Entwürfe integriert, sei es durch subtile Anspielungen auf Fuchsformen oder durch die Gestaltung von Gärten, die traditionell mit Kitsune assoziierte Pflanzen und Elemente enthalten. Diese architektonischen und landschaftlichen Interpretationen des Kitsune-Mythos zeigen, wie traditionelle kulturelle Konzepte in moderne Gestaltungsformen übersetzt werden können.

Die Rolle des Kitsune in der japanischen Astrologie und Wahrsagerei ist ein weiterer interessanter Aspekt seiner kulturellen Bedeutung. In manchen astrologischen und divinatorischen Traditionen Japans wird dem Fuchs eine besondere Bedeutung zugeschrieben. Es gibt Wahrsagetechniken, die sich speziell auf Kitsune-Symbolik beziehen und angeblich Einblicke in zukünftige Ereignisse oder verborgene Wahrheiten gewähren sollen. Diese Praktiken illustrieren die fortdauernde Präsenz traditioneller Glaubensvorstellungen in Bereichen, die sich mit der Vorhersage und Deutung des Schicksals befassen.

In vielen Überlieferungen erscheinen Kitsune als verführerische Wesen, die sich in Menschen verlieben oder von ihnen geliebt werden. Diese Geschichten von Liebesbeziehungen zwischen Menschen und Fuchsgeistern enden oft tragisch, reflektieren aber komplexe Vorstellungen von Liebe, Loyalität und den Herausforderungen, die entstehen, wenn verschiedene Welten aufeinandertreffen. In der modernen japanischen Populärkultur wird dieses Motiv häufig aufgegriffen und neu interpretiert, wobei es oft als Metapher für verbotene oder komplizierte Liebesbeziehungen dient.

Die Rolle des Kitsune in der japanischen Musikkultur ist ein weiterer bemerkenswerter Aspekt seiner kulturellen Präsenz. In traditionellen japanischen Musikformen wie dem No-Theater gibt es spezielle Kompositionen und Aufführungen, die sich mit Kitsune-Legenden befassen. In der modernen Musikszene Japans finden sich ebenfalls zahlreiche Referenzen auf den Fuchsgeist, von klassischen Kompositionen bis hin zu zeitgenössischem J-Pop und Rock. Einige Musiker und Bands haben sogar ihr gesamtes Image und ihre künstlerische Identität um das Kitsune-Thema herum aufgebaut. Diese musikalischen Interpretationen des Kitsune-Mythos tragen dazu bei, die Legende in neuen kulturellen Kontexten lebendig zu halten und sie einem breiten Publikum zugänglich zu machen.

Kitsune werden als nahezu unsterbliche Wesen dargestellt, die Hunderte oder sogar Tausende von Jahren leben können. Diese Langlebigkeit verleiht ihnen eine einzigartige Perspektive auf menschliche Angelegenheiten und die Vergänglichkeit des Lebens. In manchen Geschichten fungieren Kitsune als Bewahrer alter Weisheiten und vergessener Geheimnisse, die sie über Generationen hinweg bewahren und weitergeben. Diese Vorstellung des Kitsune als Bindeglied zwischen Vergangenheit und Gegenwart reflektiert möglicherweise tiefere philosophische Gedanken über die Natur der Zeit und die Bedeutung kultureller Kontinuität.

Die Rolle des Kitsune in der japanischen Traumdeutung und Traumarbeit ist ein weiterer faszinierender Aspekt seiner kulturellen Bedeutung. In manchen traditionellen Interpretationen werden Träume von Füchsen oder Kitsune als besonders bedeutsam angesehen. Je nach Kontext können solche Träume als Vorzeichen für kommendes Glück oder Unglück, als Warnung vor Täuschung oder als Aufforderung zur Selbstreflexion gedeutet werden. In der modernen japanischen Psychologie und Traumarbeit werden Kitsune-Symbole manchmal als Archetypen verwendet, um unbewusste Aspekte der Persönlichkeit oder verborgene Wünsche und Ängste zu erkunden.

In einigen Regionen Japans gibt es Familien, die behaupten, von Kitsune abzustammen oder besondere Verbindungen zu Fuchsgeistern zu haben. Diese Familien, oft als "kitsune-mochi" (Fuchshalter) bezeichnet, genießen in ihren Gemeinschaften oft einen besonderen Status. Der Glaube an eine übernatürliche Abstammung könnte als Mittel verstanden werden, um Familienprestige zu erhöhen oder besondere Fähigkeiten zu erklären. Gleichzeitig reflektiert diese Vorstellung möglicherweise tiefere Ideen über die Verbindung zwischen menschlicher und natürlicher Welt.

Die Darstellung des Kitsune in der japanischen Kalligraphie und Siegelkunst ist ein weiterer interessanter Aspekt seiner kulturellen Präsenz. In der traditionellen Kalligraphie gibt es spezielle Techniken und Stile, um Füchse darzustellen.

Die Kitsune, die fuchsartigen Wesen aus dem japanischen Volksglauben, nehmen eine faszinierende und vielschichtige Rolle in der Mythologie und Kultur Japans ein. Über Jahrhunderte hinweg haben sich Geschichten, Legenden und Überzeugungen rund um diese mysteriösen Kreaturen entwickelt, die tief in der japanischen Vorstellungswelt verwurzelt sind. Das Konzept der Kitsune vereint dabei auf einzigartige Weise verschiedene Aspekte - von göttlichen Boten und Schutzgeistern bis hin zu trickreichen Gestaltwandlern und gefährlichen Verführern.

Die Verbindung der Kitsune zur Gottheit Inari spielt ebenfalls eine wichtige Rolle. Als Boten und Diener dieser Shinto-Gottheit des Reises, der Fruchtbarkeit und des Wohlstands nehmen die Füchse eine bedeutende Rolle im religiösen Leben Japans ein. An vielen Inari-Schreinen finden sich Statuen weißer Füchse, die als göttliche Manifestationen verehrt werden. Diese Assoziation mit einer wichtigen

Gottheit verleiht den Kitsune eine positive spirituelle Dimension, die im Kontrast zu ihrem oft als bedrohlich empfundenen Erscheinen in Volkserzählungen steht.

In den überlieferten Geschichten und Legenden zeigt sich eine große Bandbreite an Charaktereigenschaften und Motivationen der Kitsune. Manche Erzählungen stellen sie als weise und wohlwollende Wesen dar, die Menschen für gute Taten belohnen oder ihnen in Notsituationen beistehen. Andere Geschichten wiederum zeichnen das Bild von trickreichen und manchmal bösartigen Kreaturen, die Menschen in die Irre führen oder ihnen Schaden zufügen. Diese Ambivalenz ist ein Kernelement des Kitsune-Mythos und macht einen großen Teil seiner Faszination aus.

Ein wiederkehrendes Motiv in den Kitsune-Legenden sind Liebesbeziehungen zwischen Füchsen in Menschengestalt und ahnungslosen Sterblichen. Oft nehmen die Fuchsfrauen dabei die Rolle treuer und liebender Ehefrauen ein, bis ihre wahre Natur entdeckt wird. Diese Geschichten reflektieren komplexe gesellschaftliche Themen wie die Spannung zwischen Pflicht und persönlichen Wünschen oder die Angst vor dem Fremden in der eigenen Mitte. Gleichzeitig transportieren sie aber auch die Sehnsucht nach einer Verbindung mit dem Übernatürlichen und Magischen.

Die Vorstellung von Kitsune als Trickster-Figuren ist ein weiterer wichtiger Aspekt ihrer Rolle im Volksglauben. In vielen Erzählungen führen sie Menschen mit ihren Illusionen in die Irre, oft um sie zu necken oder eine Lektion zu erteilen. Diese Streiche reichen von harmlosen Schabernack bis hin zu bösartigen Täuschungen. Die Trickster-Natur der Kitsune kann als Ausdruck menschlicher Ängste vor Manipulation und Kontrollverlust gesehen werden, aber auch als Ventil für unterdrückte Wünsche nach Rebellion gegen soziale Normen.

Man glaubte früher, dass Füchse in der Lage seien, von Menschen Besitz zu ergreifen und ihr Verhalten zu kontrollieren. Dieses Konzept diente oft als Erklärungsmodell für ungewöhnliches oder gesellschaftlich inakzeptables Verhalten. Aus heutiger Sicht lassen sich viele Fälle von angeblicher Fuchsbesessenheit als psychische Erkrankungen oder als Ausdruck sozialer Konflikte interpretieren. Die Idee der Besessenheit zeigt, wie tief der Glaube an die Macht der Kitsune in der traditionellen japanischen Gesellschaft verankert war.

Die Bedeutung der Kitsune im japanischen Volksglauben geht weit über reine Unterhaltung oder Aberglauben hinaus. Sie spiegeln fundamentale kulturelle Konzepte und Wertvorstellungen wider. Die Idee der Transformation und des Alterns als Weg zu größerer Weisheit und Macht ist tief in der japanischen Denkweise verwurzelt. Ebenso reflektiert die Ambivalenz der Kitsune - gleichzeitig faszinierend und bedrohlich - die komplexe japanische Sichtweise auf die Natur und das Übernatürliche. Der Kitsune-Glaube kann als Ausdruck des Verhältnisses zwischen Mensch und Natur sowie zwischen der sichtbaren und der unsichtbaren Welt verstanden werden.

In der modernen japanischen Gesellschaft hat sich die Wahrnehmung der Kitsune natürlich verändert. Der traditionelle Volksglaube ist zurückgegangen, aber die Faszination für diese mythischen Wesen ist geblieben. In der Populärkultur, in Anime, Manga und Videospielen, sind Kitsune nach wie vor präsent und erfreuen sich großer Beliebtheit. Dabei werden oft traditionelle Elemente des Mythos aufgegriffen und neu interpretiert. Diese moderne Adaption zeigt die anhaltende kulturelle Bedeutung der Kitsune und ihre Fähigkeit, sich an neue Kontexte anzupassen.

Die Rolle der Kitsune im japanischen Volksglauben ist eng verwoben mit der Beziehung zwischen Mensch und Natur in der japanischen Kultur. In einer Gesellschaft, die traditionell großen Wert auf Harmonie mit der natürlichen Umwelt legt, verkörpern die Kitsune die geheimnisvolle und oft unergründliche Seite der Natur. Sie repräsentieren die Vorstellung, dass in der Natur verborgene Kräfte und Intelligenzen wirken, die jenseits menschlichen Verständnisses liegen. Diese Sichtweise fördert eine Haltung des Respekts und der Vorsicht gegenüber der natürlichen Welt.

Die weißen Füchse, die an Inari-Schreinen verehrt werden, symbolisieren Reinheit und göttliche Präsenz. Diese Assoziation mit einer der wichtigsten Shinto-Gottheiten verleiht den Kitsune eine spirituelle Dimension, die über bloßen Volksglauben hinausgeht. Die Verehrung von Fuchsstatuen an Schreinen ist ein Beispiel für die Verschmelzung von Animismus und organisierter Religion, die für den japanischen Shintoismus charakteristisch ist.

Tsukumogami: Wenn Objekte Leben erhalten

In der faszinierenden Welt der japanischen Folklore und des Volksglaubens nehmen die Tsukumogami einen besonderen Platz ein. Diese belebten Objekte, die nach hundert Jahren des treuen Dienstes ein Eigenleben entwickeln, sind mehr als nur Kuriositäten oder abergläubische Vorstellungen. Sie verkörpern tiefgreifende kulturelle Konzepte, philosophische Überlegungen und gesellschaftliche Werte, die in der japanischen Gesellschaft seit Jahrhunderten verankert sind.

Unsere Reise durch die Welt der Tsukumogami hat uns durch verschiedene Epochen der japanischen Geschichte geführt, von den frühen Anfängen des Animismus bis hin zur modernen Popkultur. Wir haben gesehen, wie diese faszinierenden Wesen sich im Laufe der Zeit entwickelt und angepasst haben, stets ein Spiegelbild der sich wandelnden gesellschaftlichen Normen und Wertvorstellungen.

Die Ursprünge der Tsukumogami lassen sich bis in die frühesten Zeiten des japanischen Animismus zurückverfolgen. Die Vorstellung, dass alle Dinge – seien es Bäume, Steine oder von Menschenhand geschaffene Objekte – eine innewohnende spirituelle Essenz besitzen, bildete den Nährboden für den Glauben an belebte Gegenstände. Diese animistische Weltanschauung, die in der Shinto-Religion weiterlebt, hat die japanische Kultur nachhaltig geprägt und bildet das Fundament für das Konzept der Tsukumogami.

Im Laufe unserer Untersuchung haben wir eine Vielzahl verschiedener Tsukumogami kennengelernt, jedes mit seinen eigenen Eigenschaften und seiner eigenen Geschichte. Von der berühmten Karakasa, dem belebten Regenschirm mit einem einzelnen Auge und einer langen Zunge, bis hin zum Bakezori, der wandernden Strohsandale, zeigt sich die bemerkenswerte Vielfalt dieser Wesen. Jedes Tsukumogami repräsentiert nicht nur den Gegenstand, aus dem es entstanden ist, sondern auch die Geschichten, Hoffnungen und Ängste der Menschen, die diese Objekte erschufen und benutzten.

Ein Aspekt unserer Betrachtung war die Rolle der Tsukumogami als Mittler zwischen der materiellen und der spirituellen Welt. In vielen Erzählungen und Legenden fungieren sie als Boten oder Vermittler zwischen Menschen und Göttern oder anderen übernatürlichen Wesen. Diese Funktion unterstreicht die tiefe Verbundenheit der japanischen Kultur mit der spirituellen Dimension des Alltags und zeigt, wie selbst gewöhnliche Gegenstände als Brücke zwischen dem Profanen und dem Heiligen dienen können.

Die moralischen und ethischen Implikationen des Tsukumogami-Glaubens bildeten einen weiteren Schwerpunkt unserer Untersuchung. Die Vorstellung, dass vernachlässigte oder missbrauchte Objekte sich gegen ihre ehemaligen Besitzer wenden können, dient als kraftvolle Metapher für die Bedeutung von Respekt, Dankbarkeit und verantwortungsvollem Umgang mit materiellen Gütern. Diese Lehre gewinnt in unserer modernen Konsumgesellschaft, die oft von Wegwerfmentalität und Überfluss geprägt ist, besondere Relevanz.

Im Kontext der japanischen Literatur und Kunst haben wir gesehen, wie Tsukumogami als narrative Werkzeuge und symbolische Figuren eingesetzt wurden. Von den klassischen Geschichtensammlungen wie dem "Tsukumogami-ki" bis hin zu modernen Manga und Anime haben diese belebten Objekte Generationen von Künstlern und Geschichtenerzählern inspiriert. Sie dienten als Vehikel für Sozialkritik, humorvolle Unterhaltung und tiefgründige philosophische Betrachtungen über die Natur der Existenz und die Beziehung zwischen Menschen und den Dingen, die sie umgeben.

Wir haben gelernt, dass nicht alle belebten Objekte gleich sind und dass es eine Hierarchie und Vielfalt unter ihnen gibt. Einige Tsukumogami, wie der Biwa-bokuboku, ein belebtes Lauteninstrument, gelten als besonders raffiniert und kultiviert. Andere, wie der Kameosa, ein belebter Sakekrug, werden oft als gesellig und fröhlich dargestellt. Diese Vielfalt spiegelt die Komplexität der japanischen Gesellschaft wider und zeigt, wie selbst in der Welt der übernatürlichen Wesen soziale Strukturen und Charakterunterschiede eine Rolle spielen.

Ein wichtiger Aspekt, den wir im Laufe unserer Untersuchung immer wieder betont haben, ist die enge Verbindung zwischen Tsukumogami und dem Konzept des "Mono no aware" - der bittersüßen Vergänglichkeit aller Dinge. Die Vorstellung, dass Objekte nach hundert Jahren ein Eigenleben entwickeln können, unterstreicht die japanische Sensibilität für die Schönheit des Vergänglichen und die Wertschätzung alter, gut erhaltener Dinge. Dies steht in starkem Kontrast zu einer Wegwerfgesellschaft und fördert einen nachhaltigen und respektvollen Umgang mit materiellen Gütern.

In unserer Betrachtung der historischen Entwicklung des Tsukumogami-Glaubens haben wir festgestellt, dass diese Vorstellungen nicht statisch waren, sondern sich im Laufe der Zeit veränderten und an neue gesellschaftliche Realitäten anpassten. Während der Edo-Zeit beispielsweise, als der Buddhismus einen starken Einfluss auf die japanische Kultur ausübte, wurden Tsukumogami oft als Manifestationen karmischer Verstrickungen interpretiert. In der Meiji-Zeit hingegen, als Japan sich dem Westen öffnete und eine Phase der Modernisierung durchlief, wurden viele übernatürliche Vorstellungen als abergläubisch abgetan. Dennoch überlebten die Tsukumogami in der Volkskultur und fanden neue Ausdrucksformen in Literatur und Kunst.

Die Vorstellung, dass gut gefertigte und lange genutzte Objekte eine Seele entwickeln können, unterstreicht die Bedeutung von Qualität, Handwerkskunst und der emotionalen Bindung zu Gegenständen. Dies hat weitreichende Implikationen für unser Verständnis von Konsum und Produktion und bietet wertvolle Einsichten in eine nachhaltigere und erfülltere Beziehung zu den Dingen, die uns umgeben.

Die Geschichte vom Rachefeldzug der vernachlässigten Werkzeuge

Eine der bekanntesten traditionellen Geschichten über Tsukumogami ist die Legende vom "Rachefeldzug der vernachlässigten Werkzeuge", die im berühmten "Tsukumogami-ki" aus dem 15. Jahrhundert überliefert ist. Diese Geschichte veranschaulicht eindrucksvoll die moralischen und spirituellen Dimensionen des Tsukumogami-Glaubens.

Die Erzählung beginnt in einem wohlhabenden Haushalt in der alten Hauptstadt Kyoto. Die Familie, die dort lebte, war für ihren Reichtum und ihre Verschwendungssucht bekannt. Sie kauften ständig neue Gegenstände und warfen alte achtlos weg, sobald sie auch nur den geringsten Makel aufwiesen. Jahrzehnte vergingen, und die weggeworfenen Objekte sammelten sich auf den Müllhalden am Stadtrand.

Unter diesen weggeworfenen Gegenständen befanden sich Werkzeuge, Haushaltsgeräte und persönliche Besitztümer aller Art - vom abgenutzten Besen bis zum zerbrochenen Spiegel. Mit der Zeit begannen diese vernachlässigten Objekte, Groll gegen ihre ehemaligen Besitzer zu hegen. Sie fühlten sich verraten und missachtet, hatten sie doch jahrelang treu gedient, nur um dann achtlos entsorgt zu werden.

Als der hundertste Jahrestag ihrer Herstellung nahte, versammelten sich die Gegenstände unter der Führung eines alten Papierschirms, der zum Anführer der Gruppe geworden war. In einer mondlosen Nacht erwachten sie zum Leben und verwandelten sich in Tsukumogami. Mit neu gewonnenen übernatürlichen Kräften beschlossen sie, Rache an ihren ehemaligen Besitzern zu nehmen.

Die Armee der belebten Objekte marschierte zurück in die Stadt, angeführt von dem Papierschirm, der sich in einen furchterregenden Karakasa verwandelt hatte. Sie drangen in das Haus ihrer ehemaligen Besitzer ein und verursachten Chaos und Schrecken. Töpfe und Pfannen rasselten von selbst, Kleider flatterten durch die Luft, und Spiegel zeigten verzerrte, alptraumhafte Bilder.

Die Familie war entsetzt und verängstigt. Sie konnten nicht begreifen, was geschah, bis der alte Großvater des Hauses die Wahrheit erkannte. Er erinnerte sich an die alten Lehren über Tsukumogami und verstand, dass dies die Rache der vernachlässigten Gegenstände war.

In seiner Weisheit trat der alte Mann vor die tobende Schar der Tsukumogami und bat demütig um Vergebung. Er gestand die Fehler seiner Familie ein und versprach, in Zukunft alle Dinge mit Respekt und Dankbarkeit zu behandeln. Seine aufrichtige Reue und sein Versprechen besänftigten die zornigen Geister.

Gerührt von der Aufrichtigkeit des alten Mannes, beschlossen die Tsukumogami, von ihrer Rache abzulassen. Sie erkannten, dass Vergebung und Versöhnung wertvoller waren als Rache. Einige der Tsukumogami entschieden sich sogar dafür, in den Haushalt zurückzukehren und wieder als treue Diener zu fungieren, diesmal mit dem Respekt und der Anerkennung, die sie verdienten.

Von diesem Tag an änderte die Familie ihre Lebensweise grundlegend. Sie lernten, jedes Objekt wertzuschätzen und mit Sorgfalt zu behandeln. Sie reparierten Dinge, anstatt sie wegzuwerfen, und gaben alten Gegenständen neue Verwendungszwecke. Ihr Beispiel inspirierte auch andere in der Stadt, achtsamer mit ihren Besitztümern umzugehen.

Diese Geschichte verbreitete sich in ganz Japan und wurde zu einer wichtigen Lehre über den respektvollen Umgang mit Gegenständen. Sie vermittelt die Botschaft, dass selbst scheinbar leblose Dinge eine Art von Bewusstsein oder Geist besitzen können und dass unser Umgang mit ihnen moralische und spirituelle Konsequenzen hat.

Die Legende vom "Rachefeldzug der vernachlässigten Werkzeuge" ist mehr als nur eine unterhaltsame Geistergeschichte. Sie spiegelt tiefe kulturelle Werte wider und vermittelt wichtige ethische Lehren. Sie ermahnt uns, dankbar zu sein für die Dinge, die uns dienen, und mahnt zu einem nachhaltigen und respektvollen Umgang mit materiellen Gütern.

Darüber hinaus veranschaulicht die Geschichte die komplexe Natur der Tsukumogami. Sie werden nicht als inhärent gut oder böse dargestellt, sondern als Wesen mit eigenen Gefühlen und moralischen Vorstellungen. Ihre Handlungen sind eine Reaktion auf die Behandlung, die sie erfahren haben, was die Vorstellung unterstreicht, dass die Beziehung zwischen Menschen und Objekten eine wechselseitige ist.

Die Verwandlung alltäglicher Gegenstände in übernatürliche Wesen in dieser Geschichte dient auch als kraftvolle Metapher für die verborgene Bedeutung und den Wert, den selbst die scheinbar banalsten Dinge in unserem Leben haben können. Sie lädt uns ein, unsere Umgebung mit neuen Augen zu betrachten und die potenzielle Magie im Alltäglichen zu erkennen.

Interessanterweise spiegelt die Geschichte auch buddhistische Konzepte wider, insbesondere die Idee, dass alle Dinge miteinander verbunden sind und dass unsere Handlungen weitreichende Konsequenzen haben können. Die Vergebung und Versöhnung am Ende der Geschichte erinnern an buddhistische Lehren über Mitgefühl und die Überwindung negativer Emotionen.

In der Edo-Zeit wurde diese Geschichte oft in Form von Bildrollen oder Theaterstücken dargestellt. Diese visuellen und performativen Interpretationen trugen dazu bei, die Botschaft der Geschichte einem breiten Publikum zugänglich zu machen und die Vorstellung von Tsukumogami im kollektiven Bewusstsein zu verankern.

Die Legende hat auch Einfluss auf moderne Interpretationen des Tsukumogami-Konzepts. In zeitgenössischen Anime und Manga finden sich oft Anspielungen auf diese Geschichte, wobei die Idee vernachlässigter Objekte, die zum Leben erwachen, in neue Kontexte übertragen wird. So wird beispielsweise in einigen Werken die Vorstellung erkundet, dass moderne elektronische Geräte zu Tsukumogami werden könnten.

Die Rolle des alten Großvaters als Vermittler zwischen der menschlichen und der übernatürlichen Welt ist eine Zentrale Figur. Sie verkörpert die Weisheit und das traditionelle Wissen, das oft in der älteren Generation bewahrt wird. Seine Fähigkeit, die Situation zu verstehen und zu lösen, unterstreicht die Bedeutung der Weitergabe kulturellen Wissens von Generation zu Generation.

Die Geschichte bietet auch Einblicke in die soziale Struktur und die Werte der Zeit, in der sie entstand. Die Kritik an Verschwendung und übermäßigem Konsum spiegelt möglicherweise Spannungen in der damaligen Gesellschaft wider, insbesondere in Zeiten wirtschaftlichen Wandels oder sozialer Umbrüche.

Ein weiterer bemerkenswerter Aspekt der Erzählung ist die Art und Weise, wie sie das Konzept der Metamorphose behandelt. Die Verwandlung alltäglicher Gegenstände in übernatürliche Wesen ist nicht nur ein fantastisches Element, sondern auch eine Metapher für Transformation und Veränderung im Allgemeinen. Dies könnte als Reflexion über die Natur der Realität und die Fluidität von Identitäten interpretiert werden.

Die Darstellung der verschiedenen Tsukumogami in der Geschichte bietet auch Einblicke in die materielle Kultur der Zeit. Die Arten von Gegenständen, die erwähnt werden, geben Aufschluss über das tägliche Leben und die Haushaltsführung in der damaligen japanischen Gesellschaft. So wird beispielsweise die zentrale Rolle des Papierschirms als Anführer der Tsukumogami die Bedeutung dieses Gegenstands im traditionellen japanischen Haushalt widerspiegeln.

Interessanterweise enthält die Geschichte auch Elemente, die an moderne Umweltbotschaften erinnern. Die Idee, dass weggeworfene Gegenstände zurückkommen und Konsequenzen für diejenigen haben, die sie achtlos entsorgt haben, könnte als frühe Form des ökologischen Bewusstseins interpretiert werden. In diesem Sinne war die Geschichte ihrer Zeit voraus und bietet auch heute noch relevante Lehren über Nachhaltigkeit und verantwortungsvollen Konsum.

Die Art und Weise, wie die Geschichte Humor und Schrecken verbindet, ist ein weiterer bemerkenswerter Aspekt. Die Vorstellung von alltäglichen Gegenständen, die plötzlich zum Leben erwachen und Chaos verursachen, hat sowohl komische als auch unheimliche Elemente. Diese Mischung aus Humor und Grusel ist charakteristisch für viele japanische Geistergeschichten und trägt dazu bei, dass die Botschaft der Erzählung auf unterhaltsame Weise vermittelt wird.

Ein weiterer Punkt ist die Darstellung der Tsukumogami als Kollektiv. Obwohl jeder Gegenstand seine eigene Identität und Fähigkeiten hat, handeln sie als Gruppe mit einem gemeinsamen Ziel. Dies könnte als Reflexion über die Bedeutung von Gemeinschaft und Zusammenhalt in der japanischen Kultur interpretiert werden, wo oft das Kollektiv über das Individuum gestellt wird.

Die Geschichte bietet auch Einblicke in die japanische Vorstellung von Gerechtigkeit und Vergeltung. Die Tsukumogami suchen Rache für ihre Misshandlung, sind aber bereit zu vergeben, wenn echte Reue gezeigt wird. Dies spiegelt ein nuanciertes Verständnis von Gerechtigkeit wider, das Raum für Vergebung und Wiedergutmachung lässt.

Die Idee, dass Objekte durch lange Nutzung und Alter eine Art Bewusstsein oder Geist entwickeln können, erweitert das Konzept der Beseelung auf die gesamte materielle Welt. Dies steht im Einklang mit animistischen Vorstellungen und unterstreicht die tiefe Verbundenheit zwischen Menschen und ihrer Umwelt in der japanischen Weltanschauung.

Die Geschichte kann auch als Kommentar zur Natur von Macht und Status interpretiert werden. Die vernachlässigten Objekte, einst machtlos und weggeworfen, erlangen durch ihre Transformation zu Tsukumogami übernatürliche Kräfte. Dies könnte als Metapher für soziale Umwälzungen oder die Idee verstanden werden, dass selbst die scheinbar Machtlosen das Potenzial haben, signifikanten Einfluss auszuüben.

Ein weiterer bemerkenswerter Aspekt ist die Art und Weise, wie die Geschichte die Grenze zwischen dem Alltäglichen und dem Übernatürlichen verwischt. In der Welt dieser Erzählung ist das Wunderbare nicht weit entfernt von der gewöhnlichen Realität - es schlummert in den Gegenständen, die uns umgeben. Diese Sichtweise fördert eine Haltung der Achtsamkeit und des Staunens gegenüber der alltäglichen Welt.

Die Erzählung bietet auch Einblicke in die japanische Vorstellung von Zeit und Alterung. Die Idee, dass Objekte nach hundert Jahren zum Leben erwachen, unterstreicht die

Bedeutung von Langlebigkeit und die Wertschätzung alter Dinge in der japanischen Kultur. Es suggeriert, dass Zeit selbst eine transformative Kraft hat, die das Wesen der Dinge verändern kann.

Interessanterweise spiegelt die Geschichte auch Vorstellungen von Hierarchie und Führung wider. Der alte Papierschirm, der zum Anführer der Tsukumogami wird, könnte als Reflexion über die Natur von Autorität und die Qualitäten eines guten Führers interpretiert werden. Seine Fähigkeit, die anderen zu organisieren und zu leiten, suggeriert, dass Führung aus Erfahrung und Weisheit erwächst, nicht nur aus Kraft oder Furcht.

Die Art und Weise, wie die Geschichte endet - mit Versöhnung und einer Veränderung des Verhaltens - bietet ein Modell für Konfliktlösung und persönliche Transformation. Sie suggeriert, dass echte Veränderung möglich ist, wenn man bereit ist, aus seinen Fehlern zu lernen und sein Verhalten anzupassen. Dies macht die Erzählung zu einer Art moralische Fabel, die zeitlose Lektionen über persönliches Wachstum und soziale Harmonie vermittelt.

Lange bevor der Begriff "Nachhaltigkeit" geprägt wurde, warnte diese Erzählung vor den Konsequenzen von Verschwendung und mangelnder Wertschätzung materieller Güter. In diesem Sinne kann die Geschichte als frühe Form des ökologischen Denkens betrachtet werden, die die Verbundenheit zwischen Menschen und ihrer materiellen Umwelt betont.

Die Darstellung der Tsukumogami in dieser Geschichte bietet auch interessante Einblicke in die japanische Vorstellung von Emotionen und Bewusstsein. Die Idee, dass Objekte Gefühle wie Groll, Wut, aber auch Vergebung und Loyalität empfinden können, erweitert unser Verständnis von Emotionalität und Bewusstsein über die Grenzen des Menschlichen hinaus. Dies steht im Einklang mit animistischen Vorstellungen und fördert eine Weltsicht, die allen Dingen eine Form von Bewusstsein oder Geist zuschreibt.

Die Verwandlung alltäglicher Gegenstände in übernatürliche Wesen schafft eine Welt, in der das Magische und das Mundane koexistieren. Diese Verschmelzung verschiedener Realitätsebenen ist ein häufiges Merkmal japanischer Folklore und Literatur und spiegelt eine Weltsicht wider, die offen ist für die Möglichkeit des Wunderbaren im Alltäglichen.

Die Geschichte kann auch als Kommentar zur Natur von Besitz und materiellen Gütern interpretiert werden. Indem sie Objekten Agency und die Fähigkeit zur Rache

In unserer Untersuchung haben wir auch die Rolle der Tsukumogami in der japanischen Popkultur betrachtet. Von klassischen Manga-Serien bis hin zu modernen Videospielen haben diese belebten Objekte die Fantasie von Generationen von Künstlern und Unterhaltungsschaffenden beflügelt. Dabei haben wir festgestellt, dass die Darstellung von Tsukumogami oft als Mittel dient, um komplexe Themen wie Einsamkeit, Entfremdung und die Suche nach Identität in einer zunehmend technologisierten Welt zu erkunden. Die Vermenschlichung von Alltagsgegenständen in der Popkultur kann als Ausdruck einer tief verwurzelten kulturellen Neigung gesehen werden, die Grenze zwischen belebt und unbelebt, zwischen Subjekt und Objekt, zu verwischen.

Die Vorstellung, dass selbst scheinbar leblose Objekte eine Form von Bewusstsein oder Geist besitzen können, fördert eine Haltung des Respekts und der Fürsorge gegenüber der materiellen Welt. Dies hat Auswirkungen auf den Umgang mit natürlichen Ressourcen, die Gestaltung von Produkten und das Konsumverhalten. In einer Zeit, in der Umweltfragen von globaler Bedeutung sind, bietet das Konzept der Tsukumogami wertvolle Denkanstöße für eine nachhaltigere und achtsamere Lebensweise.

Wir haben auch die psychologischen Aspekte des Tsukumogami-Glaubens untersucht. Die Vorstellung von belebten Objekten kann als Projektion menschlicher Emotionen und Erfahrungen auf die uns umgebende Welt verstanden werden. Dies ermöglicht es Menschen, komplexe Gefühle und Beziehungen durch die Interaktion mit vermeintlich belebten Gegenständen zu verarbeiten. In diesem Sinne können Tsukumogami als eine Form der emotionalen Intelligenz und als Mittel zur Bewältigung von Stress und Einsamkeit betrachtet werden.

Ein faszinierender Aspekt unserer Beobachtung ist die Betrachtung der Tsukumogami im Kontext der japanischen Architektur und Raumgestaltung. Die Vorstellung, dass Objekte eine Seele entwickeln können, hat Einfluss auf die Art und Weise, wie Räume gestaltet und genutzt werden. In traditionellen japanischen Häusern gibt es oft spezielle Nischen oder Bereiche, die der Präsentation und Verehrung besonderer Objekte gewidmet sind. Diese Praxis spiegelt den Respekt vor der spirituellen Dimension alltäglicher Gegenstände wider und schafft eine Atmosphäre der Achtsamkeit und Wertschätzung.

In unserer Untersuchung haben wir auch die Rolle der Tsukumogami in der japanischen Geschichtenerzähltradition beleuchtet. Von den klassischen Geistergeschichten der Edo-Zeit bis hin zu modernen urbanen Legenden haben belebte Objekte immer wieder als Protagonisten oder antagonistische Kräfte gedient. Diese Geschichten erfüllen verschiedene Funktionen: Sie unterhalten, vermitteln moralische Lehren, reflektieren gesellschaftliche Ängste und bieten eine Möglichkeit, das Unheimliche und Unergründliche zu verarbeiten. Die Vielfalt und Langlebigkeit dieser Erzählungen zeugen von der tiefen kulturellen Resonanz des Tsukumogami-Konzepts.

Wir haben gesehen, wie sich der Glaube an belebte Objekte mit verschiedenen religiösen Strömungen vermischt und entwickelt hat. Während der Animismus des frühen Shinto den Grundstein für diese Vorstellungen legte, haben buddhistische Konzepte wie Karma und Reinkarnation die Interpretation der Tsukumogami beeinflusst. In synkretistischen religiösen Praktiken finden sich oft Elemente beider Traditionen, was die Komplexität und Anpassungsfähigkeit des japanischen spirituellen Lebens verdeutlicht.

Ein faszinierender Aspekt unserer Untersuchung war die Betrachtung der Tsukumogami im Kontext der japanischen Alltagskultur. Wir haben gesehen, wie der Glaube an belebte Objekte das tägliche Leben beeinflusst, von kleinen Gesten des Respekts gegenüber alten Gegenständen bis hin zu elaborierten Ritualen zur Besänftigung potenziell verärgerte Geister. Diese Praktiken, ob bewusst ausgeführt oder unbewusst tradiert, prägen die Art und Weise, wie Menschen mit ihrer materiellen Umgebung interagieren und schaffen eine einzigartige Atmosphäre der Achtsamkeit und Verbundenheit.

In unserer Untersuchung haben wir auch die Rolle der Tsukumogami in der japanischen Bildenden Kunst betrachtet. Von klassischen Ukiyo-e-Holzschnitten bis hin zu zeitgenössischen Installationen haben Künstler immer wieder auf das Motiv der belebten Objekte zurückgegriffen, um komplexe Ideen zu vermitteln. Diese künstlerischen Darstellungen dienen nicht nur der Unterhaltung, sondern auch als Mittel zur Reflexion über die Natur der Realität, die Grenzen zwischen Belebtem und Unbelebtem und die Beziehung zwischen Menschen und ihrer materiellen Umwelt. Die Vielfalt und Kreativität dieser künstlerischen Auseinandersetzungen zeugen von der anhaltenden Faszination und Relevanz des Tsukumogami-Konzepts.

In vielen traditionellen Heilmethoden spielen belebte Objekte eine Rolle, sei es als Vermittler heilender Kräfte oder als Schutz vor bösen Einflüssen. Wir haben gesehen, wie bestimmte Tsukumogami als Schutzgeister angerufen oder in Amuletten und Talismanen verwendet werden. Diese Praktiken verdeutlichen die enge Verbindung zwischen dem Glauben an belebte Objekte und dem Streben nach Gesundheit, Glück und Schutz im täglichen Leben.

In unserer Untersuchung haben wir auch die philosophischen Implikationen des Tsukumogami-Konzepts betrachtet. Die Vorstellung von belebten Objekten stellt grundlegende Fragen nach der Natur des Bewusstseins, der Abgrenzung zwischen Subjekt und Objekt und der Beziehung zwischen Materie und Geist. Wir haben gesehen, wie diese Ideen in verschiedenen philosophischen Schulen Japans diskutiert wurden, von der buddhistischen Lehre der

Nicht-Dualität bis hin zu modernen phänomenologischen Ansätzen. Die Tsukumogami bieten einen einzigartigen Zugang zu diesen komplexen philosophischen Fragen und laden uns ein, unsere Vorstellungen von Belebtheit und Unbelebtheit zu hinterfragen.

Im japanischen Volksglauben der Tsukumogami offenbart sich eine faszinierende Weltsicht, die unsere Beziehung zu den Dingen, die uns umgeben, grundlegend hinterfragt. Die Idee, dass Objekte nach hundert Jahren des Gebrauchs eine Seele und übernatürliche Kräfte erlangen, ist mehr als nur eine kuriose Legende - sie ist Ausdruck einer tief verwurzelten Verbundenheit zwischen Mensch und Materie, die in der japanischen Kultur eine besondere Rolle spielt.

Im Laufe unserer Untersuchung haben wir gesehen, wie der Glaube an Tsukumogami verschiedene Aspekte der japanischen Gesellschaft durchdringt und beeinflusst. Von der Kunst über die Religion bis hin zum Alltagsleben hinterlassen diese beseelten Objekte ihre Spuren. Sie sind Zeugen einer Weltanschauung, die die strikte Trennung zwischen belebt und unbelebt, wie wir sie im Westen kennen, aufhebt und stattdessen ein Kontinuum des Seins postuliert.

Die Ursprünge des Tsukumogami-Glaubens lassen sich bis in die Heian-Zeit (794-1185) zurückverfolgen. In dieser Epoche, die als goldenes Zeitalter der japanischen Kultur gilt, entstanden viele der Vorstellungen und Praktiken, die bis heute das japanische Denken prägen. Die Idee, dass Objekte eine Seele besitzen können, wurzelt tief im Animismus des Shinto, der indigenen Religion Japans. Der Shinto geht davon aus, dass alle Dinge - seien es Berge, Bäume oder eben auch vom Menschen geschaffene Gegenstände - von Geistern oder Göttern (Kami) bewohnt sein können.

Die Verschmelzung dieser animistischen Vorstellungen mit buddhistischen Konzepten wie Karma und Wiedergeburt führte zur Entstehung des Tsukumogami-Glaubens in seiner spezifischen Form. Die Idee, dass Objekte nach hundert Jahren des Gebrauchs zum Leben erwachen, kann als eine Art materielle Reinkarnation verstanden werden. Sie spiegelt den buddhistischen Gedanken wider, dass alles Sein einem ständigen Wandel unterworfen ist und nichts eine permanente, unveränderliche Essenz besitzt.

Die Vorstellung, dass die Art und Weise, wie wir mit Objekten umgehen, direkten Einfluss auf ihr "Schicksal" hat, ist interessant. Gegenstände, die mit Sorgfalt und Respekt behandelt werden, entwickeln sich eher zu wohlwollenden Geistern, während vernachlässigte oder missbrauchte Objekte zu rachsüchtigen Wesen werden können. Diese Idee hat tiefgreifende Auswirkungen auf den alltäglichen Umgang mit Dingen in der japanischen Kultur.

Die wohl bekanntesten Beispiele für Tsukumogami sind Haushaltsgeräte und Alltagsgegenstände. Der Kasa-obake, ein belebter Regenschirm mit einem Auge und einer langen Zunge, oder der Chochin-obake, eine wandelnde Papierlaterne, sind populäre Figuren in der japanischen Folklore und Kunst. Diese Darstellungen mögen auf den ersten Blick humorvoll oder gar absurd erscheinen, doch sie transportieren eine tiefere Botschaft über die Beziehung zwischen Mensch und Objekt.

Die Vorstellung von belebten Alltagsgegenständen hat auch Eingang in die japanische Populärkultur gefunden. In Anime, Manga und Videospielen tauchen Tsukumogami häufig als Charaktere auf, mal als niedliche Begleiter, mal als furchterregende Gegner. Diese moderne Interpretation des alten

Glaubens zeigt, wie tief verwurzelt die Idee der beseelten Objekte in der japanischen Psyche ist und wie sie sich an neue kulturelle Kontexte anpassen kann.

Die Idee, dass Objekte eine innere Essenz oder Seele besitzen, findet sich in vielen Bereichen der japanischen Kunst wieder. In der Teezeremonie beispielsweise werden die verwendeten Utensilien nicht als bloße Werkzeuge betrachtet, sondern als Träger einer eigenen Geschichte und Persönlichkeit. Die sorgfältige Auswahl und Handhabung dieser Objekte ist ein wesentlicher Teil der Zeremonie und spiegelt den respektvollen Umgang mit den Dingen wider, der im Tsukumogami-Glauben zum Ausdruck kommt.

Auch in der traditionellen japanischen Architektur und Gartenkunst lässt sich der Einfluss des Tsukumogami-Gedankens erkennen. Die bewusste Platzierung von Objekten im Raum, sei es in einem traditionellen Wohnhaus oder in einem Zen-Garten, basiert auf der Vorstellung, dass jedes Element eine eigene Präsenz und Energie besitzt. Diese Sichtweise führt zu einer harmonischen Gestaltung der Umgebung, in der jedes Objekt seinen spezifischen Platz und seine Bedeutung hat.

Die Idee der Tsukumogami hat auch Auswirkungen auf die japanische Konsumkultur und den Umgang mit Ressourcen. In einer Gesellschaft, in der Gegenstände potenziell zum Leben erwachen können, entwickelt sich naturgemäß ein anderes Verhältnis zu Besitz und Verbrauch. Der achtsame Umgang mit Dingen, die Wertschätzung von Langlebigkeit und die Tendenz, Objekte zu reparieren statt wegzuwerfen, können teilweise auf diesen Glauben zurückgeführt werden.

In der modernen japanischen Gesellschaft mag der wörtliche Glaube an Tsukumogami zwar abgenommen haben, doch die zugrunde liegenden Prinzipien wirken weiterhin. Das Konzept der Mottainai, das Verschwendung als etwas zutiefst Beklagenswertes betrachtet, kann als säkulare Fortführung des Tsukumogami-Gedankens verstanden werden. Es fördert einen respektvollen und nachhaltigen Umgang mit Ressourcen und Objekten, der in Zeiten globaler ökologischer Herausforderungen zunehmend an Bedeutung gewinnt.

Die Idee, dass Objekte nach hundert Jahren des Gebrauchs eine Seele entwickeln, reflektiert die hohe Wertschätzung, die dem Alter und der Erfahrung in der japanischen Kultur entgegengebracht wird. Alte Gegenstände werden nicht als veraltet oder nutzlos betrachtet, sondern als Träger von Geschichte und Weisheit. Diese Sichtweise steht in deutlichem Kontrast zur oft auf Neuheit und Innovation fixierten westlichen Konsumkultur.

Die Tsukumogami spielen auch eine wichtige Rolle in der japanischen Folklore und Literatur. In zahlreichen Geschichten und Legenden treten sie als Protagonisten auf, oft als moralische Lehrer oder als Verkörperungen menschlicher Tugenden und Laster. Diese Erzählungen dienten nicht nur der Unterhaltung, sondern auch der Vermittlung ethischer Werte und sozialer Normen. Sie lehrten Respekt vor den Dingen und mahnten zu einem verantwortungsvollen Umgang mit Besitz.

Während in der Vergangenheit vor allem traditionelle Haushaltsgeräte und Werkzeuge als potenzielle Tsukumogami galten, hat sich diese Vorstellung in der modernen Zeit auf neue Objektkategorien ausgeweitet. So gibt es heute

Geschichten von beseelten Computern, Smartphones oder sogar Autos. Diese Adaption zeigt die Flexibilität und Beständigkeit des Konzepts in der japanischen Kultur.

Die Idee der Tsukumogami hat auch Einfluss auf die japanische Geschäftswelt und Unternehmenskultur. Viele japanische Unternehmen, insbesondere traditionelle Familienbetriebe, betrachten ihre Produkte nicht nur als Waren, sondern als Träger eines Erbes und einer Verantwortung. Diese Haltung führt oft zu einem starken Fokus auf Qualität und Langlebigkeit, aber auch zu einer gewissen Zurückhaltung gegenüber raschen Veränderungen oder Innovationen, die als respektlos gegenüber der Tradition empfunden werden könnten.

In der japanischen Populärkultur haben die Tsukumogami eine bemerkenswerte Karriere gemacht. In Anime und Manga tauchen sie häufig als Charaktere auf, oft in einer verniedlichten oder humorvollen Form. Diese modernen Interpretationen des alten Glaubens dienen nicht nur der Unterhaltung, sondern auch als Mittel, um komplexe Themen wie die Beziehung zwischen Mensch und Technologie oder die Verantwortung gegenüber der Umwelt zu erkunden.

Vernachlässigte oder missbrauchte Objekte können, diesem Glauben zufolge, zu böswilligen Geistern werden. Das spiegelt die kulturelle Bedeutung von Harmonie und Balance wider. In diesem Sinne können die Tsukumogami als Mahnung verstanden werden, die Ordnung in der materiellen Welt aufrechtzuerhalten, um Chaos und Unheil abzuwenden.

Die Tsukumogami spielen auch eine Rolle in der japanischen Volksheilkunde und spirituellen Praktiken. Es gibt Überlieferungen von Ritualen und Zeremonien, die darauf abzielen, den Geist eines Objekts zu besänftigen oder um seinen Segen zu bitten. Diese Praktiken zeugen von einem ganzheitlichen Weltbild, in dem die materielle und die spirituelle Sphäre eng miteinander verwoben sind.

In der japanischen Kunstgeschichte haben die Tsukumogami immer wieder als Inspirationsquelle gedient. Besonders in der Edo-Zeit (1603-1868) entstanden zahlreiche Darstellungen von belebten Objekten in Holzschnitten, Rollbildern und anderen Kunstformen. Diese oft humorvollen oder grotesken Abbildungen dienten nicht nur der Unterhaltung, sondern auch als Mittel der sozialen Kritik und des philosophischen Diskurses über die Natur der Realität.

Das Konzept des "Mono no aware", die zentrale ästhetische und philosophische Idee prägt bis heute die japanische Kultur. "Mono no aware" beschreibt eine wehmütige Wertschätzung der Vergänglichkeit aller Dinge. Die Vorstellung, dass Objekte nach langer Zeit eine Seele entwickeln können, kann als Ausdruck dieser Sensibilität für die Flüchtigkeit und Wandelbarkeit des Seins verstanden werden.

Die Idee der Tsukumogami hat auch Einfluss auf die japanische Architektur und Raumgestaltung. In traditionellen japanischen Häusern gibt es oft spezielle Nischen oder Bereiche, die der Präsentation und Wertschätzung besonderer Objekte gewidmet sind. Diese Praxis kann als Ausdruck des Respekts vor der potenziellen Beseelung dieser Gegenstände verstanden werden.

Ein faszinierender Aspekt des Tsukumogami-Glaubens ist seine Verbindung zur japanischen Vorstellung von Transformation und Metamorphose. Die Idee, dass unbelebte

Objekte zu lebendigen Wesen werden können, spiegelt ein Weltbild wider, in dem die Grenzen zwischen verschiedenen Seinsformen fließend sind. Diese Sichtweise findet sich auch in anderen Bereichen der japanischen Mythologie, etwa in Geschichten von Menschen, die sich in Tiere verwandeln, oder von Göttern, die menschliche Gestalt annehmen.

In der japanischen Literatur haben die Tsukumogami eine lange und reiche Tradition. Von klassischen Werken wie dem "Tsukumogami-ki" aus dem 15. Jahrhundert bis hin zu modernen Romanen und Kurzgeschichten tauchen beseelte Objekte immer wieder als literarische Motive auf. Sie dienen oft als Metaphern für menschliche Emotionen und Beziehungen oder als Mittel, um komplexe philosophische und ethische Fragen zu erkunden.

Ein bemerkenswerter Aspekt des Tsukumogami-Glaubens ist seine Beziehung zum japanischen Konzept des "Iki", einer ästhetischen und ethischen Haltung, die Eleganz, Subtilität und Zurückhaltung betont. Die Idee, dass Objekte durch langen, achtsamen Gebrauch eine Seele entwickeln können, entspricht diesem Ideal der kultivierten Einfachheit und des verfeinerten Geschmacks.

Die Vorstellung von Tsukumogami hat auch Einfluss auf die japanische Gartenkunst. In traditionellen japanischen Gärten werden Steine, Bäume und andere natürliche Elemente oft so arrangiert, als hätten sie eine eigene Persönlichkeit und Präsenz. Diese Praxis kann als Erweiterung des Tsukumogami-Gedankens auf die natürliche Umwelt verstanden werden.

In der hochritualisierten Teezeremonie, einer Form der Gastfreundschaft werden die verwendeten Utensilien - von der Teeschale bis zum Bambusschöpfer - als mehr als bloße

Werkzeuge betrachtet. Jedes Objekt hat seine eigene Ge-
schichte und Persönlichkeit, die zum Gesamterlebnis der
Zeremonie beiträgt. Diese Sichtweise reflektiert den Geist des
Tsukumogami-Glaubens in einem verfeinerten, ästhetischen
Kontext.

Das Konzept von Karma und Geistern im Buddhismus

Das Konzept von Karma und Geistern nimmt im Buddhismus eine zentrale Stellung ein und prägt maßgeblich das Weltbild sowie die ethischen und spirituellen Praktiken dieser jahrtausendealten Tradition. In der vorliegenden Abhandlung haben wir uns eingehend mit diesen beiden fundamentalen Aspekten der buddhistischen Lehre auseinandergesetzt und ihre vielfältigen Facetten, historischen Entwicklungen sowie praktischen Implikationen beleuchtet. Dabei wurde deutlich, dass sowohl Karma als auch die Vorstellung von Geistern tief in der buddhistischen Kosmologie und Anthropologie verwurzelt sind und weit über simplifizierende westliche Interpretationen hinausgehen.

Der Buddhismus, eine der großen Weltreligionen und philosophischen Traditionen, hat seit seiner Entstehung vor über 2500 Jahren das Denken und Leben von Millionen Menschen auf der ganzen Welt beeinflusst. Zentral für das buddhistische Weltbild sind die Konzepte von Karma und die Vorstellung von Geistern, die eng miteinander verwoben sind und fundamentale Aspekte der buddhistischen Lehre darstellen. In diesem Kapitel werden wir uns eingehend mit diesen beiden Konzepten beschäftigen, ihre Ursprünge, Entwicklungen und Bedeutungen für den Buddhismus und seine Anhänger untersuchen.

Das Konzept des Karma, das wörtlich übersetzt "Handlung" oder "Tat" bedeutet, ist ein grundlegendes Prinzip nicht nur im Buddhismus, sondern auch in anderen indischen Religionen und philosophischen Systemen. Im buddhistischen Kontext bezieht sich Karma auf die Gesamtheit der Handlungen eines Wesens und deren Konsequenzen, die sich über mehrere Lebenszeiten erstrecken können. Es ist ein komplexes System von Ursache und Wirkung, das die moralische Dimension menschlichen Handelns in den Mittelpunkt stellt und eng mit dem Konzept der Wiedergeburt verbunden ist.

Die buddhistische Vorstellung von Geistern wiederum ist vielschichtig und hat sich im Laufe der Zeit und in verschiedenen kulturellen Kontexten weiterentwickelt. Geister werden im Buddhismus oft als feinstoffliche Wesen betrachtet, die Teil des Samsara, des Kreislaufs von Geburt, Tod und Wiedergeburt, sind. Sie können sowohl wohlwollend als auch bösartig sein und spielen in der Volksfrömmigkeit vieler buddhistischer Kulturen eine wichtige Rolle.

Um das Konzept des Karma im Buddhismus vollständig zu verstehen, müssen wir zunächst seinen Ursprung und seine Entwicklung betrachten. Die Idee des Karma hat ihre Wurzeln in den vedischen Traditionen Indiens, wurde aber vom historischen Buddha, Siddhartha Gautama, neu interpretiert und in seine Lehre integriert. Im Gegensatz zu früheren Interpretationen, die Karma oft als ein starres, deterministisches System betrachteten, betonte der Buddha die Rolle der Intention hinter den Handlungen.

Nach buddhistischer Auffassung ist es nicht nur die physische Tat selbst, die karmische Früchte trägt, sondern vor allem die Absicht, die hinter der Handlung steht. Dies führt zu einer nuancierteren und ethisch orientierten Sichtweise des Karma. Gute Absichten und daraus resultierende heilsame Handlungen führen zu positiven karmischen

Früchten, während unheilsame Absichten und schädliche Handlungen negative Konsequenzen nach sich ziehen.

Jede Handlung, sei sie körperlich, sprachlich oder geistig, setzt eine Kette von Ursachen und Wirkungen in Gang, die sich über lange Zeiträume erstrecken können. Diese Sichtweise führt zu einem tiefen Verständnis der Vernetzung aller Phänomene und der langfristigen Konsequenzen unserer Handlungen.

Es ist wichtig zu betonen, dass das buddhistische Konzept des Karma nicht als eine Form der Bestrafung oder Belohnung durch eine externe Macht verstanden wird. Vielmehr wird es als ein natürliches Gesetz betrachtet, ähnlich wie die Gesetze der Physik. So wie ein Apfel, der vom Baum fällt, aufgrund der Schwerkraft zu Boden sinkt, so reifen die Früchte unserer Handlungen gemäß dem Gesetz des Karma.

Die Auswirkungen des Karma erstrecken sich nach buddhistischer Vorstellung über mehrere Lebenszeiten. Dies führt uns zum Konzept der Wiedergeburt, das eng mit dem Karma verknüpft ist. Der Buddhismus lehrt, dass Lebewesen nach dem Tod wiedergeboren werden, wobei die Natur und Qualität dieser Wiedergeburt durch das angesammelte Karma bestimmt wird. Diese Sichtweise unterscheidet sich von der Idee einer ewigen Seele, wie sie in einigen anderen Religionen zu finden ist. Im Buddhismus gibt es kein unveränderliches Selbst, das von einem Leben zum nächsten wandert. Stattdessen wird die Kontinuität zwischen den Leben durch den karmischen Strom erklärt, eine Art energetisches Kontinuum, das von einem Leben zum nächsten übergeht.

Das Verständnis von Karma im Buddhismus hat tiefgreifende ethische Implikationen. Es fördert ein Bewusstsein für die

Konsequenzen unserer Handlungen und ermutigt zu ethischem Verhalten. Die buddhistische Ethik basiert auf der Erkenntnis, dass heilsame Handlungen nicht nur anderen, sondern auch uns selbst zugutekommen, während unheilsame Handlungen letztendlich Leid für alle Beteiligten verursachen.

Ein zentrales Ziel des buddhistischen Pfades ist es, den Kreislauf des Karma und der Wiedergeburt zu durchbrechen und Nirvana zu erreichen, einen Zustand jenseits von Leiden und karmischer Verstrickung. Dies geschieht durch die Kultivierung von Weisheit und Mitgefühl sowie durch die Überwindung von Gier, Hass und Verblendung, die als die Hauptursachen für die Entstehung von negativem Karma angesehen werden.

Die buddhistische Praxis bietet verschiedene Methoden, um mit dem Karma zu arbeiten und es positiv zu beeinflussen. Meditation spielt dabei eine zentrale Rolle, da sie hilft, die eigenen Geisteszustände und Intentionen bewusst wahrzunehmen und zu transformieren. Durch die Kultivierung von Achtsamkeit können Praktizierende lernen, ihre Handlungen und deren Motivationen genauer zu beobachten und somit bewusstere Entscheidungen zu treffen.

Darüber hinaus betont der Buddhismus die Bedeutung von ethischem Verhalten als Grundlage für spirituelles Wachstum. Die fünf ethischen Vorsätze – nicht zu töten, nicht zu stehlen, keinen sexuellen Missbrauch zu begehen, nicht zu lügen und keine berauschenden Substanzen zu konsumieren – bilden die Basis für ein Leben in Harmonie mit dem Karma-Gesetz.

Obwohl Karma oft als individuelles Phänomen betrachtet wird, erkennt der Buddhismus auch die Existenz von kollektivem Karma an. Dies bezieht sich auf die karmischen Auswirkungen, die durch das gemeinsame Handeln von Gruppen, Gesellschaften oder sogar der gesamten Menschheit entstehen. Diese Sichtweise fördert ein Bewusstsein für die globale Verantwortung und die Notwendigkeit, gemeinsam an der Schaffung einer gerechteren und mitfühlenderen Welt zu arbeiten.

Die Lehre vom Karma im Buddhismus ist nicht dogmatisch, sondern lädt zur persönlichen Erforschung und Überprüfung ein. Der Buddha selbst ermutigte seine Anhänger, seine Lehren nicht blind zu akzeptieren, sondern sie durch eigene Erfahrung zu verifizieren. Diese empirische Herangehensweise macht das Karma-Konzept auch für Menschen attraktiv, die einer eher rationalen und wissenschaftlichen Weltanschauung zuneigen.

In der modernen Zeit hat das buddhistische Verständnis von Karma auch Eingang in verschiedene psychologische und therapeutische Ansätze gefunden. Die Idee, dass unsere gegenwärtigen Gedanken und Handlungen unsere Zukunft formen, resoniert mit vielen psychologischen Theorien über die Macht des Unterbewusstseins und die Bedeutung von Gedankenmustern für unser Wohlbefinden.

Wenden wir uns nun dem Konzept der Geister im Buddhismus zu. Die Vorstellung von Geistern ist in vielen buddhistischen Traditionen präsent, wobei ihre genaue Natur und Bedeutung je nach Schule und kulturellem Kontext variieren kann. Im Allgemeinen werden Geister im Buddhismus als eine von sechs Existenzformen im Samsara betrachtet, neben Menschen, Tieren, Göttern, Halbgöttern und Höllenwesen.

Die buddhistische Kosmologie beschreibt Geister oft als feinstoffliche Wesen, die aufgrund ihres Karmas in einem Zwischenzustand zwischen den gröberen materiellen Bereichen und den subtileren göttlichen Sphären existieren. Sie werden häufig als leidende Wesen dargestellt, die von Hunger, Durst oder anderen unerfüllten Begierden geplagt werden. Diese Vorstellung spiegelt die buddhistische Lehre wider, dass Anhaftung und unerfülltes Verlangen zu Leid führen.

In vielen buddhistischen Kulturen spielen Geister eine wichtige Rolle in der Volksfrömmigkeit und im täglichen Leben der Menschen. Es gibt zahlreiche Rituale und Praktiken, die darauf abzielen, Geister zu besänftigen, ihnen zu helfen oder sich vor ihrem möglichen schädlichen Einfluss zu schützen. Diese Praktiken variieren stark zwischen verschiedenen buddhistischen Traditionen und lokalen Kulturen.

Im Theravada-Buddhismus, der vorwiegend in Südostasien praktiziert wird, gibt es beispielsweise die Vorstellung von "Preta" oder Hungergeistern. Diese werden als Wesen beschrieben, die aufgrund ihres vergangenen Karmas, insbesondere aufgrund von Gier und Geiz, in einem Zustand ständigen Hungers und Durstes existieren. Rituale zur Speisung dieser Geister sind in vielen Theravada-Ländern weit verbreitet und werden als Akte des Mitgefühls und der Verdienstvermehrung betrachtet.

Im Mahayana-Buddhismus, der in Ostasien dominiert, finden wir oft eine komplexere Hierarchie von Geistern und übernatürlichen Wesen. Hier verschmelzen buddhistische Vorstellungen häufig mit lokalen Traditionen und schaffen synkretistische Glaubenssysteme. In China beispielsweise hat sich der buddhistische Geisterglaube mit taoistischen und konfuzianischen Elementen vermischt und zu einer reichen Folklore und rituellen Praxis geführt.

Der tibetische Buddhismus, eine Form des Vajrayana, hat eine besonders ausgeprägte Geisterwelt entwickelt. Hier finden wir eine Vielzahl von Geistern, Dämonen und Schutzgottheiten, die eine wichtige Rolle in der religiösen Praxis spielen. Rituale zur Besänftigung oder Bannung von Geistern sind ein integraler Bestandteil der tibetischen buddhistischen Tradition.

Es ist wichtig zu betonen, dass die Existenz von Geistern im Buddhismus nicht als absolut oder unveränderlich betrachtet wird. Wie alle Phänomene im Samsara unterliegen auch Geister dem Gesetz der Vergänglichkeit und des Karma. Es wird gelehrt, dass Geister durch die Ansammlung von positivem Karma und die Unterstützung durch die Gebete und guten Taten der Lebenden aus ihrem leidvollen Zustand befreit werden und in höhere Existenzformen wiedergeboren werden können.

Die buddhistische Sichtweise auf Geister unterscheidet sich in einigen wesentlichen Punkten von anderen religiösen Traditionen. Im Gegensatz zu Religionen, die Geister als unsterbliche Seelen oder ewige Entitäten betrachten, sieht der Buddhismus sie als vergängliche, dem Wandel unterworfene Wesen. Auch werden Geister nicht als grundsätzlich gut oder böse angesehen, sondern als Wesen, die wie alle anderen im Samsara gefangen sind und nach Befreiung streben.

Die Vorstellung von Geistern im Buddhismus hat auch eine wichtige metaphorische und psychologische Dimension. In vielen buddhistischen Lehren werden Geister als Personifikationen innerer Zustände oder mentaler Hindernisse interpretiert. So können beispielsweise die "Hungergeister" als Symbol für unstillbare Begierden und Anhaftungen verstanden werden, die uns im spirituellen Wachstum behindern.

Diese psychologische Interpretation ermöglicht es, die Lehren über Geister auch in einem moderneren, säkularen Kontext zu verstehen und anzuwenden. Viele zeitgenössische buddhistische Lehrer betonen diese symbolische Bedeutung und nutzen die traditionellen Geistervorstellungen als Mittel, um tiefere psychologische und spirituelle Wahrheiten zu vermitteln.

Die Beziehung zwischen Karma und Geistern im Buddhismus ist komplex und vielschichtig. Einerseits wird die Existenz als Geist als Resultat vergangenen Karmas betrachtet. Andererseits können Geister durch ihre Handlungen und Intentionen weiterhin Karma ansammeln und so ihre zukünftige Existenz beeinflussen. Diese Sichtweise unterstreicht die buddhistische Lehre, dass alle Wesen, unabhängig von ihrer momentanen Existenzform, das Potenzial zur Erleuchtung haben.

Ein interessanter Aspekt der buddhistischen Geistervorstellung ist die Idee des "Bardo", des Zwischenzustands zwischen Tod und Wiedergeburt, die besonders im tibetischen Buddhismus ausgearbeitet wurde. In diesem Zustand, so wird gelehrt, durchläuft das Bewusstsein verschiedene Erfahrungen, die stark vom angesammelten Karma beeinflusst werden. Die Lehren über den Bardo-

Zustand haben nicht nur spirituelle, sondern auch praktische Implikationen für den Umgang mit Sterbenden und die Vorbereitung auf den eigenen Tod.

Die Konzepte von Karma und Geistern im Buddhismus haben auch Einfluss auf die Praxis der Ahnenverehrung, die in vielen buddhistischen Kulturen eine wichtige Rolle spielt. Es wird geglaubt, dass die verstorbenen Vorfahren als Geister weiterleben können und durch Rituale und Opfergaben unterstützt werden können. Diese Praxis wird oft als Ausdruck von Dankbarkeit und als Mittel zur Ansammlung positiven Karmas für die Lebenden wie für die Verstorbenen betrachtet.

Die Lehre von Karma betont, dass es nicht nur die äußeren Handlungen sind, die zählen, sondern auch die Absichten, die hinter diesen Handlungen stehen. Eine Tat, die aus Mitgefühl und Weisheit heraus begangen wird, hat ein anderes karmisches Gewicht als eine ähnliche Tat, die aus Ignoranz oder Hass begangen wird. Das bedeutet, dass das Karma, das ein Individuum ansammelt, nicht einfach eine Summe seiner Taten ist, sondern eine komplexe Kombination aus Absicht, Handlung und Ergebnis.

Im Buddhismus gibt es eine Vielzahl von Geistern und anderen übernatürlichen Wesen, die als Teil der natürlichen Ordnung des Universums betrachtet werden. Diese Wesen können als Manifestationen des karmischen Ergebnisses von Individuen oder Gemeinschaften gesehen werden. Einige Geister sind die Geister der Verstorbenen, die aufgrund ihres karmischen Erbes in einer Zwischenwelt verweilen, während andere Naturgeister oder Dämonen sind, die verschiedene Aspekte des buddhistischen Kosmos bevölkern.

Geister im Buddhismus werden nicht notwendigerweise als bösartig oder wohlwollend angesehen. Vielmehr wird ihre Natur oft als Ergebnis ihres eigenen Karma betrachtet. Ein Geist, der in der Lage ist, zu helfen oder zu schaden, tut dies basierend auf seiner eigenen karmischen Verfassung. Dies steht im Einklang mit der buddhistischen Sichtweise, dass alle Phänomene das Ergebnis von Ursachen und Bedingungen sind und dass auch Geister den Gesetzen des Karma unterliegen.

Die Verbindung zwischen Karma und Geistern ist im Buddhismus tief und komplex. Geister können als Manifestationen von karmischen Kräften gesehen werden, die in der Welt wirken. Zum Beispiel könnte ein Geist, der eine Person heimsucht, als Manifestation eines schlechten Karmas dieser Person betrachtet werden, entweder als Folge ihrer eigenen Handlungen in der Vergangenheit oder als karmische Bindung an den Geist selbst. In diesem Sinne fungieren Geister oft als Spiegelbild der karmischen Zustände der Menschen, mit denen sie interagieren.

Darüber hinaus gibt es im Buddhismus Geschichten und Lehren, die von Geistern erzählen, die selbst unter dem Einfluss von Karma leiden und daher auf die Hilfe von buddhistischen Praktizierenden angewiesen sind, um Erlösung zu finden. Diese Geister sind oft in einer Form des Leidens gefangen, die durch ihre eigenen früheren Handlungen verursacht wurde, und sie suchen spirituelle Unterstützung, um ihre karmischen Schulden abzubauen und in einen besseren Zustand zu gelangen.

In vielen buddhistischen Traditionen spielen Rituale und Praktiken zur Beschwichtigung und Befreiung von Geistern eine wichtige Rolle. Diese Praktiken basieren auf dem

Verständnis, dass Geister wie alle anderen Wesen auch unter dem Einfluss von Karma stehen und dass durch Mitgefühl und Weisheit sowohl den Geistern als auch den Praktizierenden geholfen werden kann. Rituale wie das Anbieten von Nahrung, Gebeten und das Rezitieren heiliger Texte sollen den Geistern helfen, ihr Leiden zu lindern und sie auf ihrem Weg zur Befreiung zu unterstützen.

Ein bekanntes Ritual im tibetischen Buddhismus ist das "Phowa", eine Praxis, die darauf abzielt, das Bewusstsein eines Verstorbenen in eine bessere Wiedergeburt zu führen. Diese Praxis zeigt die tiefe Verbindung zwischen Karma und dem Schicksal der Geister, da sie darauf abzielt, das karmische Erbe des Verstorbenen zu verbessern und ihnen eine günstigere Zukunft zu ermöglichen.

Ein zentraler Aspekt der buddhistischen Lehre ist die Vorstellung von Wiedergeburt, die direkt mit dem Konzept des Karma verbunden ist. Nach buddhistischem Glauben wird ein Wesen nach seinem Tod entsprechend seines angesammelten Karmas wiedergeboren. Diese Wiedergeburten können in verschiedenen Daseinsbereichen stattfinden, die von himmlischen Sphären bis zu leidvollen Existenzformen reichen. Geister können als eine Form solcher Wiedergeburten angesehen werden, die aufgrund ihres Karmas in einem Zwischenzustand existieren.

Dieser Zwischenzustand, auch als "Bardo" im tibetischen Buddhismus bekannt, ist ein Ort, an dem Geister verweilen, die nicht sofort in eine neue Existenzform wiedergeboren wurden. Die Art der Erfahrungen, die ein Geist im Bardo macht, wird ebenfalls als Ergebnis seines Karmas angesehen. Es wird angenommen, dass Geister in diesem Zustand auf die nächste Wiedergeburt warten, und ihre Erfahrungen während dieser Zeit können durch die Taten und Gebete der Lebenden beeinflusst werden.

Im Buddhismus zielt die spirituelle Praxis letztlich darauf ab, sich vom Kreislauf des Leidens zu befreien, der durch Karma und Wiedergeburt verursacht wird. Dies wird als "Nirvana" oder "Erleuchtung" bezeichnet, ein Zustand völliger Freiheit von allen karmischen Bindungen. Für Geister bedeutet dies, dass sie, wenn sie die Bedingungen für ihre Existenz erkennen und verstehen, ebenfalls die Möglichkeit haben, sich aus ihrem leidvollen Zustand zu befreien.

Buddhistische Lehren betonen, dass die Befreiung für alle Wesen möglich ist, unabhängig von ihrem gegenwärtigen Zustand oder ihrer karmischen Vergangenheit. Dies gilt auch für Geister, die durch verschiedene Praktiken und Verdienste die Möglichkeit haben, ihre karmische Last zu überwinden und in einen höheren Zustand der Existenz zu gelangen. Diese Vorstellung von universeller Befreiung unterstreicht die mitfühlende Natur des Buddhismus und die Überzeugung, dass alle Wesen, unabhängig von ihrer Form oder ihrem gegenwärtigen Zustand, die Fähigkeit zur Transformation und Erleuchtung besitzen.

In der buddhistischen Tradition gibt es zahlreiche Lehrgeschichten, die das Konzept von Karma veranschaulichen. Eine besonders bekannte Erzählung stammt aus dem Leben des Buddha selbst und zeigt eindrucksvoll, wie tief verwurzelt das Gesetz von Ursache und Wirkung im Buddhismus ist. Diese Geschichte wird oft verwendet, um die Funktionsweise von Karma und die Bedeutung ethischer Handlungen zu erklären.

Die Geschichte von Angulimala

In einem abgelegenen Teil Nordindiens lebte einst ein Mann namens Angulimala. Sein Name bedeutet „Fingerkette", und er trug eine Kette aus Fingerknochen um seinen Hals, die er von seinen Opfern abgenommen hatte. Angulimala war ein berüchtigter Räuber und Mörder, der in den Wäldern lebte und Reisende überfiel. Er war so gefürchtet, dass die Menschen die Gegend mieden, in der er lebte, und er wurde zum Symbol des Bösen und der Gewalt.

Angulimala war jedoch nicht immer ein bösartiger Mensch. In seiner Jugend war er ein gelehriger Schüler, der unter der Anleitung eines angesehenen Lehrers studierte. Er war klug und hatte eine schnelle Auffassungsgabe, aber er war auch impulsiv und leicht zu beeinflussen. Eines Tages, aus einem Missverständnis heraus und aufgrund von Eifersucht unter seinen Mitstudenten, wurde Angulimala fälschlicherweise beschuldigt, ein Verbrechen begangen zu haben, das er nicht begangen hatte. Sein Lehrer, der von den Lügen überzeugt wurde, verstieß ihn und setzte ihn unter Druck, ihm als Wiedergutmachung eine „besondere Gabe" zu bringen – tausend menschliche Finger.

Verbittert und getrieben von Verzweiflung, zog Angulimala in die Wälder und begann, wahllos Menschen zu töten, um die verlangten Finger zu sammeln. Mit der Zeit entwickelte er eine düstere Freude an der Gewalt und wurde immer grausamer. Er wurde ein Mann, der vollständig von seinem negativen Karma beherrscht wurde, gefangen in einem Teufelskreis aus Hass und Leid.

Eines Tages hörte der Buddha, der in der Nähe wanderte, von Angulimala und beschloss, ihm zu begegnen. Obwohl seine

Jünger ihn warnten und von der Gefahr erzählten, bestand der Buddha darauf, zu Angulimala zu gehen, überzeugt davon, dass auch dieser Mann das Potenzial zur Veränderung hatte. Als Angulimala den Buddha auf sich zukommen sah, war er erstaunt über die Ruhe und Gelassenheit des Mönchs. Er rief dem Buddha zu, stehen zu bleiben, aber der Buddha ging weiter, ohne seine Geschwindigkeit zu ändern.

Verwirrt und wütend versuchte Angulimala, den Buddha einzuholen, aber egal wie schnell er rannte, er konnte den Buddha nicht erreichen. Frustriert schrie er: „Mönch, bleib stehen!" Der Buddha drehte sich um und antwortete ruhig: „Ich bin bereits stehen geblieben, Angulimala. Wann wirst du stehen bleiben?" Diese Worte durchdrangen Angulimala tief, und er erkannte plötzlich, dass der Buddha nicht von körperlichem Stehenbleiben sprach, sondern davon, dass er, Angulimala, in seinem destruktiven Verhalten innehalten sollte.

Ergriffen von der Weisheit und dem Mitgefühl des Buddha, warf Angulimala seine Waffen weg und fiel dem Buddha zu Füßen. Er bat um Vergebung und um Aufnahme in den Orden der Mönche. Der Buddha, der die Aufrichtigkeit in Angulimalas Reue sah, akzeptierte ihn als Schüler. Angulimala verbrachte den Rest seines Lebens als Mönch und widmete sich der Meditation und dem Studium der Lehren des Buddha.

Trotz seiner aufrichtigen Umkehr musste Angulimala das karmische Ergebnis seiner früheren Taten erleben. Die Menschen, die er einst terrorisiert hatte, erinnerten sich an seine Taten und behandelten ihn oft mit Misstrauen und Feindseligkeit. Er wurde manchmal sogar angegriffen, wenn er in Dörfer ging, um Almosen zu sammeln. Aber Angulimala akzeptierte diese Leiden als Konsequenzen seines früheren Handelns und sah sie als Gelegenheit, sein Karma zu bereinigen.

Am Ende fand Angulimala Frieden und Erleuchtung durch seine Hingabe an den buddhistischen Pfad. Seine Geschichte zeigt die Macht der Umkehr und Möglichkeit der spirituellen Transformation, selbst für diejenigen, die schwere karmische Vergehen begangen haben. Es lehrt, dass das Gesetz des Karma nicht nur eine Strafe ist, sondern auch eine Chance zur Heilung und Veränderung bietet, wenn man bereit ist, Verantwortung für seine Taten zu übernehmen und aufrichtig zu bereuen.

Diese Geschichte verdeutlicht, dass Karma nicht als unvermeidliches Schicksal betrachtet werden sollte, sondern als ein dynamisches Prinzip, das durch bewusstes Handeln und geistige Entwicklung beeinflusst werden kann. Sie lehrt, dass jeder, unabhängig von seiner Vergangenheit, die Fähigkeit zur Transformation besitzt und dass Mitgefühl und Weisheit mächtige Werkzeuge sind, um den Kreislauf von Leiden und Negativität zu durchbrechen.

Das Konzept von Karma und Geistern im Buddhismus bietet einen tiefen Einblick in die buddhistische Sichtweise von Ursache und Wirkung, Moral und spirituellem Wachstum. Karma erklärt, wie Handlungen Konsequenzen haben, die sowohl in diesem Leben als auch in zukünftigen Leben erlebt werden. Geister, als Teil der buddhistischen Kosmologie, zeigen, wie diese karmischen Konsequenzen auf vielfältige Weise in Erscheinung treten können, sowohl im sichtbaren als auch im unsichtbaren Bereich.

Durch das Verständnis dieser Prinzipien können Praktizierende die Natur ihres eigenen Leidens und ihrer Existenz
besser begreifen und Schritte unternehmen, um sowohl sich
selbst als auch anderen zu helfen, die Fesseln des Karma zu
durchbrechen. Die buddhistische Praxis bietet Werkzeuge
und Methoden, um das eigene Karma zu reinigen und zu
transformieren, sowie Mitgefühl und Unterstützung für alle
Wesen, einschließlich der Geister, die unter den Bedingungen
des karmischen Gesetzes leiden.

Insgesamt zeigt die Betrachtung von Karma und Geistern im
Buddhismus eine ganzheitliche Sichtweise auf das Leben und
das Universum, die die tiefen Zusammenhänge zwischen
Handlungen, Konsequenzen und der spirituellen Reise aller
Wesen betont.

Shintoismus und seine Geisterwelt

Der Shintoismus, eine der ältesten religiösen Traditionen Japans, ist tief verwurzelt in der Verehrung von Naturgeistern, Ahnen und zahlreichen Gottheiten, die im kollektiven Bewusstsein des japanischen Volkes seit Jahrhunderten lebendig sind. Diese spirituelle Tradition, die keine heiligen Schriften im engeren Sinne kennt und auch keine dogmatischen Lehren, basiert auf einem grundlegenden Verständnis von Harmonie und Balance zwischen Mensch und Natur, zwischen dem Irdischen und dem Übernatürlichen.

Der Shintoismus entwickelte sich in Japan schon lange bevor der Buddhismus aus China und Korea seinen Weg auf die japanischen Inseln fand. Als eine animistische Religion besteht der Glaube darin, dass in allem – seien es Berge, Flüsse, Bäume, Tiere oder auch Menschen – eine spirituelle Essenz, ein „Kami", wohnt. Diese Kami sind nicht als allmächtige Götter im westlichen Sinne zu verstehen, sondern eher als Geister oder Wesenheiten, die sowohl wohlwollend als auch zornig sein können, je nachdem, wie sie behandelt werden. Diese Vorstellung von animistischen Geistern war zentral für die japanische Vorstellung von Natur und Universum und bildete die Grundlage für die Entwicklung des Shintoismus.

Kami, oft übersetzt als „Götter" oder „Geister", sind zentrale Figuren im Shintoismus. Ihre Zahl ist praktisch unendlich und sie können überall vorkommen. Es gibt Kami, die natürlichen Orten wie Bergen, Flüssen und Wäldern innewohnen, und solche, die in künstlichen Strukturen wie Schreinen zu Hause sind. Kami können sowohl uralte Gottheiten als auch die Geister verstorbener Vorfahren oder auch die Manifestationen von Naturphänomenen wie Wind und Regen sein.

Die Vielfalt der Kami zeigt sich auch in den verschiedenen Typen von Schreinen, die ihnen gewidmet sind. Ein berühmtes Beispiel ist der Ise-Schrein, der der Sonnengöttin Amaterasu gewidmet ist, die als die Urahnin des japanischen Kaiserhauses gilt. Ein anderer bekannter Schrein ist der Izumo-Taisha, der dem Kami Okuninushi gewidmet ist, der als Schöpfer der Erde und als Gott der Magie und Medizin verehrt wird.

Ein zentraler Ort der Verehrung im Shintoismus ist der Schrein, oder „Jinja". Diese Schreine sind Orte, an denen die Kami wohnen und verehrt werden. Ein typischer Shinto-Schrein besteht aus mehreren architektonischen Elementen, darunter das Torii-Tor, das als symbolische Trennung zwischen der profanen Welt und dem heiligen Bereich des Schreins dient. Wenn Gläubige einen Schrein besuchen, betreten sie durch das Torii die heilige Sphäre und vollziehen verschiedene Rituale, um die Kami zu ehren und um ihren Segen zu bitten.

Die Rituale im Schrein umfassen das Händewaschen und Mundspülen an einer rituellen Wasserstelle, das Läuten einer Glocke, das Klatschen in die Hände und das Sprechen von Gebeten. Diese Praktiken zielen darauf ab, Respekt und Ehrfurcht vor den Kami zu zeigen und ihre Gunst zu erlangen. Schreine spielen auch eine zentrale Rolle bei Jahresfesten und saisonalen Zeremonien, die mit den Zyklen der Natur und der Landwirtschaft in Verbindung stehen.

Im Shintoismus sind Rituale und Zeremonien von großer Bedeutung. Sie dienen nicht nur dazu, die Kami zu verehren, sondern auch, um die Balance zwischen der menschlichen Welt und der Geisterwelt aufrechtzuerhalten. Einer der wichtigsten Aspekte dieser Rituale ist das Konzept der „Reinheit" und der „Unreinheit". Unreinheiten können durch verschiedene Quellen verursacht werden, darunter Tod, Krankheit oder moralische Verfehlungen. Rituale der Reinigung, bekannt als „Misogi", spielen daher eine zentrale Rolle im Shintoismus. Sie können sowohl physisch, durch das Waschen des Körpers, als auch symbolisch, durch Gebete und Opfergaben, vollzogen werden.

Jedes Jahr finden zahlreiche Feste statt, die als „Matsuri" bekannt sind und die oft lokale Kami ehren. Diese Feste haben eine große soziale Bedeutung und fördern das Gemeinschaftsgefühl und die kollektive Identität der Gläubigen. Die Matsuri beinhalten oft Prozessionen, Musik, Tänze und verschiedene Arten von Darbietungen, die darauf abzielen, die Kami zu erfreuen und ihren Segen für eine gute Ernte, Gesundheit und Wohlstand zu erbitten.

Die Natur spielt eine zentrale Rolle im Shintoismus. Die Verehrung der Natur als Wohnsitz der Kami spiegelt die tiefe Verbundenheit des japanischen Volkes mit seiner Umwelt wider. Diese Verehrung manifestiert sich in vielen kulturellen und künstlerischen Ausdrucksformen, darunter die japanische Gartenkunst, die Architektur und die traditionelle Poesie. Die Natur wird als etwas Heiliges angesehen, das respektiert und geschützt werden muss. Diese Haltung hat dazu beigetragen, eine Kultur der Umweltbewahrung und des Respekts vor der Natur zu fördern, die bis heute in der japanischen Gesellschaft lebendig ist.

Ein weiterer wichtiger Aspekt des Shintoismus ist die Ahnenverehrung. Die Geister der Verstorbenen, insbesondere diejenigen, die als wohlwollend und weise angesehen werden, werden als Schutzgeister verehrt. Diese Ahnenverehrung ist eng mit dem Glauben an die Geisterwelt verbunden, in der die Seelen der Verstorbenen weiterleben und ihre Nachkommen beeinflussen können. Durch die Verehrung der Ahnen und das Darbringen von Opfergaben in Schreinen und Hausaltären wird eine kontinuierliche Verbindung zwischen den Lebenden und den Toten aufrechterhalten. Diese Praktiken sollen sicherstellen, dass die Ahnen als wohlwollende Geister über ihre Familien wachen und ihnen Schutz und Segen bieten.

Der Shintoismus und der Buddhismus haben über Jahrhunderte hinweg in Japan nebeneinander bestanden und sich gegenseitig beeinflusst. Nach der Einführung des Buddhismus im 6. Jahrhundert durch chinesische und koreanische Mönche kam es zu einer Periode der Koexistenz und Synkretisierung, in der buddhistische und shintoistische Praktiken miteinander verschmolzen. In vielen Fällen wurden Shinto-Kami als Manifestationen buddhistischer Bodhisattvas betrachtet, und buddhistische Tempel wurden neben Shinto-Schreinen errichtet.

Diese synkretische Tradition, bekannt als „Shinbutsu-shugo", wurde während der Meiji-Restauration im 19. Jahrhundert durch die Politik der „Shinbutsu-bunri" – der Trennung von Shinto und Buddhismus – beendet, die darauf abzielte, den Shintoismus als staatliche Religion zu etablieren und den Kaiser als göttliches Oberhaupt zu verehren. Trotz dieser Trennung blieben die Einflüsse des Buddhismus im Shintoismus und umgekehrt stark, und viele Japaner praktizieren noch heute eine Mischung aus beiden Religionen.

In der modernen japanischen Gesellschaft hat der Shintoismus seine Bedeutung als kulturelle und spirituelle Tradition bewahrt. Obwohl die Zahl der streng gläubigen Shintoisten abgenommen hat, spielen Shinto-Rituale und Feste weiterhin eine zentrale Rolle im täglichen Leben vieler Japaner. Von Neujahrsbesuchen in Schreinen bis hin zu Hochzeitszeremonien und den Feierlichkeiten zur Geburt eines Kindes – der Shintoismus bleibt ein wichtiger Teil der kulturellen Identität Japans.

Gleichzeitig haben sich neue Bewegungen innerhalb des Shintoismus entwickelt, die versuchen, traditionelle Werte und Praktiken in eine moderne Kontext zu übertragen. Diese Bewegungen betonen oft den Umweltschutz und die Bewahrung der Natur als Ausdruck des Respekts vor den Kami. Auch der ökologische Shintoismus, der die spirituelle Bedeutung der Natur mit zeitgenössischen Umweltfragen verbindet, gewinnt zunehmend an Bedeutung.

Im Shintoismus gibt es eine Vielzahl von Geistern und Dämonen, die eine wichtige Rolle in der japanischen Folklore und Mythologie spielen. Diese Wesen, die als „Yokai" oder „Ayakashi" bezeichnet werden, sind nicht immer böse; sie verkörpern vielmehr die dualistische Natur der Geisterwelt, die sowohl positive als auch negative Aspekte umfassen kann. Hier sind einige der bekanntesten Geister und Dämonen des Shintoismus, ihre Ursprünge und ihre Bedeutung:

1. Tengu

Die Tengu sind geflügelte Geister, die oft mit langen Nasen und vogelähnlichen Merkmalen dargestellt werden. Sie gelten als Schutzgeister der Berge und Wälder und werden oft als Wächter dargestellt, die Menschen vor bösen

Einflüssen schützen. Ursprünglich galten Tengu als Unruhestifter und wurden mit Kriegern und Krieg in Verbindung gebracht. Mit der Zeit wandelte sich ihre Darstellung zu spirituellen Lehrern, die Mönche und Samurai in den Wegen der Kampfkunst unterrichten. In manchen Erzählungen haben Tengu auch eine Rolle als Strafe für jene, die sich zu viel Stolz oder Arroganz anmaßen.

2. Kappa

Kappa sind Wassergeister, die in Flüssen und Seen leben. Sie werden oft als kleine, menschenähnliche Wesen mit einem Schildkrötenpanzer auf dem Rücken und einem mit Wasser gefüllten Teller auf dem Kopf dargestellt. Der Kappa gilt als schelmischer Geist, der sowohl Menschen als auch Tiere in Gefahr bringen kann, besonders Kinder. Es wird jedoch auch erzählt, dass Kappa eine Art Ehrenkodex haben: Wenn man ihnen begegnet und es schafft, sie dazu zu bringen, sich zu verbeugen, vergießen sie das Wasser aus dem Teller auf ihrem Kopf und verlieren dadurch ihre Kräfte. Diese Ambivalenz spiegelt die ambivalente Natur vieler japanischer Geister wider, die sowohl wohlwollend als auch schädlich sein können, je nach den Umständen und dem Verhalten der Menschen.

3. Kitsune

Kitsune sind Fuchsgeister, die in der japanischen Mythologie eine bedeutende Rolle spielen. Sie gelten als intelligente Wesen, die die Fähigkeit besitzen, ihre Gestalt zu verändern und als Menschen aufzutreten. Oftmals werden sie als Boten des Reis- und Fruchtbarkeitsgottes Inari betrachtet. Kitsune können sowohl wohlwollend als auch trickreich sein; während einige Geschichten von Kitsune erzählen, die Menschen in die Irre führen oder Unheil anrichten, berichten andere von Kitsune, die ihre Fähigkeiten einsetzen, um Menschen zu helfen oder zu beschützen. Inari-Kitsune werden oft als weiß dargestellt und sind Symbole für Wohlstand und Glück.

4. Yurei

Yurei sind Geister der Toten, die keine Ruhe finden können. Diese Geister sind in der Regel Menschen, die auf tragische oder gewaltsame Weise gestorben sind und daher mit starkem Groll oder unvollendeten Angelegenheiten an die Welt der Lebenden gebunden sind. Yurei sind oft in weißen Begräbniskleidern dargestellt und haben lange, zerzauste Haare. Sie gelten als ruhelose Geister, die auf der Suche nach Rache oder nach einer Lösung für ihre unerledigten Angelegenheiten sind. Ein bekanntes Beispiel eines Yurei ist Oiwa, die in der japanischen Literatur und Folklore als Geist einer betrogenen und ermordeten Frau dargestellt wird.

5. Oni

Oni sind dämonische Wesen, die oft als große, furchterregende Kreaturen mit roten oder blauen Hautfarben, scharfen Hörnern und übermenschlicher Stärke dargestellt werden. In der japanischen Mythologie sind Oni die Verkörperung von Chaos, Zerstörung und Bosheit. Sie sind jedoch nicht immer rein bösartig; in einigen Geschichten sind sie auch Strafen, die über die Menschen für ihre Sünden verhängt werden, oder sie fungieren als Schutzgeister, die böse Geister und Krankheiten vertreiben. Oni sind fester Bestandteil vieler traditioneller Feste wie dem Setsubun, bei dem man Bohnen wirft, um böse Oni zu vertreiben und das Glück für das neue Jahr zu sichern.

6. Jorogumo

Jorogumo, wörtlich „Spinnenweib", ist ein Yokai, der als schöne Frau erscheint, um ahnungslose Männer in ihre Falle zu locken. In den meisten Erzählungen verwandelt sich Jorogumo in eine gigantische Spinne, nachdem sie ihre Opfer betört hat, um sie dann zu fressen. Sie repräsentiert die Gefahr der Verführung und Täuschung und dient als Mahnung vor der Unvorsichtigkeit und Leichtgläubigkeit. Jorogumo-Geschichten finden sich oft in alten Erzählungen, die die Grenze zwischen Mythos und Moralgeschichte verwischen.

7. Nurarihyon

Nurarihyon ist ein mysteriöser Yokai, der als älterer Mann mit einem eigenartig geformten Kopf beschrieben wird. Er soll die Fähigkeit besitzen, unbemerkt in Häuser einzudringen und sich dort wie ein Hausherr zu verhalten. Die Menschen glauben, dass Nurarihyon sich bei Sonnenuntergang in die Häuser schleicht, während die Bewohner beschäftigt oder abwesend sind. Er wird oft als Symbol für heimliche Eindringlinge und als eine Art Meister der Tarnung angesehen, der die Fähigkeit besitzt, sich in die menschliche Welt zu integrieren, ohne entdeckt zu werden.

8. Yuki-onna

Yuki-onna, die „Schneefrau", ist ein Geisterwesen, das in schneebedeckten Bergen und kalten Wintermonaten erscheint. Sie wird als atemberaubend schöne Frau mit blasser Haut und langem, schwarzen Haar dargestellt und trägt oft ein weißes Kimono. Yuki-onna soll Menschen in Schneestürmen erscheinen, um sie zu hypnotisieren und sie dann in die Kälte zu locken, wo sie erfrieren. In einigen Erzählungen ist sie eine wohlwollende Figur, die verlorene Reisende sicher nach Hause führt, aber häufiger wird sie als gefährlicher Geist beschrieben, der Menschen mit ihrer eisigen Schönheit und ihrer tödlichen Berührung verführt.

9. Noppera-bo

Der Noppera-bo, auch als „Gesichtsloser Geist" bekannt, ist ein Yokai, der die Form eines Menschen ohne Gesicht annehmen kann. Diese Wesen erscheinen oft als normale Menschen, die dann plötzlich ihre Gesichter verlieren, um Angst und Schrecken zu verbreiten. Die Geschichten von Noppera-bo sind oft Erzählungen, die Überraschung und das Unerwartete nutzen, um eine Lektion über Wahrnehmung und Vertrauen zu lehren. Sie sind ein Symbol für die Unsicherheit und die Verunsicherung, die die Menschen empfinden, wenn das Bekannte plötzlich fremd und beängstigend wird.

Diese Geister und Dämonen des Shintoismus sind nicht nur faszinierende Figuren der japanischen Folklore, sondern auch wichtige kulturelle Symbole, die tief in den Überzeugungen und Geschichten des japanischen Volkes verankert sind. Sie spiegeln die komplexe Beziehung zwischen der menschlichen Welt und der Geisterwelt wider und bieten einen Einblick in die vielfältigen Facetten des Shintoismus und seine tief verwurzelte Spiritualität.

Der Umgang der Menschen mit Geistern, Dämonen und anderen übernatürlichen Wesen im Shintoismus ist tief in den Traditionen und Ritualen der japanischen Kultur verwurzelt. Diese Wesenheiten spielen eine bedeutende Rolle im täglichen Leben und beeinflussen sowohl das persönliche als auch das gemeinschaftliche Handeln der Menschen.

Der Umgang mit Geistern und Kami im Shintoismus basiert auf Respekt und Verehrung. Viele dieser Wesen werden als Schutzgeister betrachtet, die Wohlstand, Gesundheit und Glück bringen können, wenn sie richtig verehrt werden. Menschen besuchen regelmäßig Schreine, um Opfergaben wie Reis, Sake, Obst oder Salz darzubringen, und um die Geister um Schutz oder Hilfe zu bitten. Besonders in ländlichen Gebieten, wo der Glaube an die Naturgeister tief verwurzelt ist, spielen diese Praktiken eine wichtige Rolle im alltäglichen Leben. Auch Hausaltäre, sogenannte „Kamidana", sind üblich, auf denen täglich kleine Opfergaben dargebracht und Gebete gesprochen werden.

Rituale der Reinigung, oder „Misogi", sind ebenfalls ein zentraler Bestandteil des Umgangs mit Geistern im Shintoismus. Es wird angenommen, dass Reinheit die Voraussetzung für den Kontakt mit den Kami und anderen übernatürlichen Wesen ist. Daher sind Rituale, die der spirituellen und physischen Reinigung dienen, weit verbreitet. Dazu gehört das Waschen von Händen und Mund beim Betreten eines Schreins, aber auch größere Reinigungsrituale in Flüssen oder am Meer. Diese Reinigungsrituale sind nicht nur spirituelle Übungen, sondern sollen auch den Schutz vor bösartigen Geistern oder negativen Einflüssen sicherstellen.

Geister und Kami werden auch in zahlreichen Festen und Zeremonien gefeiert, die das ganze Jahr über stattfinden. Diese Feste, oder „Matsuri", sind oft lokal und variieren stark je nach Region und Schreinen. Sie beinhalten Prozessionen, traditionelle Tänze, Musik und verschiedene Darbietungen, die dazu dienen, die Geister zu ehren und ihre Gunst zu gewinnen. Einige Feste sind speziell dafür gedacht, böse Geister zu vertreiben oder Unglück abzuwenden, wie zum

Beispiel das Setsubun-Fest, bei dem Bohnen geworfen werden, um Oni (Dämonen) zu vertreiben und Glück zu bringen.

Bösartige Geister oder Dämonen wie Oni oder Jorogumo werden oft durch bestimmte Schutzmaßnahmen in Schach gehalten. Amulette, oder „Omamori", sind kleine Beutel, die in Schreinen gekauft werden und als Glücksbringer oder Schutzamulette dienen. Sie werden für verschiedene Zwecke geweiht, wie zum Beispiel für die Verkehrssicherheit, Gesundheit, Prüfungen oder den Schutz vor bösen Geistern. Darüber hinaus gibt es auch spezifische Rituale, die darauf abzielen, böse Geister zu vertreiben, wie das „Onmyoji", das Praktiken der Exorzismen und Schutzzauber umfasst.

Im täglichen Leben prägen diese Überzeugungen und Praktiken das Verhalten und die Entscheidungen der Menschen. Beispielsweise vermeiden viele Menschen es, bestimmte Dinge oder Orte zu betreten, die als unrein oder von bösartigen Geistern besessen gelten. Es gibt auch viele traditionelle Regeln und Verhaltensweisen, die beachtet werden müssen, um Geister nicht zu verärgern. So gelten zum Beispiel bestimmte Zeiten und Orte als „Geisterstunden" oder „geisterhafte Orte", die man meidet, um Unglück oder Begegnungen mit Geistern zu vermeiden.

Auch in der modernen Zeit, in der der Glaube an Geister und Dämonen vielleicht nicht mehr so wörtlich genommen wird wie früher, spielen diese Überzeugungen weiterhin eine Rolle. Viele Menschen in Japan, unabhängig von ihrer religiösen Überzeugung, nehmen an Shinto-Ritualen und Festen teil, kaufen Schutzamulette oder besuchen Schreine zu besonderen Anlässen. Der Einfluss dieser Geister auf das tägliche Leben kann subtil, aber dennoch spürbar sein, insbesondere in Zeiten der Unsicherheit oder bei wichtigen Lebens-ereignissen wie Hochzeiten, Geburten oder Beerdigungen.

In der Populärkultur, von Filmen und Animes bis hin zu Büchern und Spielen, sind Geister und Yokai allgegenwärtig. Diese modernen Interpretationen halten die alten Geschichten und Überzeugungen lebendig und tragen dazu bei, dass der Umgang mit Geistern und Dämonen auch heute noch ein wichtiger Bestandteil der japanischen Kultur bleibt.

Zusammenfassend lässt sich sagen, dass die Geister und Dämonen des Shintoismus trotz ihrer unterschiedlichen Natur und Bedeutung weiterhin einen tiefen Einfluss auf die Kultur, Traditionen und das tägliche Leben in Japan haben. Sie verkörpern nicht nur die Verbindung zu einer spirituellen Welt, sondern auch die Werte und Überzeugungen, die die Gesellschaft prägen.

Im Laufe der Jahrhunderte haben sich in Japan zahlreiche Gewohnheiten und Traditionen herausgebildet, die direkt auf den Umgang mit Geistern, Dämonen und anderen über-natürlichen Wesen zurückzuführen sind. Diese Praktiken spiegeln die tiefe Verwurzelung des Glaubens an eine spirituelle Welt wider und beeinflussen auch heute noch viele Aspekte des täglichen Lebens.

Eine der ältesten und am weitesten verbreiteten Gewohn-heiten, die aus dem Umgang mit Geistern im Shintoismus hervorgegangen sind, sind die Reinigungsrituale. Misogi, das rituelle Waschen im kalten Wasser eines Flusses oder Meeres, und Harae, das symbolische Reinigen von Unreinheiten, sind tief in der japanischen Kultur verankert. Diese Rituale werden durchgeführt, um körperliche und geistige Reinheit zu erlangen, die als notwendig angesehen wird, um mit den

Kami in Kontakt zu treten. Diese Tradition hat sich im Alltag manifestiert, zum Beispiel im gründlichen Reinigen des Hauses und der Person, besonders vor Festen oder wichtigen Anlässen.

Wie bereits erwähnt ist der Gebrauch von Schutzamuletten, bekannt als Omamori, eine weit verbreitete Praxis, die auf den Glauben an Geister und ihre potenziellen Einflüsse zurückgeht. Diese Amulette, die an Schreinen erworben werden, sind kleine Beutel, die in Stoff eingenäht sind und eine Segnung oder einen Wunsch für Schutz oder Glück enthalten. Sie sind ein fester Bestandteil des Lebens vieler Japaner, die sie an ihren Taschen, Handys oder Autos befestigen. Ofuda, auf Papier geschriebene heilige Schriften, werden oft über Türen gehängt, um das Haus vor bösen Geistern zu schützen.

Ebenso gehört die Vermeidung bestimmter Orte und Zeiten dazu, die als unglücklich oder unrein gelten. Diese Orte, oft als „Kegare" bezeichnet, sind Bereiche, die mit Tod, Krankheit oder Verbrechen in Verbindung gebracht werden. Bestimmte Zeiten, wie die „Uhrzeit des Ochsen" (zwischen 1 und 3 Uhr nachts), gelten traditionell als Zeiten, in denen Geister und Dämonen besonders aktiv sind. Daraus resultiert die Gewohnheit, sich nachts von Friedhöfen und abgelegenen Plätzen fernzuhalten.

Shinsen, die rituelle Darbringung von Speisen an die Geister und Kami, ist eine Praxis, die sich aus dem Respekt vor den spirituellen Wesen entwickelt hat. Diese Opfergaben um-fassen oft Reis, Sake, Obst, Gemüse und Salz und werden in Schreinen oder Hausaltären dargebracht. Diese Gewohnheit, den Geistern Nahrung anzubieten, findet sich auch in der Alltagskultur wieder, etwa in Form von saisonalen Festen oder in bestimmten Ritualen während des Neujahrs, bei denen Essen symbolisch als Opfergabe bereitgestellt wird.

In vielen Schreinen und Tempeln in Japan gehört das Beten durch Händeklatschen zu den gängigen Ritualen. Diese Handlung, bekannt als „Kashiwade", dient dazu, die Aufmerksamkeit der Kami zu erregen und böse Geister fernzuhalten. Es ist auch üblich, am Anfang und Ende eines Gebets oder Rituals zu klatschen, um die Geister zu grüßen und sie dann wieder zu verabschieden. Diese Tradition hat sich in den Alltagsgebrauch übertragen, wo das Klatschen als Ausdruck von Dankbarkeit oder Respekt gesehen wird.

Oosouji, die große Jahresendreinigung, ist eine weit verbreitete Praxis, die auf die Vorstellung zurückgeht, dass das Reinigen von Häusern und Arbeitsplätzen zum Jahresende böse Geister und negative Energien vertreibt. Diese Gewohnheit, das alte Jahr mit einem sauberen, reinen Ort zu beenden, soll Glück und Wohlstand für das neue Jahr bringen. Ein ähnliches Ritual ist das „Onmyoji", ein Exorzismusritual, das böse Geister und Dämonen vertreiben soll, die Krankheit oder Unglück verursachen könnten.

In vielen japanischen Häusern und Schreinen finden sich „Ema", hölzerne Votivtafeln, auf die Gläubige Wünsche oder Gebete schreiben und sie dann in Schreinen aufhängen. Diese Praxis basiert auf dem Glauben, dass die geschriebenen Worte die Aufmerksamkeit der Geister und Kami erregen und ihnen helfen, die Wünsche der Menschen zu erfüllen. Solche Tafeln sind auch eine Form des Schutzes gegen böse Einflüsse, indem sie die Unterstützung der wohlwollenden Geister erbitten.

Der Glaube, dass Geister und Kami in der Natur und in natürlichen Elementen wie Bäumen, Felsen, Flüssen und Bergen wohnen, hat zu einer tiefen Ehrfurcht vor der Natur in der japanischen Kultur geführt. Diese Ehrfurcht manifestiert sich in der Tradition, bestimmte Orte als heilig zu betrachten und sie mit Sorgfalt zu behandeln. Beispielsweise werden alte Bäume oft als heilige Stätten angesehen und mit Seilen umwickelt, um sie als „Shimenawa" zu markieren, ein Zeichen für ihre spirituelle Bedeutung.

Auch wird Salz in Japan häufig als Reinigungsmittel verwendet, da es als wirksam gegen böse Geister gilt. Diese Praxis ist eng mit dem Shintoismus und dem Glauben an die Notwendigkeit der spirituellen und physischen Reinigung verbunden. Salz wird oft vor dem Eingang eines Hauses oder an bestimmten Orten gestreut, um böse Geister abzuhalten. Es ist auch üblich, Salz nach einer Beerdigung oder einem Besuch an einem unheilvollen Ort über die Schulter zu werfen, um sich von möglichen negativen Einflüssen zu reinigen.

Diese Gewohnheiten und Praktiken sind bis heute tief in der japanischen Kultur verwurzelt und zeigen, wie der Glaube an Geister und Kami das tägliche Leben in Japan geprägt hat und weiterhin prägt. Sie bieten Einblicke in die einzigartige Beziehung, die die Menschen zu einer unsichtbaren spirituellen Welt pflegen, und in die Art und Weise, wie diese Traditionen auch in der modernen Zeit lebendig bleiben.

Zusammenfassend lässt sich sagen, dass der Shintoismus eine lebendige und dynamische Religion ist, die tief in der Geschichte und Kultur Japans verwurzelt ist. Mit ihrer Betonung auf die Verehrung der Natur, die Ahnenverehrung und die Harmonie zwischen Mensch und Umwelt bietet die shintoistische Tradition eine einzigartige Perspektive auf die Welt und die Rolle des Menschen darin. Die Geisterwelt des Shintoismus, die von unzähligen Kami bewohnt wird, ist ein Spiegelbild der tiefen Verbundenheit der Japaner mit ihrer Umwelt und ihrer Geschichte. Sie lädt uns dazu ein, die Welt um uns herum mit neuen Augen zu sehen und den unsichtbaren Kräften, die unser Leben formen, Respekt und Ehrfurcht entgegenzubringen.

Moderne Interpretationen und Einflüsse auf die Popkultur

In den facettenreichen Interpretationen japanischer Popkultur spielt die Verschmelzung von Tradition und Moderne eine zentrale Rolle. Besonders faszinierend ist dabei die Art und Weise, wie uralte Vorstellungen von Geistern und Dämonen in zeitgenössischen Medien und Kunstformen neu interpretiert und dargestellt werden. Dieses Kapitel widmet sich der tiefgreifenden Untersuchung dieses Phänomens und beleuchtet, wie die jahrhundertealten Mythen und Legenden Japans die heutige Populärkultur des Landes prägen und beeinflussen.

Die japanische Mythologie und Folklore sind reich an übernatürlichen Wesen, die seit Jahrtausenden die Fantasie der Menschen beflügeln. Von den majestätischen Kami, den Gottheiten des Shinto-Glaubens, bis hin zu den furchteinflößenden Yokai, den Geistern und Dämonen der Volkssagen, hat Japan eine umfangreiche Sammlung übernatürlicher Entitäten hervorgebracht. Diese Wesen sind tief in der kulturellen Psyche des Landes verwurzelt und haben im Laufe der Zeit zahlreiche Transformationen durchlaufen. In der modernen Ära haben sie eine Renaissance erlebt, indem sie in verschiedenen Formen der Popkultur wie Anime, Manga, Videospielen und Filmen neu interpretiert und dargestellt wurden.

Um die Bedeutung und den Einfluss dieser traditionellen Figuren auf die zeitgenössische japanische Kultur zu verstehen, ist es unerlässlich, zunächst einen Blick auf ihre historischen Wurzeln zu werfen. Die japanische Mythologie, die in alten Schriften wie dem Kojiki und dem Nihon Shoki festgehalten ist, bildet das Fundament für viele der übernatürlichen Wesen, die heute in der Popkultur auftauchen. Diese Texte, die im 8. Jahrhundert n. Chr. verfasst wurden, enthalten die frühesten schriftlichen Aufzeichnungen japanischer Mythen und Legenden. Sie erzählen von der Erschaffung der japanischen Inseln durch die Götter Izanagi und Izanami, von den Abenteuern der Sonnengöttin Amaterasu und von zahllosen anderen göttlichen und halbgöttlichen Wesen.

Parallel zu diesen offiziellen, von der herrschenden Klasse sanktionierten Mythen entwickelte sich eine reiche Folklore in den ländlichen Gebieten Japans. Diese Volkssagen waren oft geprägt von lokalen Traditionen und Glaubensvorstellungen und brachten eine Vielzahl von Geistern und Dämonen hervor, die als Yokai bekannt wurden. Yokai können verschiedene Formen annehmen - von verwandelten Tieren über besessene Gegenstände bis hin zu gespenstischen Erscheinungen. Einige der bekanntesten Yokai sind der Kappa, ein amphibienartiges Wesen, das in Flüssen und Teichen lebt, der Tengu, ein vogelartiger Berggeist, und die Kitsune, Fuchsgeister, die für ihre Schläue und Verwandlungsfähigkeiten bekannt sind.

Die Wahrnehmung und Darstellung dieser übernatürlichen Wesen hat sich im Laufe der Jahrhunderte stark gewandelt. In der Edo-Zeit (1603-1868) erlebten die Yokai einen Boom in der populären Kunst und Literatur. Künstler wie Toriyama Sekien schufen detaillierte Illustrationen von Yokai, die in Enzyklopädien und Bilderbüchern veröffentlicht wurden. Diese Werke trugen dazu bei, das Aussehen und die Eigenschaften vieler Yokai zu standardisieren und legten den

Grundstein für ihre späteren Darstellungen in der modernen Popkultur.

Mit dem Beginn der Meiji-Ära (1868-1912) und der raschen Modernisierung Japans veränderte sich die Rolle der traditionellen Geister und Dämonen in der Gesellschaft. Die neue Regierung förderte aktiv einen wissenschaftlichen und rationalen Ansatz und versuchte, den Aberglauben zu unterdrücken. Paradoxerweise führte dies zu einem verstärkten Interesse an Yokai und anderen übernatürlichen Wesen als Gegenstand wissenschaftlicher Untersuchungen. Folkloristen wie Yanagita Kunio begannen, Volkssagen zu sammeln und zu katalogisieren, wodurch viele dieser Geschichten für die Nachwelt erhalten blieben.

Der Übergang ins 20. Jahrhundert brachte weitere Veränderungen in der Wahrnehmung und Darstellung von Geistern und Dämonen mit sich. Mit der zunehmenden Verbreitung von Massenmedien wie Zeitungen, Zeitschriften und später Radio und Fernsehen fanden diese Wesen neue Plattformen, um ein breiteres Publikum zu erreichen. In den 1960er und 1970er Jahren erlebten Yokai und andere übernatürliche Wesen eine Art Renaissance in der japanischen Popkultur, angeführt von Künstlern und Autoren wie Shigeru Mizuki, dessen Manga-Serie "GeGeGe no Kitaro" Yokai einem neuen Publikum zugänglich machte.

Diese Wiederbelebung des Interesses an traditionellen übernatürlichen Wesen legte den Grundstein für ihre prominente Rolle in der zeitgenössischen japanischen Popkultur. In den letzten Jahrzehnten haben Anime, Manga, Videospiele und Filme diese Figuren aufgegriffen und auf vielfältige Weise neu interpretiert. Dabei lassen sich mehrere Trends und Muster in der Art und Weise erkennen, wie diese traditionellen Wesen in modernen Medien dargestellt und verwendet werden.

Einer der auffälligsten Trends ist die Vermenschlichung und Emotionalisierung von Geistern und Dämonen. Während diese Wesen in traditionellen Darstellungen oft als unnahbar, furchteinflößend oder einfach als "anders" galten, werden sie in modernen Interpretationen häufig mit menschlichen Eigenschaften und Emotionen ausgestattet. Dies ermöglicht es dem Publikum, sich stärker mit diesen Figuren zu identifizieren und schafft komplexere, vielschichtigere Charaktere.

Ein Beispiel für diese Herangehensweise findet sich in der populären Anime- und Manga-Serie "Natsume Yuujinchou" (Natsume's Book of Friends). Die Geschichte dreht sich um einen Jungen namens Natsume, der die Fähigkeit hat, Yokai zu sehen. Anstatt diese Wesen als eindimensionale Monster darzustellen, präsentiert die Serie sie als komplexe Individuen mit eigenen Geschichten, Motivationen und Gefühlen. Viele der Yokai in der Serie sind einsam, missverstanden oder suchen nach einem Sinn in ihrer Existenz - Themen, die bei menschlichen Zuschauern stark resonieren.

Diese Vermenschlichung geht oft Hand in Hand mit einer Neubewertung der moralischen Ausrichtung dieser Wesen. In traditionellen Geschichten wurden Yokai und Dämonen oft als bösartig oder zumindest als Quelle von Schwierigkeiten für die Menschen dargestellt. In modernen Interpretationen sind die Grenzen zwischen Gut und Böse oft verwischt. Yokai können als Verbündete, Mentoren oder sogar als romantische Interessen für menschliche Charaktere fungieren.

Die "Inuyasha"-Serie von Rumiko Takahashi ist ein hervorragendes Beispiel für diese Neubewertung. Der titelgebende
Protagonist Inuyasha ist ein Hanyo, ein Halbdämon, der
sowohl menschliche als auch dämonische Eigenschaften
besitzt. Im Laufe der Serie kämpft er nicht nur gegen böse
Dämonen, sondern auch gegen Vorurteile von beiden Seiten
seiner Herkunft. Die Serie untersucht die Komplexität von
Identität und Zugehörigkeit und verwendet dabei
übernatürliche Wesen als Metapher für reale gesellschaftliche
Themen.

Ein weiterer Trend in der modernen Darstellung von Geistern
und Dämonen ist ihre Integration in alltägliche, moderne
Kontexte. Anstatt sie in einer fernen, mythischen Vergangenheit zu belassen, platzieren viele zeitgenössische Werke diese
Wesen mitten in die moderne Welt. Dies schafft oft einen
interessanten Kontrast und ermöglicht es den Schöpfern,
Kommentare zur modernen Gesellschaft abzugeben.

Die Anime-Serie "Noragami" ist ein hervorragendes Beispiel
für diesen Ansatz. Die Geschichte folgt einem kleinen Gott
namens Yato, der versucht, in der modernen Welt Fuß zu
fassen und mehr Anhänger zu gewinnen. Die Serie spielt in
einem zeitgenössischen Tokyo, wo Götter, Geister und
Menschen nebeneinander existieren. Durch die Platzierung
dieser übernatürlichen Wesen in alltäglichen Situationen -
Yato nimmt beispielsweise Aufträge über ein Mobiltelefon
entgegen - schafft die Serie humorvolle und nachdenkliche
Momente, die die Kluft zwischen Tradition und Moderne
überbrücken.

Ähnlich geht die populäre "Yokai Watch"-Franchise vor, die
Yokai als Teil des modernen Stadtlebens darstellt. In dieser
Welt sind Yokai für die meisten Menschen unsichtbar,

beeinflussen aber dennoch den Alltag auf verschiedene Weise. Die Protagonisten verwenden moderne Technologie (die titelgebende "Yokai Watch"), um mit diesen Wesen zu interagieren. Diese Darstellung macht die alten Volkssagen für ein junges Publikum zugänglich und relevant.

Die Neuinterpretation traditioneller Geister und Dämonen in der Popkultur dient oft auch als Mittel zur Erforschung und Kommentierung zeitgenössischer sozialer Themen. Durch die Verwendung dieser übernatürlichen Wesen als Metaphern oder Stellvertreter können Schöpfer komplexe oder heikle Themen auf eine Weise ansprechen, die sowohl zugänglich als auch tiefgründig ist.

Ein herausragendes Beispiel für diesen Ansatz ist der Film "Spirited Away" (Sen to Chihiro no Kamikakushi) von Hayao Miyazaki. Der Film, der in einer übernatürlichen Welt voller Geister und Götter spielt, behandelt Themen wie Umweltverschmutzung, Konsumismus und den Verlust kultureller Identität. Die verschiedenen Geister und Götter im Film dienen als Allegorie für verschiedene Aspekte der japanischen Kultur und Geschichte, während ihre Interaktionen mit der menschlichen Protagonistin Chihiro die Herausforderungen widerspiegeln, mit denen die moderne japanische Gesellschaft konfrontiert ist.

In ähnlicher Weise verwendet die Anime-Serie "Mushishi" übernatürliche Wesen namens Mushi, um Themen wie das Verhältnis des Menschen zur Natur, die Komplexität zwischenmenschlicher Beziehungen und die Folgen menschlichen Handelns zu erforschen. Die Mushi, die als die grundlegendste Form des Lebens dargestellt werden, dienen als Spiegel für verschiedene Aspekte der menschlichen Existenz und ermöglichen es der Serie, tiefgründige philosophische Fragen auf eine subtile und poetische Weise zu behandeln.

Ein weiterer interessanter Aspekt der modernen Interpretation von Geistern und Dämonen in der japanischen Popkultur ist die Fusion traditioneller Elemente mit zeitgenössischen oder sogar futuristischen Konzepten. Diese Verschmelzung von Alt und Neu schafft oft einzigartige und faszinierende Narrative, die die Grenzen zwischen Folklore und Science-Fiction verwischen.

Die "Shin Megami Tensei"-Videospielreihe und ihre verschiedenen Ableger sind ein hervorragendes Beispiel für diesen Ansatz. Diese Spiele integrieren Figuren aus verschiedenen Mythologien, einschließlich der japanischen, in eine moderne oder post-apokalyptische Umgebung. Götter, Dämonen und andere übernatürliche Wesen werden oft als digitale Entitäten dargestellt, die durch fortschrittliche Technologie beschworen oder manipuliert werden können. Diese Verschmelzung von Mythologie und Technologie schafft eine einzigartige Ästhetik und ermöglicht es den Spielern, auf neue und unerwartete Weise mit diesen traditionellen Figuren zu interagieren.

Ähnlich geht die Anime-Serie "Onmyoji" vor, die auf dem gleichnamigen Handyspiel basiert. Die Serie spielt in einer alternativen Version des historischen Kyoto, in der Onmyoji - traditionelle japanische Zauberer - moderne Technologie nutzen, um Shikigami (beschworene Geister) zu kontrollieren und gegen böse Yokai zu kämpfen. Diese Mischung aus historischen Elementen, übernatürlichen Wesen und moderner Technologie schafft eine faszinierende Welt, die sowohl vertraut als auch fremd erscheint.

Die Neuinterpretation traditioneller Geister und Dämonen in der japanischen Popkultur beschränkt sich nicht nur auf narrative Medien wie Anime, Manga und Videospiele. Auch in der bildenden Kunst, der Mode und sogar in der Werbung finden diese Figuren neue Ausdrucksformen und Kontexte.

In der zeitgenössischen japanischen Kunst haben viele Künstler traditionelle Yokai und andere übernatürliche Wesen als Inspiration für ihre Werke genutzt. Der Künstler Chiho Aoshima beispielsweise schafft surreale digitale Kunstwerke, die oft anthropomorphe Landschaften und geisterhafte Figuren darstellen, die an traditionelle Yokai erinnern, aber in einem hypermodernen, fast psychedelischen Stil präsentiert werden.

Selbst in der Modewelt haben Designer wie Junko Koshino und Takashi Murakami Elemente der japanischen Geister- und Dämonenikonographie in ihre Kreationen eingearbeitet. Koshinos Kollektionen haben oft avantgardistische Interpretationen traditioneller Yokai-Motive enthalten, während Murakamis "Superflat"-Ästhetik, die Elemente der Popkultur mit traditionellen japanischen Kunstformen verbindet, häufig spielerische Darstellungen von Geistern und übernatürlichen Wesen beinhaltet.

Selbst in der Werbung und im Marketing haben traditionelle Geister und Dämonen Einzug gehalten. Viele japanische Unternehmen verwenden Yokai-inspirierte Maskottchen oder Charaktere, um ihre Produkte zu bewerben. Der Mobilfunkanbieter au beispielsweise hat eine erfolgreiche Werbekampagne mit einer Familie von Oni (Dämonen) durchgeführt, die in alltäglichen Situationen dargestellt werden. Diese Verwendung traditioneller Figuren in modernen kommerziellen Kontexten zeigt, wie tief diese Wesen in der japanischen Kultur verwurzelt sind und wie sie sich an neue Medien und Zwecke anpassen können.

Ein faszinierender Aspekt der modernen Interpretation von Geistern und Dämonen in der japanischen Popkultur ist die Art und Weise, wie sie oft als Brücke zwischen Vergangenheit und Gegenwart fungieren. In vielen Werken dienen diese Wesen als Verbindung zu einer vergangenen Ära, oft verbunden mit Nostalgie oder einem Gefühl des Verlusts angesichts der rasanten Modernisierung Japans.

Die Anime-Serie "Natsume Yuujinchou" (Natsume's Book of Friends) ist ein ausgezeichnetes Beispiel für diesen Ansatz. Die Hauptfigur Natsume erbt von seiner Großmutter die Fähigkeit, Yokai zu sehen, sowie ein Buch mit den Namen vieler dieser Wesen. Im Laufe der Serie gibt Natsume die Namen an ihre rechtmäßigen Besitzer zurück, wodurch er nicht nur mit den Yokai interagiert, sondern auch eine Verbindung zu seiner verstorbenen Großmutter und der Vergangenheit herstellt. Die Serie nutzt die Interaktionen zwischen Natsume und den Yokai, um Themen wie den Verlust von Traditionen, die Bedeutung von Erinnerungen und die Herausforderungen des Erwachsenwerdens zu erforschen.

In ähnlicher Weise verwendet der Film "Pom Poko" des Studio Ghibli Tanuki (japanische Waschbären, die in der Folklore für ihre Verwandlungsfähigkeiten bekannt sind) als Metapher für den Konflikt zwischen Tradition und Fort-schritt. Die Tanuki kämpfen gegen die Zerstörung ihres Lebensraums durch Stadtentwicklung, wobei ihre magischen Fähigkeiten als Symbol für alte Traditionen dienen, die von der modernen Welt bedroht werden. Der Film nutzt Humor und Fantasy, um ernsthafte Fragen über Umweltschutz und kulturelle Erhaltung aufzuwerfen.

Die Verschmelzung von Tradition und Moderne in der Darstellung von Geistern und Dämonen spiegelt oft die komplexe Beziehung der japanischen Gesellschaft zu ihrer eigenen Vergangenheit wider. In einer Kultur, die sowohl für ihre tiefe Verwurzelung in Traditionen als auch für ihre Zukunftsorientierung und technologische Innovation bekannt ist, dienen diese übernatürlichen Wesen als Mittel, um die Spannung zwischen diesen oft widersprüchlichen Impulsen zu erforschen und zu verhandeln.

Ein interessanter Trend in der modernen japanischen Popkultur ist die "Moe-fizierung" traditioneller Geister und Dämonen. "Moe" ist ein Begriff, der sich auf eine starke Zuneigung zu fiktiven Charakteren bezieht, oft verbunden mit niedlichen oder liebenswerten Eigenschaften. In diesem Kontext werden traditionell furchteinflößende oder ehrfurchtgebietende Wesen in niedliche, oft weibliche Charaktere umgewandelt.

Die "Touhou Project"-Reihe von Doujin-Spielen (von Fans erstellte Spiele) ist ein Paradebeispiel für diesen Trend. In diesen Spielen werden verschiedene Figuren aus der japanischen Mythologie und Folklore als junge Mädchen mit übernatürlichen Kräften dargestellt. Diese Neuinterpretation hat eine riesige Fangemeinde hervorgebracht und zahlreiche Ableger in Form von Manga, Anime und Merchandise inspiriert.

Ähnlich geht die mobile Spielserie "Fate/Grand Order" vor, die historische und mythologische Figuren aus verschiedenen Kulturen, einschließlich japanischer Götter und Yokai, als "Servants" darstellt - oft in Form attraktiver männlicher oder weiblicher Charaktere. Diese Vermenschlichung und "Moe-fizierung" macht die oft komplexen und fremdartigen Konzepte der traditionellen Mythologie für ein jüngeres Publikum zugänglicher und schafft neue Möglichkeiten für Storytelling und Charakterentwicklung.

Diese Transformation traditioneller Figuren ist nicht unumstritten. Einige Kritiker argumentieren, dass sie die ursprüngliche Bedeutung und kulturelle Signifikanz dieser Wesen verwässert. Andere sehen darin eine kreative Neuinterpretation, die diese alten Konzepte für eine neue Generation relevant macht und ihr Überleben in der modernen Popkultur sichert.

Ein weiterer Aspekt der modernen Interpretation von Geistern und Dämonen in der japanischen Popkultur ist ihre Verwendung als Mittel zur Erforschung von Identität und Andersartigkeit. In vielen zeitgenössischen Werken dienen übernatürliche Wesen als Metapher für gesellschaftliche Außenseiter oder marginalisierte Gruppen.

Die Manga- und Anime-Serie "Nurarihyon no Mago" (Nura: Rise of the Yokai Clan) ist ein gutes Beispiel dafür. Die Hauptfigur Rikuo ist zur Hälfte Mensch und zur Hälfte Yokai und kämpft damit, diese beiden Seiten seiner Identität in Einklang zu bringen. Seine Reise spiegelt die Erfahrungen vieler Menschen wider, die sich zwischen verschiedenen Kulturen oder Identitäten bewegen. Die Serie nutzt die Welt der Yokai, um Themen wie Akzeptanz, Vorurteile und die Suche nach dem eigenen Platz in der Welt zu erforschen.

In ähnlicher Weise verwendet die Serie "Tokyo Ghoul" Ghoule - menschenähnliche Wesen, die sich von Menschenfleisch ernähren müssen - um Themen wie Diskriminierung, Assimilation und die Natur der Menschlichkeit zu untersuchen. Die Ghoule können als Allegorie für verschiedene marginalisierte Gruppen in der Gesellschaft gesehen werden, und ihre Kämpfe werfen Fragen über Toleranz, Akzeptanz und die oft verschwommenen Grenzen zwischen "uns" und "den anderen" auf.

Diese Verwendung übernatürlicher Wesen als Mittel zur Erforschung komplexer sozialer und persönlicher Themen ist ein Beispiel dafür, wie die japanische Popkultur traditionelle Konzepte aufgreift und sie nutzt, um zeitgenössische Fragen und Probleme anzusprechen.

In vielen traditionellen japanischen Glaubensvorstellungen wurden Geister und Götter oft mit natürlichen Phänomenen und Orten in Verbindung gebracht. Diese Verbindung wird in zeitgenössischen Werken oft aufgegriffen und neu interpretiert, um Kommentare zur aktuellen Umweltsituation abzugeben.

Der Film "Prinzessin Mononoke" von Hayao Miyazaki ist ein herausragendes Beispiel für diesen Ansatz. Der Film stellt Waldgeister und -götter dar, die gegen die Zerstörung ihres Lebensraums durch menschliche Industrialisierung kämpfen. Die verschiedenen übernatürlichen Wesen im Film - von den majestätischen Kodama (Baumgeistern) bis zum imposanten Shishigami (Waldgott) - dienen als kraftvolle Symbole für die Schönheit und Wichtigkeit der Natur. Durch ihre Interaktionen mit den menschlichen Charakteren erforscht der Film komplexe Fragen zur Balance zwischen Fortschritt und Naturschutz.

In ähnlicher Weise nutzt die Anime-Serie "Mushishi" übernatürliche Wesen namens Mushi, um die komplexen und oft unsichtbaren Verbindungen in der Natur zu erforschen. Die Mushi werden als die grundlegendste Form des Lebens dargestellt, die in Harmonie mit der Natur existiert, aber oft in Konflikt mit Menschen gerät. Durch die Erforschung dieser Konflikte behandelt die Serie Themen wie ökologisches Gleichgewicht, die unbeabsichtigten Konsequenzen menschlichen Handelns auf die Umwelt und die Notwendigkeit, in Harmonie mit der Natur zu leben.

Diese Werke greifen auf traditionelle animistische Vorstellungen zurück, die in der japanischen Kultur tief verwurzelt sind, und nutzen sie, um zeitgenössische Umweltprobleme anzusprechen. Sie erinnern das Publikum an die traditionelle japanische Sichtweise der Natur als beseelt und heilig und nutzen übernatürliche Wesen als kraftvolle Metaphern für die Schönheit, Komplexität und Verletzlichkeit der natürlichen Welt.

Die Anime-Serie "Bakemonogatari" und ihre Fortsetzungen sind ein hervorragendes Beispiel für diesen Ansatz. In dieser Serie sind die verschiedenen übernatürlichen Wesen, mit denen die Charaktere konfrontiert werden, oft Manifestationen ihrer inneren Konflikte oder emotionalen Probleme. Beispielsweise wird ein Charakter von einem "Gewichtskrabbe"-Geist befallen, der ihre Unsicherheiten bezüglich ihres Körperbildes repräsentiert. Durch die Interaktion mit diesen übernatürlichen Wesen und deren Überwindung müssen die Charaktere sich ihren inneren Dämonen stellen und persönliches Wachstum durchlaufen.

In ähnlicher Weise nutzt der Anime-Film "A Silent Voice" einen Yokai namens Kodama als Symbol für das Schuldgefühl und die Isolation des Protagonisten. Obwohl der Kodama nie explizit als übernatürliches Wesen dargestellt wird, dient er als visuelle Metapher für die emotionale Reise des Hauptcharakters und seine Bemühungen, mit den Folgen seiner vergangenen Handlungen umzugehen.

Diese psychologische Interpretation traditioneller übernatürlicher Konzepte ermöglicht es den Schöpfern, komplexe emotionale und mentale Zustände auf eine visuelle und symbolische Weise darzustellen. Sie nutzt die reiche Symbolik der japanischen Folklore, um moderne psychologische Erkenntnisse zu erforschen und darzustellen.

Ein interessanter Trend in der modernen japanischen Popkultur ist die Globalisierung und kulturelle Vermischung in der Darstellung von Geistern und Dämonen. Während traditionelle japanische übernatürliche Wesen nach wie vor eine wichtige Rolle spielen, integrieren viele zeitgenössische Werke auch Elemente aus anderen Mythologien und Kulturen.

Die "Shin Megami Tensei"-Videospielreihe und ihre Ableger sind ein Paradebeispiel für diesen Ansatz. Diese Spiele präsentieren ein riesiges Pantheon übernatürlicher Wesen aus verschiedenen Kulturen, darunter nicht nur japanische Yokai und Kami, sondern auch griechische und römische Götter, nordische Mythen, hinduistische Gottheiten und judäo-christliche Engel und Dämonen. Diese multikulturelle Mischung ermöglicht es den Spielern, mit einer breiten Palette mythologischer Konzepte zu interagieren und schafft eine reichhaltige, vielschichtige Spielwelt.

Ähnlich geht die Light Novel-, Manga- und Anime-Serie "High School DxD" vor, die Elemente der japanischen

Mythologie mit christlicher Dämonologie und anderen mythologischen Traditionen vermischt. Die Serie stellt eine Welt dar, in der verschiedene übernatürliche Fraktionen - einschließlich Engel, gefallene Engel und Dämonen – nebeneinander existieren und interagieren.

Diese kulturelle Vermischung spiegelt die zunehmende Globalisierung und den kulturellen Austausch in der modernen Welt wider. Sie ermöglicht es Schöpfern, ein breiteres Spektrum mythologischer Konzepte zu erforschen und neue, innovative Narrative zu schaffen, die über die Grenzen einer einzelnen kulturellen Tradition hinausgehen.

Ein weiterer Aspekt der modernen Interpretation von Geistern und Dämonen in der japanischen Popkultur ist ihre Verwendung als Mittel zur Erforschung von Geschlechterrollen und -identitäten. In vielen zeitgenössischen Werken werden traditionelle übernatürliche Wesen genutzt, um konventionelle Vorstellungen von Geschlecht und Sexualität in Frage zu stellen oder zu untergraben.

Die Manga- und Anime-Serie "Kamisama Kiss" ist ein interessantes Beispiel dafür. Die Hauptfigur Nanami wird unerwartet zur Göttin eines Schreins und muss mit verschiedenen Yokai und Göttern interagieren. Durch ihre Reise und ihre Beziehungen zu verschiedenen übernatürlichen Wesen, insbesondere dem Fuchsgeist Tomoe, erforscht die Serie Themen wie Gender-Erwartungen, Macht-dynamiken in Beziehungen und die Fluidität von Identität.

In ähnlicher Weise nutzt die Serie "XXXHolic" übernatürliche Wesen und Konzepte, um Fragen der Identität und Sexualität zu erforschen. Die androgyne Figur der Hexe Yuko und ihre komplexen Beziehungen zu anderen Charakteren, sowohl menschlichen als auch übernatürlichen, bieten Raum für Diskussionen über Geschlechterrollen und -erwartungen.

Die moderne Interpretation und der Einfluss traditioneller Geister und Dämonen auf die japanische Popkultur zeigen sich als vielschichtiges und dynamisches Phänomen. Diese übernatürlichen Wesen haben sich von ihren historischen Wurzeln zu vielseitigen Elementen in zeitgenössischen Medien entwickelt. Sie dienen als Brücke zwischen Vergangenheit und Gegenwart, als Mittel zur Erforschung komplexer sozialer, psychologischer und ökologischer Themen sowie als Werkzeuge zur Hinterfragung etablierter Normen.

Die Neuinterpretation dieser Wesen reicht von ihrer Vermenschlichung und Emotionalisierung über ihre Integration in moderne Kontexte bis hin zu ihrer Verwendung als Metaphern für aktuelle gesellschaftliche Herausforderungen. Dabei spiegeln sie oft die Spannungen zwischen Tradition und Moderne in der japanischen Gesellschaft wider.

Gleichzeitig hat die Globalisierung zu einer Vermischung verschiedener mythologischer Traditionen geführt, was die Schaffung innovativer und kulturübergreifender Narrative ermöglicht. Diese Entwicklungen zeigen, wie tief verwurzelt diese traditionellen Konzepte in der japanischen Kultur sind und wie anpassungsfähig sie sich in der sich ständig wandelnden Landschaft der Popkultur erweisen.

Insgesamt verdeutlicht dieses Kapitel, dass die traditionellen Geister und Dämonen Japans weit davon entfernt sind, Relikte der Vergangenheit zu sein. Vielmehr bleiben sie lebendige und relevante Elemente der zeitgenössischen Kultur, die kontinuierlich neu interpretiert und an moderne Kontexte angepasst werden.

Schutz und Exorzismus: Wie man Geister abwehrt

Seit Jahrhunderten haben die Menschen in Japan Methoden entwickelt, um sich vor übernatürlichen Wesen zu schützen und sie im Notfall auszutreiben. Dieses Kapitel befasst sich eingehend mit den traditionellen Praktiken des Schutzes und Exorzismus gegen japanische Geister.

Die japanische Geisterwelt ist vielfältig und komplex. Von harmloseren Naturgeistern bis hin zu bösartigen Dämonen gibt es eine große Bandbreite an übernatürlichen Wesen, die nach japanischem Glauben die Welt der Menschen heimsuchen können. Um diese Bedrohungen zu verstehen und ihnen effektiv zu begegnen, ist es wichtig, zunächst einen Blick auf die verschiedenen Arten von Geistern zu werfen, die in der japanischen Tradition existieren.

Zu den bekanntesten Yokai gehören die Kitsune, fuchsartige Wesen, die als besonders gerissen und oft als Trickster gelten. Sie können sowohl wohlwollend als auch bösartig sein, je nachdem, wie sie behandelt werden. Tengu sind vogelähnliche Berggeister, die oft mit langen Nasen dargestellt werden und als Beschützer der Wälder gelten, aber auch Menschen in die Irre führen können. Oni, dämonische Oger mit Hörnern, werden oft als besonders gefährlich angesehen und gelten als Verkörperung von Naturkatastrophen oder menschlichen Lastern.

Es gibt auch weniger bekannte, aber nicht minder wichtige Geister wie die Zashiki-warashi, kindliche Hausgeister, die Glück bringen können, wenn man sie gut behandelt. Kappa sind Wasserkobolde, die Menschen in Gewässer ziehen können, aber auch durch Höflichkeit besänftigt werden können. Die Liste der Yokai ist lang und umfasst Hunderte verschiedener Wesen, jedes mit seinen eigenen Eigenschaften und Verhaltensweisen.

Um sich vor diesen Wesen zu schützen, haben die Japaner im Laufe der Zeit eine Vielzahl von Methoden entwickelt. Eine der grundlegendsten Schutzmaßnahmen ist die Verwendung von Talismanen und Amuletten, bekannt als Omamori. Diese kleinen Gegenstände werden oft in Shinto-Schreinen oder buddhistischen Tempeln gesegnet und sollen ihren Träger vor verschiedenen Übeln schützen, einschließlich böser Geister.

Ein besonders wichtiger Talisman ist das Ofuda, ein beschriftetes Papier oder Holztäfelchen, das oft an Hauseingängen oder in Wohnräumen aufgehängt wird. Ofuda tragen in der Regel den Namen einer Gottheit oder heilige Schriftzeichen und dienen als eine Art spiritueller Schutzschild gegen böse Einflüsse. Die Herstellung und Platzierung von Ofuda folgt oft strengen rituellen Vorschriften, um ihre Wirksamkeit zu gewährleisten.

Neben physischen Talismanen spielt auch die richtige Durchführung von Ritualen eine wichtige Rolle im Schutz gegen Geister. Das Reinigungsritual Misogi, bei dem man sich mit kaltem Wasser übergießt oder in einem Wasserfall badet, dient dazu, negative Energien und geistige Verunreinigungen abzuwaschen. Dieses Ritual wird oft vor wichtigen spirituellen Praktiken oder zu bestimmten Zeiten des Jahres durchgeführt, um sich vor übernatürlichen Einflüssen zu schützen.

Eine weitere Schutzmaßnahme ist die Pflege guter Beziehungen zu den lokalen Schutzgottheiten. In vielen japanischen Häusern findet man kleine Hausaltäre, genannt Kamidana, die den örtlichen Kami (Gottheiten) gewidmet sind. Durch regelmäßige Opfergaben und Gebete an diese Gottheiten hofft man, ihren Schutz vor bösen Geistern zu erhalten.

In ländlichen Gebieten Japans ist es auch üblich, bestimmte Pflanzen oder Gegenstände zu verwenden, um Geister abzuwehren. Beispielsweise werden Zweige des Sakaki-Baums, der als heilig gilt, oft über Türen gehängt oder bei Reinigungsritualen verwendet. Salz gilt ebenfalls als stark reinigend und wird oft verwendet, um Eingänge zu säubern oder negative Energien zu vertreiben.

Für besonders hartnäckige oder gefährliche geistige Bedrohungen greifen die Japaner auf spezialisierte Praktiken des Exorzismus zurück. Diese Praktiken variieren je nach religiöser Tradition, wobei sowohl shintoistische als auch buddhistische Methoden existieren.

Im Shinto-Glauben wird der Exorzismus oft als Harai bezeichnet, was "reinigen" oder "wegfegen" bedeutet. Ein Shinto-Priester führt dabei komplexe Rituale durch, die Gebete, Handgesten (Mudras) und die Verwendung heiliger Gegenstände wie dem Gohei, einem Stab mit Papierstreifen, umfassen. Das Ziel ist es, negative Energien oder böse Geister zu vertreiben und das natürliche spirituelle Gleichgewicht wiederherzustellen.

Buddhistische Exorzismen, oft als Kaji bezeichnet, beinhalten in der Regel die Rezitation von Sutras, die Verwendung von Mantras und die Durchführung komplexer Handgesten. Besonders in der esoterischen Shingon-Schule des Buddhismus gibt es elaborierte Rituale zur Austreibung böser Geister. Diese können stundenlang dauern und erfordern oft die Verwendung spezieller ritueller Gegenstände wie Vajras (Donnerkeil) und Glocken.

Bei beiden Formen des Exorzismus ist die Identifikation des spezifischen Geistes oder der negativen Energie, die ausgetrieben werden soll von wichtiger Bedeutung. Dies erfordert oft umfangreiche Kenntnisse der spirituellen Welt und jahrelanges Training. Exorzisten müssen nicht nur die richtigen Techniken beherrschen, sondern auch über ein tiefes Verständnis der spirituellen Zusammenhänge verfügen.

In einigen Fällen wird auch die Hilfe von Yamabushi, den Bergasketen der Shugendo-Tradition, in Anspruch genommen. Diese Praktizierenden, die oft als besonders mächtig in spirituellen Angelegenheiten gelten, kombinieren Elemente aus Shinto, Buddhismus und lokalen Glaubensvorstellungen in ihren Exorzismus-Praktiken.

Es ist wichtig zu betonen, dass der Exorzismus in der japanischen Tradition nicht immer eine gewaltsame oder konfrontative Praxis ist. Oft geht es darum, den Geist zu besänftigen, ihm zu helfen, seinen Frieden zu finden oder ihn sanft dazu zu bewegen, den Ort zu verlassen. Dies spiegelt die japanische Vorstellung wider, dass viele Geister nicht von Natur aus böse sind, sondern oft verloren, verwirrt oder unglücklich.

Der versöhnende Umgang mit Geistern ist die Praxis des Pacifizierens oder Besänftigens von Geistern, anstatt sie einfach auszutreiben. Dies wird oft als Goryo-Shinko bezeichnet und bezieht sich besonders auf den Umgang mit den Geistern verstorbener Personen, die aus verschiedenen Gründen nicht in Frieden ruhen können.

Die Idee hinter dieser Praxis ist, dass viele Geister nicht böswillig sind, sondern aufgrund von Ungerechtigkeiten, unerfüllten Wünschen oder plötzlichem Tod in der Welt der Lebenden gefangen sind. Anstatt sie gewaltsam zu vertreiben, versucht man, ihre Bedürfnisse zu verstehen und zu erfüllen, damit sie friedlich ins Jenseits übergehen können.

Ein historisches Beispiel für diese Praxis ist der Fall des Sugawara no Michizane, eines Gelehrten und Politikers des 9. Jahrhunderts, der ungerecht verbannt wurde und im Exil starb. Nach seinem Tod wurde Japan von einer Reihe von Naturkatastrophen heimgesucht, die man seinem zornigen Geist zuschrieb. Um ihn zu besänftigen, wurde er posthum rehabilitiert und als Tenjin, der Gott der Gelehrsamkeit, verehrt. Heute gibt es in ganz Japan Tenjin-Schreine, die nicht nur seinem Andenken gewidmet sind, sondern auch als Orte gelten, an denen Studenten um akademischen Erfolg bitten.

Diese Praxis des Besänftigens zeigt eine nuancierte Sichtweise auf die Geisterwelt, die nicht einfach in Gut und Böse unterteilt ist. Sie erkennt an, dass selbst scheinbar bösartige Geister oft eine Geschichte und Motivationen haben, die verstanden und angesprochen werden müssen.

In diesem Zusammenhang spielen auch Gedenkfeiern und Ahnenverehrung eine wichtige Rolle beim Schutz vor Geistern. Durch regelmäßige Rituale und Opfergaben für die Verstorbenen hofft man, ihre Geister zufrieden zu halten und zu verhindern, dass sie zu ruhelosen oder bösartigen Entitäten werden. Das jährliche Obon-Fest, bei dem die Geister der

Vorfahren geehrt werden, ist ein wichtiger Teil dieser Tradition.

Ein interessanter Vorgang des Geisterschutzes in Japan ist die Verwendung von Geistern oder übernatürlichen Wesen als Schutz gegen andere Geister. Dies mag paradox erscheinen, spiegelt aber die komplexe Beziehung wider, die die japanische Kultur zu übernatürlichen Wesen hat.

Ein bekanntes Beispiel hierfür sind die Shisa, löwenähnliche Wächterstatuen, die oft paarweise an den Eingängen von Häusern oder auf Dächern in Okinawa platziert werden. Diese Wesen, die selbst als eine Art übernatürliche Entität betrachtet werden, sollen das Haus vor bösen Geistern und Dämonen schützen.

Ähnlich werden in vielen Teilen Japans Komainu, hundeähnliche Löwenstatuen, an den Eingängen von Shinto-Schreinen aufgestellt. Sie gelten als spirituelle Wächter, die böse Geister und negative Energien abwehren sollen.

Auch die bereits erwähnten Kitsune (Fuchsgeister) werden manchmal als Schutzgeister angesehen, besonders wenn sie mit der Gottheit Inari assoziiert sind. Inari-Schreine, die oft von Statuen weißer Füchse bewacht werden, gelten als Orte, an denen man Schutz vor übernatürlichen Bedrohungen finden kann.

Diese Praxis, übernatürliche Wesen als Schutz gegen andere übernatürliche Wesen einzusetzen, unterstreicht die Vorstellung, dass die spirituelle Welt nicht einfach in Gut und Böse unterteilt werden kann, sondern ein komplexes System von Kräften und Gegenkräften darstellt.

In der japanischen Vorstellung gibt es bestimmte Orte und Zeiten, an denen die Grenze zwischen der Welt der Menschen und der Geisterwelt besonders dünn ist. Diese Übergangsbereiche, oft als sakai bezeichnet, erfordern besondere Vorsicht und Schutzmaßnahmen.

Typische Beispiele für solche Übergangsbereiche sind Brücken, Kreuzungen, Berggipfel und die Küste. Diese Orte gelten als besonders anfällig für geistige Aktivitäten und werden oft mit speziellen Schreinen oder Schutzamuletten versehen. Zum Beispiel findet man an vielen japanischen Straßenkreuzungen kleine Jizo-Statuen, die als Beschützer von Reisenden und Kindern gelten und gleichzeitig als spirituelle Wächter gegen böse Geister dienen.

Auch bestimmte Zeiten gelten als besonders gefährlich in Bezug auf geistige Aktivitäten. Die Stunde des Ochsen (zwischen 1 und 3 Uhr morgens) gilt traditionell als die Zeit, in der Geister am aktivsten sind. Während dieser Zeit werden oft spezielle Vorsichtsmaßnahmen getroffen, wie das Aufhängen zusätzlicher Schutzamulette oder das Rezitieren von Schutzgebeten.

Die Übergänge zwischen den Jahreszeiten, insbesondere der Wechsel vom Sommer zum Herbst, gelten ebenfalls als Zeiten erhöhter geistiger Aktivität. Dies erklärt zum Teil die Bedeutung des Obon-Festes, das traditionell in dieser Übergangszeit stattfindet und als eine Gelegenheit gesehen wird, die Geister der Verstorbenen zu ehren und gleichzeitig sicherzustellen, dass sie friedlich in ihre Welt zurückkehren.

In vielen traditionellen Praktiken werden spezifische Geräusche oder musikalische Elemente verwendet, um Geister abzuwehren oder zu besänftigen. Ein bekanntes Beispiel ist der Einsatz von Shishi-odoshi in japanischen Gärten. Diese bambusartigen Vorrichtungen füllen sich langsam mit Wasser und kippen dann um, wodurch ein lautes Klopfen entsteht. Ursprünglich diente dieses Geräusch dazu, Tiere zu verscheuchen, aber es wird auch als Mittel angesehen, um böse Geister fernzuhalten.

In shintoistischen und buddhistischen Ritualen spielen Glocken eine wichtige Rolle. Der Klang von Tempelglocken wird oft als reinigend angesehen und soll negative Energien vertreiben. Ähnlich werden in Exorzismus-Ritualen oft rhythmische Trommelschläge oder das Schlagen von Gongs verwendet, um Geister zu vertreiben oder zu kontrollieren.

Auch die menschliche Stimme wird als mächtiges Werkzeug im Kampf gegen böse Geister angesehen. Das Rezitieren von Sutras, Mantras oder speziellen Gebetsformeln gilt als effektive Methode, um sich vor übernatürlichen Bedrohungen zu schützen. Die Vibration und der Rhythmus dieser gesprochenen Worte sollen eine schützende oder reinigende Wirkung haben.

Die Kraft des geschriebenen Wortes wird in der japanischen Tradition sehr geschätzt, und viele Schutzpraktiken basieren auf der Verwendung spezieller Schriftzeichen oder Phrasen. Ein Beispiel dafür sind die sogenannten Koträtsel oder Nanzo-Koträtsel. Diese rätselhaften Schriftzeichen werden oft an Hauseingängen angebracht und sollen böse Geister verwirren und abschrecken. Die Idee dahinter ist, dass Geister, die diese Rätsel nicht lösen können, das Haus nicht betreten können.

Auch die Praxis des Fuda-Schreibens, bei der heilige Texte oder Namen von Gottheiten auf kleine Papierstreifen geschrieben werden, ist weit verbreitet. Diese Fuda werden dann als Schutzamulette verwendet oder an strategischen Punkten im Haus platziert, um eine Art spirituellen Schutzschild zu bilden.

In der esoterischen buddhistischen Tradition gibt es sogar spezielle Mantras, die in einer geheimen Schrift, der sogenannten Siddham-Schrift, geschrieben werden. Diese Schriftzeichen gelten als besonders kraftvoll und werden oft in Talismane oder rituelle Objekte eingearbeitet.

Die Verbindung zwischen Schrift und spirituellem Schutz zeigt sich auch in der Praxis des Shakyo, dem rituellen Abschreiben buddhistischer Sutras. Diese meditative Praxis wird nicht nur als Mittel zur spirituellen Entwicklung angesehen, sondern auch als Weg, um Schutz und Segen zu erlangen.

In der shintoistischen Tradition werden viele Naturphänomene und -orte als heilig angesehen und mit göttlichen oder geistigen Kräften in Verbindung gebracht. Diese Verbindung zur Natur spielt eine wichtige Rolle in vielen Schutzpraktiken. Bestimmte Bäume, insbesondere alte und große Exemplare, werden oft als heilig betrachtet und mit Shimenawa (geflochtenen Strohseilen) gekennzeichnet. Diese Bäume, bekannt als Shinboku oder Goshinboku, gelten als Wohnorte von Kami (Gottheiten) und werden oft als natürliche Schutzbarrieren gegen böse Geister angesehen.

Auch bestimmte Pflanzen werden für ihre schützenden Eigenschaften geschätzt. Der bereits erwähnte Sakaki-Baum ist ein Beispiel dafür, aber auch andere Pflanzen wie Bambus, Kiefern und bestimmte Kräuter werden in Schutzritualen verwendet oder in der Nähe von Häusern gepflanzt, um negative Energien abzuwehren.

Wasserfälle und Quellen spielen ebenfalls eine wichtige Rolle in Reinigungsritualen und gelten als Orte mit starker spiritueller Kraft. Das Praktizieren von Misogi unter einem Wasserfall wird als besonders effektive Methode angesehen, um sich von negativen Einflüssen zu reinigen und vor geistigen Angriffen zu schützen.

Die Verbindung zur Natur zeigt sich auch in der Praxis des Yama-no-kami-Glaubens, bei dem Berggottheiten verehrt werden. Bergsteiger und Wanderer führen oft Rituale durch, um den Schutz dieser Gottheiten zu erbitten, bevor sie sich in potenziell gefährliche oder spirituell aufgeladene Bergregionen begeben.

In vielen traditionellen Ritualen und Festen werden spezielle Masken verwendet, die oft übernatürliche Wesen oder Gottheiten darstellen. Diese Masken dienen nicht nur der Unterhaltung oder dem künstlerischen Ausdruck, sondern haben auch eine spirituelle Schutzfunktion. Ein bekanntes Beispiel sind die Masken, die in No-Theaterstücken verwendet werden. Viele dieser Masken stellen Geister oder Dämonen dar, und es wird geglaubt, dass das Tragen dieser Masken während der Aufführung eine Art spirituellen Schutz bietet, indem es die Grenze zwischen der menschlichen und der geistigen Welt verschwimmen lässt.

Ähnlich werden bei vielen lokalen Festivals, wie dem Namahage-Fest in der Präfektur Akita, Masken und Kostüme verwendet, die dämonische Wesen darstellen. Diese "Dämonen" besuchen Häuser, um faule Bewohner zu erschrecken und Kinder zu ermahnen, sich gut zu benehmen. Obwohl dies auf den ersten Blick beängstigend erscheinen mag, wird es als eine Form des Schutzes und der Reinigung angesehen, die böse Geister und negative Energien vertreibt.

Die Verwendung von Masken in Schutzritualen basiert auf der Idee der Transformation und der Übernahme der Kräfte des dargestellten Wesens. Indem man die Maske eines mächtigen Geistes oder einer Gottheit trägt, hofft man, deren Kraft zu kanalisieren und sich so vor anderen übernatürlichen Bedrohungen zu schützen.

Die Rolle der Ernährung: In vielen traditionellen Praktiken werden bestimmte Lebensmittel als schützend oder reinigend angesehen und in Ritualen oder als Teil des täglichen Lebens verwendet.

Ein bekanntes Beispiel ist die Verwendung von Salz, das als stark reinigend gilt. Es ist üblich, nach einer Beerdigung oder dem Besuch eines potenziell unreinen Ortes eine Prise Salz über die Schulter zu werfen, um negative Energien abzuwehren. Sumo-Ringer streuen vor einem Kampf Salz in den Ring, um diesen zu reinigen und vor bösen Einflüssen zu schützen.

Bestimmte Lebensmittel werden auch als Opfergaben für Geister und Gottheiten verwendet, um deren Gunst zu gewinnen und Schutz zu erbitten. Reis, Sake und bestimmte Früchte sind häufige Opfergaben in Shinto-Schreinen und buddhistischen Tempeln. Die regelmäßige Darbringung dieser Opfer wird als wichtiger Teil der Aufrechterhaltung guter Beziehungen zur spirituellen Welt angesehen.

Interessanterweise gibt es auch Lebensmittel, die speziell entwickelt wurden, um vor Geistern zu schützen. Ein Beispiel dafür sind die Toso-Mochi, Reiskuchen, die traditionell zu

Neujahr gegessen werden. Diese Reiskuchen werden mit einem speziellen Kräuterwein (Toso) zubereitet, dem schützende und reinigende Eigenschaften zugeschrieben werden. Der Verzehr dieser Mochi soll Krankheiten und böse Geister für das kommende Jahr abwehren.

Die Praxis des Setsubun, bei der geröstete Sojabohnen geworfen werden, um Dämonen zu vertreiben und Glück herbeizurufen, ist ein weiteres Beispiel für die Verwendung von Nahrungsmitteln in Schutzritualen. Die Bohnen symbolisieren Reinheit und Fruchtbarkeit und sollen negative Energien absorbieren.

Ein weiterer interessanter Aspekt des japanischen Geisterschutzes ist die Rolle von Zahlen und Geometrie. In vielen traditionellen Praktiken werden bestimmte Zahlen und geometrische Formen als besonders kraftvoll oder schützend angesehen.

Die Zahl Drei spielt beispielsweise eine wichtige Rolle in vielen Schutzritualen. In Shinto-Schreinen ist es üblich, dreimal zu klatschen, um die Aufmerksamkeit der Götter zu erlangen. Viele Amulette und Talismane enthalten dreieckige Formen oder werden in Dreiergruppen angeordnet, was als besonders schützend gilt.

Die Zahl Fünf wird ebenfalls oft in Schutzpraktiken verwendet. Das Gorinto, eine fünfstufige Steinpagode, die oft auf buddhistischen Friedhöfen zu finden ist, repräsentiert die fünf Elemente und wird als Schutz für die Seelen der Verstorbenen angesehen.

Geometrische Muster spielen auch eine Rolle in der Gestaltung von Schutzamuletten und heiligen Räumen. Das Hexagramm, bekannt als Kagome-Muster, wird oft in traditionelle

Bambuszäune eingearbeitet und gilt als schützend gegen böse Geister. Ähnlich werden komplexe Mandala-Muster in buddhistischen Ritualen verwendet, um heilige Räume zu erschaffen und negative Energien abzuwehren.

Die Verwendung von Zahlen und Geometrie im Geister-schutz basiert auf der Vorstellung, dass bestimmte mathematische Prinzipien eine inhärente spirituelle Kraft besitzen. Diese Idee findet sich auch in der traditionellen japanischen Architektur, wo bestimmte Proportionen und Anordnungen als besonders harmonisch und schützend angesehen werden.

Ein weiterer faszinierender Aspekt des Schutzes vor Geistern in Japan ist die Rolle von Ritualen und Zeremonien im täglichen Leben. Viele alltägliche Handlungen haben in Japan eine rituelle Komponente, die oft mit Schutz und Reinigung in Verbindung gebracht wird.

Ein Beispiel dafür ist die Praxis des Händewaschens und Mundspülens (Temizu) vor dem Betreten eines Shinto-Schreins. Diese scheinbar einfache Handlung wird als wichtiger Reinigungsritus angesehen, der nicht nur physische, sondern auch spirituelle Verunreinigungen abwaschen soll. Ähnliche Reinigungsrituale finden sich auch in buddhistischen Tempeln und sogar in vielen japanischen Haushalten, wo kleine Wasserbecken am Eingang platziert werden.

Das Ausziehen der Schuhe vor dem Betreten eines Hauses, eine in Japan weit verbreitete Praxis, hat neben hygienischen auch spirituelle Gründe. Es wird als eine Form der Reinigung angesehen, bei der man den "Schmutz" der Außenwelt, sowohl physisch als auch spirituell, zurücklässt.

Auch die Art und Weise, wie man sich in heiligen Räumen verhält, ist oft ritualisiert und dient dem spirituellen Schutz.

Das Verbeugen vor Schreinen und Tempeln, das Werfen von Münzen in Opferkästen und das Ziehen von Omikuji (Glückslosen) sind alles Handlungen, die nicht nur religiöse Bedeutung haben, sondern auch als Mittel angesehen werden, um sich vor negativen Einflüssen zu schützen und positive Energien anzuziehen.

Selbst scheinbar weltliche Aktivitäten wie das Öffnen eines neuen Geschäfts oder der Einzug in ein neues Haus sind oft von Ritualen begleitet, die darauf abzielen, den Raum zu reinigen und vor bösen Geistern zu schützen. Diese können von einfachen Handlungen wie dem Streuen von Salz bis hin zu komplexen Zeremonien mit einem Shinto-Priester reichen.

Die Integration von Schutzritualen in das tägliche Leben zeigt, wie tief verwurzelt die Vorstellung von der Präsenz übernatürlicher Kräfte in der japanischen Kultur ist. Es unterstreicht auch die Idee, dass der Schutz vor Geistern nicht nur eine Angelegenheit für spezielle Anlässe oder Krisensituationen ist, sondern ein kontinuierlicher Prozess, der in den Alltag integriert ist.

Ein weiterer interessanter Aspekt des japanischen Geisterschutzes ist die Rolle von Kunst und Handwerk. Viele traditionelle Kunstformen und handwerkliche Techniken in Japan haben neben ihrer ästhetischen Funktion auch eine spirituelle Schutzfunktion.

Ein bekanntes Beispiel dafür sind die Maneki-neko, die winkenden Katzen-Figuren, die oft in Geschäften und Restaurants zu finden sind. Diese Figuren sollen nicht nur Glück und Wohlstand bringen, sondern auch vor negativen Energien und bösen Geistern schützen.

Auch in der traditionellen japanischen Malerei finden sich oft Motive, die eine schützende Funktion haben. Bilder von bestimmten Tieren wie Drachen, Tigern oder Koi-Karpfen werden oft als Talismane verwendet, um böse Geister abzuwehren und Glück anzuziehen.

Die Kunst des Origami, des Papierfaltens, hat ebenfalls eine spirituelle Dimension. Bestimmte Origami-Figuren, insbesondere Kraniche, werden oft als Opfergaben in Tempeln dargebracht oder in Häusern aufgehängt, um Schutz und Segen zu erbitten.

In der Textilkunst gibt es die Tradition des Sashiko-Stickens, bei der geometrische Muster in Stoffe gestickt werden. Ursprünglich diente diese Technik dazu, Kleidung zu verstärken, aber die Muster haben oft auch eine schützende Bedeutung. Ähnlich werden bestimmte Kimono-Muster als glückbringend und schützend angesehen.

Die Töpferkunst spielt ebenfalls eine Rolle im Geisterschutz. Bestimmte Keramikformen und -glasuren werden traditionell als besonders geeignet für rituelle Zwecke angesehen. Zum Beispiel werden Sake-Schalen für religiöse Zeremonien oft mit speziellen Mustern oder Symbolen versehen, die eine schützende Wirkung haben sollen.

Auch in der Architektur finden sich viele Elemente, die dem Schutz vor Geistern dienen sollen. Die charakteristischen geschwungenen Dächer vieler japanischer Tempel und Schreine sollen beispielsweise böse Geister ablenken oder verwirren. Die Verwendung bestimmter Holzarten und Bautechniken wird ebenfalls oft mit spirituellem Schutz in Verbindung gebracht.

Die Verbindung zwischen Kunst, Handwerk und Geisterschutz in Japan zeigt, wie tief diese spirituellen Vorstellungen
in der Kultur verwurzelt sind. Sie verdeutlicht auch, dass der
Schutz vor übernatürlichen Kräften nicht nur eine Frage von
Ritualen und religiösen Praktiken ist, sondern auch in den
alltäglichen Gegenständen und künstlerischen Ausdrucksformen präsent ist.

Man kann sagen, dass der Schutz vor und die Austreibung
von Geistern in der japanischen Tradition ein komplexes und
vielschichtiges Thema darstellt. Es umfasst eine breite Palette
von Praktiken, die von einfachen täglichen Ritualen bis hin
zu elaborierten religiösen Zeremonien reichen. Diese Praktiken spiegeln nicht nur den tiefen Glauben an die Existenz
übernatürlicher Kräfte wider, sondern auch die nuancierte
Art und Weise, wie die japanische Kultur mit diesen Kräften
umgeht.

Die verschiedenen Methoden des Geisterschutzes und
Exorzismus in Japan zeigen eine bemerkenswerte Synthese
aus alten Traditionen und modernen Anpassungen. Sie
verbinden Elemente aus dem Shinto, dem Buddhismus und
lokalen Volksglauben zu einem einzigartigen spirituellen
System. Dieses System betrachtet die Geisterwelt nicht
einfach als eine Bedrohung, die es zu bekämpfen gilt, sondern
als einen integralen Bestandteil der natürlichen und sozialen
Ordnung, mit dem man in einem respektvollen und
ausgewogenen Verhältnis leben muss.

Die Vielfalt der Schutzpraktiken - von der Verwendung von
Talismanen und Amuletten über die Durchführung von
Reinigungsritualen bis hin zur Besänftigung von Geistern -
zeigt die Flexibilität und Anpassungsfähigkeit des japanisch-
en Ansatzes. Es unterstreicht auch die Vorstellung, dass

spiritueller Schutz nicht eine einmalige Handlung ist, sondern ein fortlaufender Prozess, der in alle Aspekte des Lebens integriert ist.

Die Rolle von Spezialisten wie Shinto-Priestern, buddhistischen Mönchen und Yamabushi in diesen Praktiken verdeutlicht die Bedeutung von Wissen und Erfahrung im Umgang mit der Geisterwelt. Gleichzeitig zeigt die Einbindung von Schutzpraktiken in das tägliche Leben jedes Einzelnen, dass der Schutz vor übernatürlichen Kräften als eine gemeinsame Verantwortung angesehen wird.

Die Verbindung von Geisterschutz mit Kunst, Handwerk, Architektur und sogar Ernährung unterstreicht, wie tief diese spirituellen Vorstellungen in der japanischen Kultur verwurzelt sind. Sie zeigt auch, dass der Schutz vor Geistern nicht nur eine Frage des Glaubens ist, sondern auch ein wichtiger Aspekt der kulturellen Identität und des ästhetischen Ausdrucks.

Interessanterweise haben viele dieser traditionellen Praktiken auch in der modernen japanischen Gesellschaft überlebt. Obwohl sie vielleicht nicht mehr die gleiche buchstäbliche Bedeutung haben wie in früheren Zeiten, werden sie immer noch als wichtige kulturelle Traditionen geschätzt und praktiziert. Sie bieten eine Verbindung zur Vergangenheit und eine Möglichkeit, mit den Unsicherheiten und Ängsten des modernen Lebens umzugehen.

In einer Zeit, in der viele Gesellschaften weltweit eine Wiederbelebung des Interesses an spirituellen und übernatürlichen Themen erleben, bietet die japanische Tradition des Geisterschutzes und Exorzismus wertvolle Einblicke. Sie zeigt, wie eine Kultur über Jahrhunderte hinweg Wege gefunden hat, mit dem Unerklärbaren und Übernatürlichen umzugehen, und dabei Respekt, Vorsicht und manchmal sogar Humor miteinander verbindet.

Letztendlich lehrt uns die japanische Herangehensweise an Geisterschutz und Exorzismus viel über die Komplexität menschlicher Glaubensvorstellungen und die vielfältigen Wege, auf denen Kulturen versuchen, Ordnung und Bedeutung in einer oft unberechenbaren Welt zu finden. Sie erinnert uns daran, dass der Umgang mit dem Übernatürlichen nicht nur eine Frage von Furcht oder Abwehr ist, sondern auch eine Gelegenheit für kulturellen Ausdruck, gemeinschaftlichen Zusammenhalt und persönliches Wachstum.

In diesem Sinne bleibt die Tradition des Geisterschutzes und Exorzismus in Japan ein faszinierendes Fenster in die spirituelle Welt einer der ältesten und reichsten Kulturen der Welt - ein Fenster, das uns nicht nur Einblicke in die Vergangenheit gewährt, sondern auch Denkanstöße für unseren eigenen Umgang mit dem Unerklärbaren und Mysteriösen in der modernen Welt liefert.

Schlusswort:

Unsere Reise durch Japans Welt der Geister und Dämonen neigt sich nun ihrem Ende zu. Wir haben eine Vielzahl von übernatürlichen Wesen kennengelernt, ihre Geschichten erkundet und die tiefen kulturellen Wurzeln des japanischen Volksglaubens freigelegt. Doch was bedeutet diese reiche Mythologie für das moderne Japan und für uns als globale Gemeinschaft?

Die Yokai, Kami und andere übernatürliche Wesen, die wir in diesem Buch kennengelernt haben, sind weit mehr als bloße Fantasiegebilde oder Relikte einer längst vergangenen Zeit. Sie sind lebendige Manifestationen der japanischen Kultur, die auch heute noch das Denken, Fühlen und Handeln vieler Menschen in Japan beeinflussen. In einer Welt, die zunehmend von Technologie und Rationalität geprägt ist, bieten diese Geschichten und Glaubensvorstellungen eine wichtige Verbindung zur Natur, zur Vergangenheit und zu den tieferen Schichten des menschlichen Bewusstseins.

Die Vielfalt und Komplexität der japanischen Geisterwelt spiegelt die Tiefe und den Reichtum der japanischen Kultur wider. Von den majestätischen Drachengöttern, die über die Meere herrschen, bis hin zu den verspielten Kitsune, die in den Wäldern ihr Unwesen treiben, zeigt sich in jeder dieser Gestalten ein Aspekt des japanischen Verständnisses von Natur, Gesellschaft und dem Übernatürlichen. Die Art und Weise, wie diese Wesen in Geschichten, Kunst und Alltag integriert sind, zeugt von einer Weltanschauung, die das Mysteriöse und Unerklärliche nicht ausschließt, sondern als integralen Bestandteil der Realität akzeptiert.

Besonders bemerkenswert ist die Ambivalenz, die viele dieser übernatürlichen Wesen charakterisiert. Anders als in vielen westlichen Mythologien, wo Gut und Böse oft klar getrennt sind, zeigen die japanischen Yokai und Kami eine komplexere Natur. Sie können wohlwollend oder bösartig sein, oft abhängig von der Art, wie Menschen mit ihnen umgehen. Diese Sichtweise fördert ein nuancierteres Verständnis von Moral und Ethik, das in der heutigen komplexen Welt besonders relevant erscheint.

Die Geschichten und Legenden, die wir in diesem Buch erkundet haben, dienen nicht nur der Unterhaltung, sondern erfüllen auch wichtige gesellschaftliche Funktionen. Sie vermitteln moralische Lehren, erklären Naturphänomene und bieten Trost in schwierigen Zeiten. Die Vorstellung, dass verstorbene Ahnen als Schutzgeister weiterexistieren, kann beispielsweise Trauernden Trost spenden. Gleichzeitig mahnen Geschichten über rachsüchtige Geister zur Vorsicht im Umgang mit anderen und zur Beachtung sozialer Normen.

Viele Yokai und Kami sind Personifikationen von Naturkräften oder -elementen. Diese animistische Sichtweise, die der Natur eine Seele und einen Willen zuschreibt, hat in Zeiten der globalen Umweltkrise eine besondere Relevanz. Sie erinnert uns daran, dass wir Teil eines größeren ökologischen Systems sind und nicht getrennt von der Natur existieren.

Die Persistenz des Glaubens an übernatürliche Wesen in einer hochmodernen Gesellschaft wie Japan ist bemerkenswert. Trotz technologischen Fortschritts und wissenschaftlicher Aufklärung haben viele dieser Traditionen überlebt und sich an die moderne Welt angepasst. Dies zeigt sich in der fortdauernden Popularität von Shinto-Schreinen und buddhistischen Tempeln, aber auch in der Art und Weise, wie traditionelle Geistergeschichten in modernen Medien wie Anime, Manga und Videospielen neu interpretiert werden.

Diese Koexistenz von Tradition und Moderne, von Mystik und Rationalität, ist ein charakteristisches Merkmal der japanischen Kultur. Sie zeigt, dass spirituelle und übernatürliche Vorstellungen nicht im Widerspruch zur Moderne stehen müssen, sondern diese bereichern und ergänzen können. In einer Zeit, in der viele Menschen weltweit nach Sinn und spiritueller Erfüllung suchen, bietet die japanische Perspektive interessante Denkanstöße.

Die Erforschung der japanischen Geisterwelt eröffnet auch faszinierende Einblicke in die menschliche Psyche. Viele der Yokai und Geister können als Projektionen menschlicher Ängste, Wünsche und Konflikte verstanden werden. Der Kappa beispielsweise, ein Wasserkobold, der Menschen in Flüsse zieht, könnte als Personifikation der Gefahr des Ertrinkens interpretiert werden. Die Vorstellung von Geistern, die aufgrund unerfüllter Wünsche oder erlittenen Unrechts nicht ins Jenseits übergehen können, spiegelt menschliche Sorgen um unerledigte Angelegenheiten und die Sehnsucht nach Gerechtigkeit wider.

In diesem Sinne bietet die japanische Mythologie eine reichhaltige Quelle für psychologische und anthropologische Studien. Sie zeigt, wie Kulturen komplexe Systeme entwickeln, um mit existenziellen Fragen, Ängsten und gesellschaftlichen Herausforderungen umzugehen. Die Vielfalt und Detailliertheit der Geisterwelt zeugt von der Kreativität und Vorstellungskraft des menschlichen Geistes.

Ein weiterer bemerkenswerter Aspekt der japanischen Geisterwelt ist ihre Anpassungsfähigkeit und Entwicklung im Laufe der Zeit. Viele der Wesen, die wir in diesem Buch kennengelernt haben, haben ihre Ursprünge in alten Legenden und Volkserzählungen. Doch im Laufe der Jahrhunderte haben sie sich verändert, neue Bedeutungen angenommen und sich an veränderte gesellschaftliche Bedingungen angepasst.

Als Beispiel dafür sei noch einmal an den Kitsune, den Fuchsgeist erinnert. Ursprünglich als gefährliches und trickreiches Wesen gefürchtet, entwickelte sich der Kitsune im Laufe der Zeit zu einer ambivalenteren Figur, die sowohl Schaden als auch Nutzen bringen kann. In der Edo-Zeit wurde der Kitsune sogar zu einer beliebten Figur in der Literatur und Kunst, oft als schelmischer Trickster oder sogar als romantischer Held dargestellt. Heute findet man Kitsune-Darstellungen in Populärkultur und Werbung, wo sie oft als niedliche oder coole Charaktere präsentiert werden.

Diese Entwicklung zeigt, wie flexibel und anpassungsfähig mythologische Vorstellungen sein können. Sie spiegeln oft die sich wandelnden Werte und Prioritäten einer Gesellschaft wider. In einer zunehmend urbanisierten Welt, in der die direkte Verbindung zur Natur für viele Menschen verloren gegangen ist, können Yokai und Naturgeister eine symbolische Verbindung zur natürlichen Welt darstellen.

Die fortdauernde Präsenz übernatürlicher Wesen in der japanischen Kultur wirft auch interessante Fragen über das Verhältnis von Tradition und Moderne auf. In einer Gesellschaft, die für ihre technologische Innovation und futuristische Stadtlandschaften bekannt ist, mag die Beibehaltung "abergläubischer" Vorstellungen zunächst widersprüchlich erscheinen. Doch bei näherer Betrachtung zeigt sich, dass diese scheinbaren Gegensätze oft harmonisch koexistieren und sich sogar gegenseitig bereichern.

In vielen japanischen Unternehmen ist es beispielsweise nicht ungewöhnlich, vor der Einführung eines neuen Produkts oder der Eröffnung einer neuen Filiale traditionelle Reinigungsrituale durchzuführen. High-Tech-Roboter werden in Shinto-Schreinen gesegnet, und selbst in den modernsten Smartphones finden sich oft Apps für die Suche nach dem günstigsten Tag für wichtige Unternehmungen basierend auf traditionellen astrologischen Vorstellungen.

Diese Integration von Tradition und Moderne zeigt, dass spirituelle und übernatürliche Vorstellungen nicht zwangsläufig im Widerspruch zur wissenschaftlichen Weltanschauung stehen müssen. Sie können vielmehr als komplementäre Perspektiven verstanden werden, die unterschiedliche Aspekte der menschlichen Erfahrung ansprechen. Während die Wissenschaft sich mit dem Messbaren und Erklärbaren befasst, bieten mythologische und spirituelle Vorstellungen Wege, um mit dem Unerklärlichen, Mysteriösen und Existenziellen umzugehen.

Die japanische Geisterwelt hat auch einen erheblichen Einfluss auf die Kunst und Literatur des Landes ausgeübt. Von den klassischen Ukiyo-e-Holzschnitten, die oft Yokai und Geister darstellten, bis hin zu modernen Manga und Anime, die übernatürliche Themen aufgreifen, hat die Geisterwelt die visuelle Kultur Japans stark geprägt. In der Literatur haben Geistergeschichten eine lange Tradition, von den klassischen Kaidan-Erzählungen bis hin zu modernen Horror-Romanen.

Diese künstlerischen Darstellungen dienen nicht nur der Unterhaltung, sondern auch als Mittel zur Auseinandersetzung mit gesellschaftlichen Themen und existenziellen Fragen. In vielen modernen Interpretationen werden Yokai und Geister verwendet, um Themen wie Umweltzerstörung, soziale Entfremdung oder technologischen Wandel zu erkunden. So kann beispielsweise ein traditioneller Waldgeist in einer modernen Geschichte als Symbol für die bedrohte Natur fungieren.

Die Popularität von Geister- und Yokai-Geschichten in Japan und zunehmend auch international zeigt, dass diese Themen eine universelle Anziehungskraft haben. Sie sprechen grundlegende menschliche Erfahrungen und Emotionen an - Angst, Staunen, die Sehnsucht nach dem Mysteriösen und Unerklärlichen. In einer Welt, die oft von Rationalität und Effizienz dominiert wird, bieten diese Geschichten Raum für Fantasie und Spiritualität.

Viele Yokai und Geister sind stark mit bestimmten Regionen oder Orten verbunden. Der Kappa wird beispielsweise oft mit bestimmten Flüssen oder Teichen assoziiert, während manche Berge als Heimat bestimmter Tengu-Geister gelten. Diese lokalen Legenden tragen zur Schaffung einer einzigartigen kulturellen Identität bei und fördern den Tourismus in vielen Regionen Japans.

Auf nationaler Ebene sind Yokai und Geister zu wichtigen Symbolen der japanischen Kultur geworden. Sie werden in der Tourismuswerbung eingesetzt, erscheinen auf Briefmarken und werden in internationalen Kulturveranstaltungen präsentiert. Diese Verwendung übernatürlicher Wesen als kulturelle Botschafter zeigt, wie sehr sie als integraler Bestandteil der japanischen Identität wahrgenommen werden.

Die Erforschung der japanischen Geisterwelt bietet auch interessante Einblicke in die Art und Weise, wie Kulturen mit Angst und Unsicherheit umgehen. Viele Yokai und Geister verkörpern spezifische Ängste oder Gefahren - von Naturkatastrophen bis hin zu sozialen Tabus. Durch die Personifizierung dieser Ängste in Form von übernatürlichen Wesen werden sie greifbarer und damit leichter zu bewältigen.

Gleichzeitig bieten viele dieser Traditionen auch Wege, mit diesen Ängsten umzugehen. Schutzamulette, Reinigungsrituale und Beschwörungsformeln geben Menschen das Gefühl von Kontrolle über das Unbekannte und Bedrohliche. In diesem Sinne können die Traditionen rund um Geister und Yokai als kulturelle Bewältigungsstrategien verstanden werden, die Menschen helfen, mit den Unsicherheiten des Lebens umzugehen.

Die Verbindung der Yokai und Naturgeister zur Natur und zur Ökologie macht sie zu Beschützer bestimmter Orte oder Ökosysteme. Der Glaube an diese Wesen hat oft dazu beigetragen, dass bestimmte Wälder, Berge oder Gewässer als heilig betrachtet und geschützt wurden. In Zeiten zunehmender Umweltzerstörung und Klimakrise gewinnen diese Traditionen eine neue Relevanz.

Die Vorstellung, dass die Natur von spirituellen Wesen bewohnt wird, fördert eine respektvolle und achtsame Haltung gegenüber der Umwelt. Sie erinnert uns daran, dass wir Teil eines größeren ökologischen Systems sind und nicht getrennt von der Natur existieren. In diesem Sinne können die alten Traditionen der Geister- und Naturverehrung als Inspiration für moderne Umweltschutzbemühungen dienen.

Interessant ist auch die Art und Weise, wie die japanische Geisterwelt Grenzen zwischen verschiedenen Kategorien verwischt. Die Grenze zwischen Mensch und Tier, zwischen Lebendem und Totem, zwischen Natürlichem und Übernatürlichem ist in vielen dieser Geschichten fließend. Füchse können sich in Menschen verwandeln, Menschen können zu Geistern werden, und Objekte können eine Seele entwickeln und zu Tsukumogami werden.

Diese Flexibilität der Kategorien steht im Gegensatz zu vielen westlichen Denktraditionen, die oft auf klaren Unterscheidungen und Kategorisierungen basieren. Sie bietet eine alternative Perspektive auf die Welt, die weniger hierarchisch und dualistisch ist. Wir könnten aus dieser Sichtweise wertvolle Denkanstöße erhalten.

Ihr Hermann Candahashi

Ebenfalls von mir erschienen:

Die Geschichte des Katanas: Auf Erkundung durch Japans Kultur

DIE GESCHICHTE
DES KATANAS

Auf Erkundung durch Japans Kultur

Hermann Candahashi

Das Katana, ein Symbol für die japanische Kultur und Kampfkunst, ist nicht nur ein einfaches Schwert, sondern ein Spiegelbild der Geschichte, Philosophie und Handwerkskunst Japans. In diesem Buch werden wir in die faszinierende Welt des Katanas eintauchen, seine Ursprünge erforschen, seine Entwicklung im Laufe der Jahrhunderte verfolgen und seine Bedeutung für die japanische Kultur bis in die Gegenwart verstehen.

Die Geschichte des Katanas reicht weit zurück in die Vergangenheit Japans, in eine Zeit, in der das Schwert nicht nur ein Werkzeug des Kampfes war, sondern auch eine spirituelle Bedeutung hatte. Die frühesten Vorfahren des Katanas lassen sich bis zur Heian-Zeit (794-1185) zurückverfolgen, als die japanischen Krieger begannen, Schwerter zu verwenden, die der heutigen Form des Katana ähnelten.

Es war jedoch erst während der Kamakura-Zeit (1185-1333), dass das Katana seine charakteristische gebogene Form erhielt und zu einem unverzichtbaren Bestandteil der Samurai-Krieger wurde. Unter der Herrschaft der berühmten Samurai-Kriegerkaste blühte die Kunst des Schmiedens und der Schwertschmiede auf und das Katana wurde zu einem Symbol für Tapferkeit, Ehre und Bushido, dem Weg des Kriegers.

Im Laufe der Jahrhunderte erlebte das Katana eine kontinuierliche Entwicklung, sowohl in Bezug auf seine technischen Aspekte als auch auf seine symbolische Bedeutung. Während der Muromachi-Zeit (1336-1573) wurden verschiedene Schmiedetechniken perfektioniert, um Klingen von außergewöhnlicher Schärfe, Härte und Flexibilität herzustellen.

Die Einführung von Damaszenerstahl und die Verfeinerung der Schmiedekunst führten zu Klingen von unvergleichlicher Qualität und Schönheit. Das Katana wurde nicht nur als Waffe, sondern auch als Kunstwerk angesehen und war ein Symbol für den Status und die Macht der Samurai.

Das Katana ist tief in der japanischen Kultur verwurzelt und hat im Laufe der Jahrhunderte verschiedene Bedeutungen angenommen. Es ist ein Symbol für Ehre, Tapferkeit und Disziplin, aber auch ein Objekt der Verehrung und Bewunderung.

In der modernen Welt bleibt das Katana ein faszinierendes Relikt aus vergangenen Zeiten, das die Phantasie der Menschen auf der ganzen Welt beflügelt. Es ist nicht nur ein Gegenstand der Sammlung und des Studiums, sondern auch ein Spiegelbild der japanischen Geschichte und Kultur.

Um das Katana vollständig zu verstehen, ist es wichtig, die Philosophie der Samurai zu verstehen, die eng mit dem Schwert verbunden ist. Die Samurai lebten nach dem Kodex des Bushido, einem Ehrenkodex, der Disziplin, Tapferkeit und Ehre betonte.

Für die Samurai war das Katana nicht nur eine Waffe, sondern ein Symbol ihrer Ehre und ihres Status. Sie betrachteten das Schwert als eine Verlängerung ihres eigenen

Körpers und sahen es als ihre Pflicht an, es mit großer Sorgfalt und Respekt zu behandeln.

Der Gebrauch des Katana war für die Samurai ein Akt der Selbstbeherrschung und Kontrolle. Sie lernten, ihre Emotionen zu kontrollieren und in jeder Situation ruhig und besonnen zu bleiben. Das Katana war ein Werkzeug der Verteidigung und nicht der Aggression, und die Samurai nutzten es nur, wenn es absolut notwendig war.

Die Samurai betrachteten das Katana auch als einen Weg zur spirituellen Erleuchtung. Sie praktizierten regelmäßig Meditation und andere spirituelle Übungen, um ihre Geisteskraft und Konzentration zu stärken. Für sie war das Schwert nicht nur ein physisches Objekt, sondern auch ein Mittel zur Selbstverbesserung und Selbstfindung.

In der heutigen Zeit hat das Katana seine ursprüngliche Bedeutung als Waffe verloren, aber es bleibt ein Symbol für die Werte und Prinzipien, die die Samurai verkörperten. Es wird oft als Gegenstand der Meditation und des Studiums betrachtet, ein Erbe aus vergangenen Zeiten, das uns an die Weisheit und Disziplin erinnert, die die Samurai auszeichneten.

Im Laufe der Geschichte haben zahlreiche Legenden und Geschichten das Katana umgeben, von mutigen Samurai-Kriegern bis hin zu mythischen Schwertern mit übernatürlichen Kräften. Diese Legenden haben dazu beigetragen, das Katana zu einem Symbol der Stärke, Tapferkeit und Überlegenheit zu machen, das bis heute in der japanischen Kultur verehrt wird.

Eine der bekanntesten Legenden ist die Geschichte von Miyamoto Musashi, einem legendären Samurai-Krieger, der für seine unübertroffene Kampfkunst und sein unerschütterliches Selbstvertrauen bekannt ist. Musashi führte angeblich ein Katana namens "Shichisei-ken", das "Sieben-Sterne-Schwert", das ihm übernatürliche Kräfte verlieh und ihn unbesiegbar machte.

Eine andere bekannte Legende ist die Geschichte von Muramasa Sengo, einem berühmten Schwertschmied, der den Legenden nach Katanas schmiedete, die so böse und blutrünstig waren, dass sie ihre Besitzer dazu brachten, in einen wahnhaften Blutrausch zu verfallen. Diese Legende hat dazu beigetragen, Muramasa zu einem der bekanntesten und gefürchtetsten Schwertschmiede in der Geschichte Japans zu machen.

Diese und viele andere Legenden haben dazu beigetragen, das Katana zu einem Symbol der Macht und des Mysteriums zu machen, das bis heute die Phantasie der Menschen auf der ganzen Welt beflügelt. Sie zeigen die tiefe Verbindung zwischen dem Katana und der japanischen Kultur und Mythologie und unterstreichen seine Bedeutung als Symbol der Stärke und Tapferkeit.

...

Die Geschichte der Geishas in Japan - Eine Exkursion durch Japans Kulturgeschichte

DIE GESCHICHTE DER
GEISHAS IN JAPAN

Eine Exkursion durch Japans
Kulturgeschichte

Hermann Candahashi

Die Geishas sind ein faszinierendes und bedeutendes Element der japanischen Kulturgeschichte. Ihr Bild ist oft mystifiziert und missverstanden, sowohl in Japan als auch im Ausland. Mit diesem Buch, "Die Geschichte der Geishas in Japan - Eine Exkursion durch Japans Kultur", möchte ich dem Leser einen tiefen Einblick in die Welt der Geishas geben und ihre wahre Rolle und Bedeutung in der japanischen Gesellschaft aufzeigen.

Die Geishas sind nicht nur Unterhalterinnen, sondern auch Hüterinnen der traditionellen Künste und der Etikette. Ihr Handwerk erfordert jahrelange Ausbildung und Hingabe. Diese Frauen verkörpern Eleganz, Kunstfertigkeit und Disziplin, die über Generationen hinweg gepflegt und weitergegeben wurden. In einer Zeit, in der die Moderne unaufhaltsam voranschreitet, halten die Geishas an den wertvollen Traditionen fest und bewahren ein kulturelles Erbe, das tief in der japanischen Geschichte verwurzelt ist.

Dieses Buch ist das Ergebnis einer intensiven Forschung und zahlreicher Gespräche mit Geishas, Historikern und Kulturwissenschaftlern. Es beleuchtet nicht nur die historischen Wurzeln und die Entwicklung der Geisha-Kultur, sondern auch die Herausforderungen und Veränderungen, die sie im Laufe der Jahrhunderte erlebt hat. Besonders interessant ist die Betrachtung, wie sich die Rolle der Geishas im modernen

Japan verändert hat und welche Zukunftsperspektiven für diese einzigartige Kultur bestehen.

Die Geschichte der Geishas ist eng mit der Geschichte Japans verknüpft. Vom Aufstieg der Samurai und der Blütezeit der Künste während der Edo-Zeit, über die Meiji-Restauration und die Öffnung Japans gegenüber dem Westen, bis hin zu den Herausforderungen des 20. Jahrhunderts – all diese historischen Ereignisse haben die Geisha-Kultur geprägt und verändert. Dabei ist die Geisha nicht nur ein Symbol für Weiblichkeit und Schönheit, sondern auch für Widerstandsfähigkeit und Anpassungsfähigkeit in einer sich ständig wandelnden Welt.

In diesem Buch werden Sie nicht nur die historischen und kulturellen Aspekte der Geisha-Tradition kennenlernen, sondern auch persönliche Geschichten und Erfahrungen der Geishas selbst entdecken. Diese Geschichten geben einen authentischen Einblick in das Leben und die Gedankenwelt dieser faszinierenden Frauen. Sie erzählen von ihrem Alltag, ihrer Ausbildung und den Herausforderungen, denen sie gegenüberstehen. Gleichzeitig offenbaren sie die tiefen emotionalen und sozialen Bindungen, die die Geishas miteinander und mit ihren Kunden verbinden.

Ein weiteres Ziel dieses Buches ist es, mit den zahlreichen Mythen und Missverständnissen aufzuräumen, die oft mit dem Bild der Geisha verbunden sind. Zu oft werden Geishas fälschlicherweise als Prostituierte dargestellt oder ihre Kunst wird auf bloße Unterhaltung reduziert. Tatsächlich jedoch ist die Welt der Geishas vielschichtiger und komplexer. Ihre Rolle als Kulturträgerinnen, ihre Fähigkeiten in den darstellenden Künsten und ihre Bedeutung im sozialen Gefüge

Japans verdienen eine differenzierte und respektvolle Betrachtung.

Die Geschichte der Geishas ist auch eine Geschichte der Frauen in Japan. Sie spiegelt die sozialen und politischen Veränderungen wider, die das Leben der Frauen in der japanischen Gesellschaft beeinflusst haben. Von der strengen Hierarchie der Feudalzeit bis zur modernen Demokratie haben sich die Bedingungen für Frauen immer wieder gewandelt. In dieser Dynamik haben die Geishas ihren Platz gefunden und behauptet. Ihre Geschichten sind ein Zeugnis für die Stärke und den Einfallsreichtum der Frauen, die in einer von Männern dominierten Gesellschaft ihren eigenen Weg gegangen sind.

Ich hoffe, dass dieses Buch Ihnen einen neuen, tieferen Einblick in die faszinierende Welt der Geishas bietet und dazu beiträgt, das Verständnis und die Wertschätzung für diese einzigartige Kultur zu fördern. Möge es Ihnen die Schönheit und die Tiefe der japanischen Traditionen näherbringen und die bewundernswerte Kunstfertigkeit und Hingabe der Geishas verdeutlichen.

Mit diesem Vorwort lade ich Sie herzlich ein, sich auf eine Reise durch die Geschichte und Kultur Japans zu begeben, die Sie von den prächtigen Teehäusern Kyotos bis in die Herzen der modernen Geishas führt. Lassen Sie sich verzaubern von der Eleganz, der Kunst und der Geschichte der Geishas – einer Welt, die gleichermaßen geheimnisvoll und faszinierend ist.

…

Von Anime bis Yumi Kawaii: Ein Blick hinter die Kulissen der japanischen Popkultur

VON ANIME BIS
YUMI KAWAII
Ein Blick hinter die Kulissen der
japanischen Popkultur

Hermann Candahashi

Die Ursprünge der japanischen Popkultur sind tief in der Geschichte und den Traditionen Japans verwurzelt. Um die heutige japanische Popkultur zu verstehen, ist es wichtig, einen Blick auf die historischen Entwicklungen zu werfen, die zu ihrem Aufstieg geführt haben. Dieses Kapitel beleuchtet die entscheidenden Momente und Einflüsse, die zur Entstehung der modernen japanischen Popkultur beigetragen haben.

Die Geschichte der japanischen Unterhaltung reicht weit zurück in die Vergangenheit. Die frühesten Formen der japanischen Popkultur lassen sich bis in die Heian-Zeit (794-1185) zurückverfolgen. In dieser Zeit blühten literarische und künstlerische Formen wie das No-Theater und die höfische Literatur auf. Werke wie "Das Kopfkissenbuch" von Sei Shonagon und "Die Geschichte vom Prinzen Genji" von Murasaki Shikibu gelten als Meilensteine der japanischen Literatur und haben einen bleibenden Einfluss auf die kulturelle Landschaft des Landes hinterlassen.

Das No-Theater, eine der ältesten Theaterformen Japans, entwickelte sich ebenfalls in dieser Zeit. Es kombiniert Musik, Tanz und Drama zu einer einzigartigen Aufführungsform, die tief in den buddhistischen und shintoistischen Traditionen verwurzelt ist. Diese frühen kulturellen Ausdrucksformen legten den Grundstein für die spätere Entwicklung der japanischen Popkultur.

Die Kunstform Ukiyo-e, die während der Edo-Zeit (1603-1868) ihre Blütezeit erlebte, spielt eine entscheidende Rolle in der Entwicklung der japanischen Popkultur. Ukiyo-e, was übersetzt "Bilder der fließenden Welt" bedeutet, war eine Form des Holzschnitts und der Malerei, die das Alltagsleben, Landschaften, schöne Frauen, Kabuki-Schauspieler und Szenen aus der Literatur darstellte. Diese Kunstform hat nicht nur die ästhetischen Vorstellungen der japanischen Gesellschaft geprägt, sondern auch tiefgreifende Einflüsse auf die moderne japanische Popkultur hinterlassen.

Ukiyo-e entstand im späten 17. Jahrhundert und erreichte im 18. und 19. Jahrhundert seinen Höhepunkt. Diese Kunstform entwickelte sich aus der frühen Genremalerei und war stark mit dem urbanen Leben in Edo (dem heutigen Tokio) verbunden. Ukiyo-e-Künstler wie Hishikawa Moronobu, Suzuki Harunobu, Kitagawa Utamaro, Katsushika Hokusai und Utagawa Hiroshige waren maßgeblich an der Entwicklung und Popularisierung dieser Kunstform beteiligt.

Die Werke von Ukiyo-e-Künstlern wurden in großen Mengen produziert und waren für die breite Bevölkerung zugänglich. Diese Drucke wurden auf kostengünstigem Papier hergestellt und ermöglichten es den Menschen, sich Kunstwerke zu leisten und zu sammeln, die zuvor nur der Elite vorbehalten waren. Ukiyo-e spiegelt die kulturellen und sozialen Strömungen der Edo-Zeit wider und bietet einen Einblick in das Leben und die Vorlieben der damaligen Gesellschaft.

Ukiyo-e umfasst eine Vielzahl von Themen und Motiven, die die vielfältigen Interessen und das tägliche Leben der Menschen in der Edo-Zeit widerspiegeln. Zu den beliebtesten Motiven gehörten:

Bijin-ga (Bilder schöner Frauen): Diese Drucke zeigten oft elegante, gut gekleidete Frauen und Geishas, die die Schönheit und Mode der Zeit darstellten. Künstler wie Kitagawa Utamaro waren bekannt für ihre detaillierten und sensiblen Darstellungen von Frauen.

Yakusha-e (Bilder von Kabuki-Schauspielern): Diese Werke porträtierten berühmte Kabuki-Schauspieler in ihren Rollen und waren bei Theaterbesuchern sehr beliebt. Die dynamischen und dramatischen Darstellungen von Schauspielern wie Ichikawa Danjuro wurden von Künstlern wie Toshusai Sharaku und Utagawa Kuniyoshi geschaffen.

Meisho-e (Bilder berühmter Orte): Landschafts-drucke, die berühmte Orte und Sehenswürdigkeiten darstellten, waren ebenfalls sehr beliebt. Künstler wie Katsushika Hokusai und Utagawa Hiroshige schufen ikonische Werke wie Hokusais "Die große Welle vor Kanagawa" und Hiroshiges "53 Stationen des Tokaido", die die Schönheit der japanischen Landschaft einfingen.

Shunga (erotische Drucke): Diese expliziten Drucke waren ebenfalls ein wichtiger Teil des Ukiyo-e und wurden oft heimlich gesammelt. Sie bieten Einblicke in die erotischen Fantasien und das sexuelle Leben der Menschen in der Edo-Zeit.

Die Ästhetik und Techniken des Ukiyo-e haben einen nachhaltigen Einfluss auf die moderne japanische Popkultur, insbesondere auf Manga und Anime. Die klaren Linien, die dynamische Komposition und die Verwendung von Farben und Mustern im Ukiyo-e finden sich in vielen modernen Manga- und Anime-Stilen wieder. Der Übergang von Ukiyo-e zu Manga und Anime ist ein Beispiel für die Kontinuität und Anpassungsfähigkeit der japanischen visuellen Kultur.

Ukiyo-e-Drucke erzählten oft Geschichten durch eine Serie von Bildern, eine Technik, die später in Manga übernommen wurde. Die Fähigkeit, komplexe Geschichten durch aufeinanderfolgende Bilder zu erzählen, ist ein wesentlicher Bestandteil sowohl des Ukiyo-e als auch des Manga.

Die detaillierten und oft stilisierten Darstellungen von Menschen in Ukiyo-e haben das Charakterdesign in Manga und Anime beeinflusst. Künstler wie Osamu Tezuka, der Schöpfer von "Astro Boy", haben sich von der Ausdruckskraft und den stilistischen Merkmalen des Ukiyo-e inspirieren lassen.

Die sorgfältige Gestaltung von Hintergründen und Landschaften in Ukiyo-e hat die Art und Weise beeinflusst, wie Hintergrundkunst in Anime und Manga gestaltet wird. Serien wie "Spirited Away" von Studio Ghibli zeigen die gleiche Liebe zum Detail und die harmonische Einbindung von Figuren und Umgebung, die für Ukiyo-e charakteristisch sind.

Die Bedeutung von Ukiyo-e in der modernen japanischen Popkultur ist nicht zu unterschätzen. Diese traditionelle Kunstform hat durch ihre Ästhetik und Erzähltechniken nicht nur die japanische Kunst- und Kulturszene maßgeblich beeinflusst, sondern auch internationale Anerkennung und Einfluss gefunden. Der Übergang von Ukiyo-e zu modernen Popkulturformen wie Manga, Anime, Videospielen und sogar Mode zeigt die Vielseitigkeit und Anpassungsfähigkeit dieser historischen Kunst.

…